U0529398

本书得到深圳职业技术学院学术著作出版基金资助

土地股份合作
法律制度研究

王瑜 著

中国社会科学出版社

图书在版编目(CIP)数据

土地股份合作法律制度研究／王瑜著．—北京：中国社会科学出版社，2020.8

ISBN 978-7-5203-7404-0

Ⅰ.①土⋯　Ⅱ.①王⋯　Ⅲ.①农村—土地所有权—土地法—研究—中国　Ⅳ.①D922.304

中国版本图书馆 CIP 数据核字（2020）第 197572 号

出 版 人	赵剑英
责任编辑	宫京蕾　周怡冰
责任校对	秦　婵
责任印制	郝美娜

出　　版	中国社会科学出版社
社　　址	北京鼓楼西大街甲 158 号
邮　　编	100720
网　　址	http：//www.csspw.cn
发 行 部	010-84083685
门 市 部	010-84029450
经　　销	新华书店及其他书店
印　　刷	北京君升印刷有限公司
装　　订	廊坊市广阳区广增装订厂
版　　次	2020 年 8 月第 1 版
印　　次	2020 年 8 月第 1 次印刷
开　　本	710×1000　1/16
印　　张	15
插　　页	2
字　　数	239 千字
定　　价	98.00 元

凡购买中国社会科学出版社图书，如有质量问题请与本社营销中心联系调换
电话：010-84083683
版权所有　侵权必究

目　录

绪论 …………………………………………………………………（1）
 一　研究背景及意义 ………………………………………………（1）
 二　研究文献综述 …………………………………………………（8）
 三　研究对象、研究方法 …………………………………………（24）
 四　本书结构内容、拟突破的重点和难点 ………………………（29）

**第一章　马克思土地产权理论及对中国土地股份合作制度
   构建的启示** ……………………………………………（34）
 第一节　马克思土地产权理论的主要内容 ………………………（34）
  一　马克思土地产权理论的解释框架：土地所有制和土地
    所有权 …………………………………………………（34）
  二　土地权利的统一与分离理论 ………………………………（39）
  三　土地股份制理论 ……………………………………………（41）
  四　土地所有权、使用权转让理论 ……………………………（43）
  五　地租是土地所有权的实现形式 ……………………………（44）
 第二节　新中国成立后马克思土地产权理论在中国的
    继承与发展 ……………………………………………（46）
  一　新中国成立后改革前马克思土地产权理论的
    继承与发展 ……………………………………………（46）
  二　改革开放后马克思土地产权理论的继承与发展 …………（48）
  三　评价 …………………………………………………………（51）
 第三节　马克思土地产权理论对我国土地股份合作制度
    构建的启示 ……………………………………………（52）

一　土地股份合作制度的基础为土地产权分离…………（52）
　　二　土地股份合作目标为改造小农经济………………（54）
　　三　土地股权定价依据为马克思地租地价理论………（56）
　　四　土地股份合作分配应保障农民收益权……………（60）
　　五　发挥国家在土地股份合作中的作用………………（61）

第二章　土地股份合作制度的基础理论……………………（64）
第一节　土地股份合作制度的界定及法权关系……………（64）
　　一　土地股份合作制的界定……………………………（64）
　　二　土地股份合作主体间的法权关系…………………（73）
第二节　土地股份合作制的生成动因………………………（77）
　　一　土地外部利润组成…………………………………（77）
　　二　土地股份合作制能够内化土地外部利润…………（78）
第三节　土地股份合作制度优势与设立必要性……………（79）
　　一　土地股份合作制度优势……………………………（80）
　　二　土地股份合作制度设立的必要性…………………（88）

第三章　土地股份合作制度的历史演进……………………（97）
第一节　土地股份合作制度的产生…………………………（97）
　　一　初级社的土地股份合作制度………………………（98）
　　二　高级社的土地股份合作制度………………………（101）
　　三　合作社时期土地股份合作制度评析………………（104）
第二节　土地股份合作制度的演变…………………………（107）
　　一　社区全员型土地股份合作制………………………（108）
　　二　农民自主流转型土地股份合作制…………………（111）
　　三　两类土地股份合作制度的比较考察………………（114）
第三节　土地股份合作制度历史演进的逻辑与启示………（129）
　　一　土地股份合作制度历史演进的逻辑………………（130）
　　二　土地股份合作制度历史演进的启示………………（132）

第四章 中国土地股份合作现行立法的检讨 (137)

第一节 土地股份合作制度的立法基础 (137)
一 土地股份合作制度的法律基础 (137)
二 土地股份合作制度的政策基础 (143)
三 土地股份合作法律规定与政策间的关系 (149)

第二节 土地股份合作法律规范的特征 (151)
一 土地股份合作法律规范的立法技术特征 (151)
二 土地股份合作法律规范体系特征 (152)
三 土地股份合作法律规范内容特征 (153)

第三节 土地股份合作制度的立法缺陷 (155)
一 立法的滞后性与实践脱节 (155)
二 法律法规相互矛盾 (156)
三 法律政策未体现区域差异 (158)

第五章 土地股份合作的制度构建 (160)

第一节 土地股份合作制度构建的原则 (160)
一 尊重农民意愿和主体地位原则 (160)
二 土地股份合作社内部自治原则 (163)
三 统一立法与尊重地方规范相结合的原则 (165)
四 因地制宜、适度干预的原则 (165)

第二节 土地股份合作的股权制度 (166)
一 土地承包经营权入股作价 (167)
二 股份合作制中优先股的设置 (173)
三 农民土地股权的转让 (180)

第三节 土地股份合作的收益分配 (181)
一 收益分配的理论基础 (182)
二 收益分配的基本原则 (185)
三 收益分配机制的选择和完善 (188)

第四节 土地股份合作组织终止时的土地处置和债权人利益保护 (196)
一 股份合作组织终止时的土地处置 (196)

二　股份合作组织终止时的债权人利益保护 …………… (199)
　第五节　土地股份合作配套制度 ……………………………… (202)
　　一　完善财政金融支持制度 ……………………………… (202)
　　二　完善土地承包经营权确权确股登记法律制度 ……… (205)
　　三　完善农民社会保障制度 ……………………………… (207)
　　四　构建政府协调制度 …………………………………… (209)

结语 ……………………………………………………………… (212)

参考文献 ………………………………………………………… (216)

后记 ……………………………………………………………… (232)

绪　　论

一　研究背景及意义

（一）研究背景

土地制度改革相关领域的研究一直受到学者的青睐，马克思主义土地理论主要包括土地所有权理论、地租理论和土地改革理论。土地是人类维持生存的重要物质基础，"是一切生产和一切生存的源泉"，[①] 在中国农业经济时代，土地制度关系到国民生活的安危，也是社会经济繁荣和政治稳定的根源。土地制度改革关系到现代农业的建立，更是农民安身立命之本，是影响农村经济发展和城乡统筹的主要因素。因此，土地不仅是农民的"命根子"，而且也是国家的"生命线"，对于一个农业大国来讲，恐怕没有任何制度的重要性可与土地制度相提并论。

新中国成立以来，党和政府极为关注农村土地问题，始终将土地问题放在稳定和发展的核心位置，围绕农民土地权益的保护，进行过多次土地制度改革的试验，力图在保护耕地的基础上更高效地利用土地资源，促进土地流转和城乡一体化发展，可见农地制度变革的努力一直没有停止。新中国成立之初，没有土地的农民占农村总人口近三分之二，党通过土地改革将土地所有权由地主所有转化为农民所有，农民无偿取得近七亿亩土地，实现了耕者有其田。土地改革后，初级合作社中农民以土地使用权入股，通过土地的股份合作促进了当时生产力的发展。随后高级合作社农民入股客体为土地所有权，土地逐步由合作社所有和经营，引起土地制度的重大变革。发展到人民公社化时期，土地集体所有

[①] 《马克思恩格斯选集》（第2卷），人民出版社1972年版，第109页。

和集体统一经营体制在全国大范围建立,然而这一制度没有建立在对农村经济发展规律和中国经济基本现状充分认识的基础之上,这种脱离生产力发展基础的生产关系变革,严重破坏了农村经济的发展,农业生产发展迟缓,农民生活水平的增长停滞。20世纪80年代初期中国农村建立了家庭联产承包责任制,该制度解决了中国粮食增产问题,符合生产力发展水平和农村土地集体所有制形式,实现了土地所有权和使用权的分离,赋予了农民经营自主权,激发了农民生产积极性。随着生产力的进一步发展,农村劳动力的转移,农村中的青壮年劳动力大都选择离开农业生产到城市务工,土地抛荒撂荒现象严重,土地细碎化又导致土地适度规模经营困难,生产效率低下。家庭承包责任制存在的社会基础发生重大变化,为促进农村生产力进一步发展,建立现代农业,保护农民土地资本收益,必须对该制度进行改革。土地股份合作制度在保留农民地权均等的基础上,将土地经营权从土地承包经营权中分离出来,是对承包责任制的继承与发展,将资本、技术、生产设备等生产要素引入农业发展,破解了农业产业化发展困境,解决了农业投资困境。

党的十七届三中全会首次提出以股份合作方式流转农民的土地承包经营权,后土地的股份合作流转模式日益受到中央政府的重视。党的十八大报告指出要发展股份合作社。党的十八届三中全会提出,积极发展农民股份合作、赋予农民对集体资产股份权能改革,强调赋予农民对承包地占有、使用、收益、流转及承包权入股发展现代农业。[①] 2014年《关于引导农村土地经营权有序流转发展农业适度规模经营的意见》指出,鼓励有条件的地方根据农民意愿,将土地折股量化、确权到户,经营所得收益按股分配。农民也可以选择将土地承包经营权入股流转到股份合作社发展规模经营,从而为我国各地探索土地股份合作经营提供了政策依据。2014年至今,"中央一号文件"多次提出土地所有权、承包权、经营权这三种土地权利可以分离。政策提出"三权"分离之后,学术界随即做出了回应,对土地承包经营权入股的股份合作流转和经营制度展开了热烈的讨论。2016年"中央一号文件"提出应完善"三权"分离办法,出台具体的法规和规定,通过具体制度的设计落实稳定土地

---

① 《中共中央关于全面深化改革若干重大问题的决定》,《人民日报》,2013年11月16日。

承包关系长久不变的政策，鼓励发展股份合作。农业部门统计数据显示，截至2016年5月底，有1560万亩耕地入股到合作社，占股份合作面积的57.4%。[①] 可见，土地股份合作流转模式作为土地适度规模经营制度已经在实践中大范围推广。

正是在这一政策背景下，土地股份合作制成为政治学者、经济学者、社会学者关注的课题，成为研究中国农地制度问题的一个重要方面，但是法律视角的研究付之阙如。土地入股流转中，如何协调土地使用权、所有权与经营权主体之间的关系，成为亟须解决的现实问题。农民在实践中进行的土地股份合作制度创新是否具有法律依据和正当性？土地股份合作主体间存在着何种法权关系？在土地流转方式上，土地股份合作流转模式与传统的土地流转模式相比有哪些制度优势？与传统股份制、合伙制、纯粹的合作制有何区别？土地入股组织形式何以选择股份合作社而非股田制公司？这些都是土地股份合作制度研究中必须澄清的基础理论问题。只有厘清这些基础问题，才能彰显土地股份合作制度的价值，从而进一步深入分析制度在城镇化建设、土地产权安排及集体经济实现模式拓展中设立的必要性。

土地股份合作制作为农民的创新实践，在合作社时期已经生成。在当代股份合作制度演变历程中，社区全员型土地股份合作制在运行中面临以下问题：严重违反合作社自愿原则、农民土地使用权作价和集体资产作价标准不一、集体股是否设置尚存争议、股权封闭、合作组织与村集体组织职能分配不清。农民自主流转型土地股份合作模式在实践中占有一定的比例，同样也面临土地入股债权性流转还是物权性流转性质上的不确定，家庭土地承包经营权权能受限、土地股权流转受到法律限制问题，但这主要源于法律规范本身的限制。可见自主流转型土地股份合作模式有政策支持，然而法律供给不足。土地股份合作制度中，土地股权与其他股权的优先股设置问题并没有专门的阐述，土地股权的权能边界模糊，农户土地承包经营权估价过低、土地产权市场也不完善，都不利于农民土地股权利益的保护。在盈余分配机制中，影响现有分配机制的因素有哪些，固定保底收益与盈余分红的分配机制能否经得起理论的

[①] 农业经济体制与经营管理司：《十二届全国人大四次会议第4694号建议答复摘要》，http://yjdy.agri.gov.cn/govsearch/simp_gov_list.jsp。最后访问时间：2016年7月13日。

推敲，有待深入讨论。土地股份合作组织因破产或清算终止土地经营时如何平衡农民股东与非农民股东、农民股东与债权人之间的利益冲突，也需要在理论上进行论证。

因此，本书以土地股份合作制度为研究对象，将土地股份合作由国家政策的实现导向法律规范层面，运用马克思主义土地产权理论、制度变迁理论及马克思主义的基本原理，考察土地股份合作制的产权安排和历史沿革，通过法律语言解读政策文件的思想及其要旨，为土地股份合作制度提供法律保障，使土地股份合作制度的建立既符合政策意旨又具备法律理性。

(二) 研究意义

1. 理论意义

初级合作社时期中国已经出现土地股份合作制的雏形，但拘泥于特定的历史背景，缺乏理论研究。通说认为发轫于20世纪90年代的南海模式是中国土地股份合作制度的典型形态，受到土地理论学界的充分关注。随着物权法的完善和土地流转制度的创新，农民自主流转型的土地股份合作制度成为研究热点。江苏省施行的《农民专业合作社条例》在国内首次以地方立法的形式明确界定农村土地股份合作社是农民专业合作社的一种。土地股份合作社是以承包地的经营权出资设立的股份合作组织，它不同于社区土地股份合作社，后者是农民以量化到集体经营性净资产份额为出资方式的。山东省东平县2013年3月成立了山东泰安市首家土地股份合作社——接山镇后口头村炬祥土地股份合作社，随后该地区形成了农民合作型、资本融合型、政府引导型、能人带动型等股份合作社，为全国各地正在运行的土地股份合作提供了理论指导和实践借鉴。农村土地股份合作是我国市场化进程中农民做出的一项伟大选择，设立的目的在于增加土地承包经营权收益，提高土地产能以解放农村生产力。其和农村土地家庭承包责任制一样，是我国特有土地制度的产物，它有效解决了土地分散经营与农业现代化、分户经营与产业化、小生产与大市场之间的矛盾。因此，对土地股份合作制度进行研究，具有一定的理论价值。

第一，本选题结合中国特殊的国情发展了马克思关于土地产权理论。在资本主义向社会主义过渡的过程中，马克思提出了发展农业合作的思想，在土地制度方面，马克思从开始就主张土地一律归国家所有。针对小农经济的国度里农业发展的问题，主张将大土地收归国有，小块土地所有制向合作社所有制过渡。恩格斯曾在《法德农民问题》一文中指出，对于小农私人的生产资料可以转化为由合作社占有，这种占有不能通过强制的方法得以实现。在研究丹麦模式时，恩格斯分析了小农将土地这一生产资料通过结合建立农庄时，分配制度的设置按照三个要素比例进行，即农民入股的土地、农民合作前预付给农庄的资金及在农庄共同耕种过程中所出的劳动力。[①] 通过比较考察股份合作中的物质财富积累和分配构成，可以推论出当前农村实践中的土地股份合作制与马恩的股份合作在产权构成中的同源性。然而与当初的家庭联产承包责任制一样，土地股份合作制度属于一项需求诱致性的制度变迁，具有典型的自发性和探索性的制度特征，因为顶层缺乏相应的制度设计，故在运行中面临诸多法律缺陷，如法律对土地股份合作组织法人地位规定不明，土地股权设置不合理、股份合作社内部治理不规范和相关配套制度环境缺乏等。本书结合中国的国情，运用马克思土地产权理论来分析合作中集体的土地所有权、农民的土地承包权、股份合作社经营权的土地权利体系，通过其权能界定明晰主体所享有的权利的限制。同时，本书用马克思的唯物史观和制度变迁理论来分析土地股份合作制的历史变迁和实践创新，分析不同历史时期制度所呈现的产权优势，研究产权结构对股份合作时期土地资源配置效率的影响。综合运用马克思主义基本原理，分析土地股份合作中各利益主体的选择，化解农村土地集体所有权与经营权之间的矛盾困境，制度的设计始终围绕合作主体之间利益的平衡，凸显公平和正义的法理念。因此，本书将马克思土地产权理论和中国土地制度改革的现实相结合，以土地权利的分离理论为基础创新土地股份合作制度中的土地权利体系，是马克思土地产权理论在中国的应用和发展。

第二，本选题拓展了集体经济实现形式研究的空间。集体经济一直以来都受到马克思主义的关注。原始集体经济解体，空想社会主义集体实验失败，中国和苏联作为社会主义国家经过农业合作化后，中国的土

---

① 恩格斯：《法德农民问题》，《马克思恩格斯选集》（第4卷），人民出版社1995年版，第450—498页。

地制度以家庭承包经营为基础，苏联最终选择进行土地私有化改革，至此人们一度对集体经济能否高效发展存有疑虑。然而当前苏南地区和山东东平的土地股份合作制度运行良好，拓展了集体经济实现形式研究的空间。因此，土地股份合作制度适应了市场经济的发展规律，实现了对农民土地承包经营权的物权化保护，同时也探索出了一条合作经营的有效路径，破解了农村经营的"统分难题"，为农村集体经济发展开拓了新路径。对农民来讲，土地承包经营权入股后，股份合作组织采取"保底收益+盈余分红"的方式，农民获得了土地股权，农村的劳动力从零星细碎的土地中解放出来，可以到合作社务工取得薪金收入，也可以到城市务工取得相应的劳务收入。土地股份合作中，集体机动的土地和农户的承包经营地一样也可以入股到合作组织，集体土地入股后，集体有了合法、长期、持续的收入，解决了空壳村的难题，提高了村级服务群众的能力，协调了集体经济在公平和效率上的对立问题，实现了城乡一体化的目标，夯实了党的执政基础。

第三，本选题的研究有助于探索市场经济中土地"三权"分离下农民土地权益保护的理论体系。土地股份合作制是一种以价值形态的股份代替实物形态的土地进行农地流转的制度安排，政策和实务层面派生出的经营权使得土地权利实现了实物形态的所有权、股份形态的承包权、生产形态的经营权的"三权"分离。权利分离需要在法律上予以回应，"三权"分离后土地承包权这种带有身份性质的权利以农地股份的形式得以呈现，农民作为承包人在享有集体地位维持权的同时享有利益获取权，保障了农民的基本经济权利并化解了用地矛盾。土地经营权作为一项崭新的权利类型通过流转转变为农民可自由支配的资产，在权利属性上属于从物权和他物权，农民将该物权权利流转到股份合作社，将土地这一生产要素与资金、劳动力、生产技术等其他生产要素相互结合，提高了土地经营效率。农民获得了土地股权收益，保底收益相当于土地的租金收入，股份分红使农民分享到更多的土地增值利益。此外农民能以土地使用权进行抵押融资，突破了之前土地承包经营权因为其成员权的属性而无法流转抵押的法律规定，抵押经营权实现了土地发展权益。同时，在维持土地承包经营权稳定性的基础上，"三权"分离下农民土地权益保护的重点也逐步转移到以下几个方面：一是土地股权的配置；二是通过分配机制中盈余分红比例的确立保护农民股东利润分配请求权;三是在土地股份合作组织终止经营时对承包土地的科学处置。因此,本书关于土地股份合作法律制度的建立回应了这一来源于政策的权利设置。

2. 实践意义

第一,本选题的研究能够平衡土地股份合作实践中各主体之间的利益,为当前各地开展的土地股份合作实践提供指导。本书分析了土地股份合作制度的产生背景,指出土地股份合作制度的建立汲取了中国农村传统合作经济运动的某些经验和发展轨迹,是在家庭联产承包责任制、社区土地股份合作制和土地流转制度改革的基础上发展起来的。制度的研究回归到对地区代表模式进行深入分析,本书立足于股份合作制的实践,分析了南海模式、上海模式、苏南模式、山东模式的具体做法和在股权结构、分配机制、内部治理等方面的制度设计,有助于对土地股份合作制度运行现状进行比较考察,归纳出实践运行中的共性特征。同时比较不同模式间的内在差异,考察早期社区全员型土地股份合作模式与当前农民自主流转型土地股份合作模式的运行障碍。选题通过比较归纳出土地股份合作必须尊重农民入股的意愿,发展自主流转型土地股份合作模式。土地股份合作制改革应与传统乡镇企业股份合作制改革路径区别开来,防止颠覆集体土地所有权,出现新的圈地运动造成农民失地。从全国范围来看,土地股份合作地区差异明显,部分地区土地股份合作制改革处于起步阶段,部分地区已处于规范发展阶段,还有些地区刚进行试点探索。因此,本书关于土地股份合作股权制度、收益分配制度、股份合作终止经营制度等方面的研究,进一步推动土地股份合作制发展提出的政策建议和完善路径,为政府相关部门的土地改革提供政策参考依据,有助于从法律规制角度指导土地股份合作制度的实践,具有重大的现实意义。

第二,本选题对当前国际社会土地适度规模经营制度的完善具有一定的借鉴意义。现代农业发展趋势是最终实现土地规模经营,提高农业的比较利益。在社会主义国家,苏联实行土地高度集中和农业集体化经营模式,后俄罗斯实行大规模的农业私有化改革,对国内的集体农庄和其他农场进行改革,确立了发展适度规模经营的多种经营形式,包括合作社、农业股份制公司及个体农户的农场经营等。越南在20世纪80年代实行农业集体化的改革，建立家庭联产承包责任制，并多次修改土地法将土地使用权的期限延长至70年。同时进行土地使用权转化为商品的探索，越共十届七中全会指出可将其作为资本进行合资联营。在土地私有化的国家和地区，美国模式是组建大的私有农场这一组织形式实现规模经营。日本模式通过发展资本技术密集型的集约型农业适应土地资源贫乏的客观现实，为了改变分散经营带来的规模不经济，日本修改《农地法》并允许股份公司取得土地权利进行规模经营。我国台湾地区经过三次土地改革实现土地的自由转让，政策上取消了对土地转让流转中的自耕农限制，建立了防止土地利用非农化的监督制度。我国的土地股份合作制度首先坚持了社会主义土地集体所有的基础，并没有从根本上动摇土地承包经营制度，股份合作在保留农民地权均等基础上，避开土地所有权这一不易在短期内进行改革的难题。同时提高土地适度规模经营的效益，实现了城乡要素的平等交换和市场化配置，规模经营的工商企业在租赁土地的过程中，与农民协商成本降低，满足了企业的用地需求，将现代农业的外部增量要素如资金、农业现代设备、技术等迅速地吸引到农村。为城市工商资本下乡搭建了股份合作组织这一平台，实现了二者的有效对接和生产要素之间的平等交换，成功地将分散细碎的土地进行整合，克服了一家一户分散经营的局限性，为现代农业的发展提供了物质要素。因此，我国土地股份合作实践对小农经济占主要地位的国家开展土地适度规模经营实践具有一定的参考价值。

二　研究文献综述

(一) 西方学者对土地股份合作相关问题的研究

马克思主义关于土地股份合作相关的理论主要包括土地股份制理论、农业合作经营理论。土地股份制是马克思土地产权思想的重要内容，马克思认为土地是一种特殊的商品，土地产权可以股份化。股份制理论有以下要点：股份制体现了财产的过渡性质，是私有财产向社会财产的转化，其中私有财产主体最初的财产状态是相互分离的，转化为社会财产的途径是联合的生产与合作。股份制中资本和劳动的对立被扬弃，作为一种资产权利的委托代理制，包括所有、使用、收益、处置等多种权能在内的一组权利束。股份制的积极作用主要体现在通过资本的筹集改变资本的有机构成，提高生产率进而分散风险促进社会生产发展等方面。在生产资料私有制向公有制转化的过程中，马克思、恩格斯在《法德农民问题》中直接列举"丹麦模式"建立大田庄的实践，提出了土地股份合作制的基本做法，一个村庄或教区的农民将土地结合成大田庄后共同耕种土地，在分配方式上考量农民入股的生产要素、资金投入和劳动力。[①] 可见马克思、恩格斯认为土地股份合作制是公有产权的一种实现方式，同时强调计划生产和集体劳动的作用。马克思主义关于农业合作经营思想也十分丰富。马克思、恩格斯最初主张土地一律国有，提出土地应该在转为国家财产的基础上，通过大规模农业来耕种。[②] 后在巴枯宁《国家制度和无政府状态》摘要中，马克思、恩格斯指出应该引导土地所有制向集体所有制过渡。可见马克思、恩格斯并不主张土地全部实行国有化，将土地分为大土地和小土地两部分实行不同的所有制，其中大土地收归国有，小块土地所有制向合作社所有制过渡。马克思认为只有到了未来的共产主义社会才会出现无土地产权的现象，他在《资本论》中指出个别人对土地的私有权是十分荒谬的，描述出未来社会不存在土地所有制，个人和社会只是土地的占有者和收益者。[③] 关于土地"均分化"下农业规模经营问题，马克思将集体所有制与合作社紧密联系在一起，认为集体所有制中并不存在个人的意志，只有合作社的意志才是真正意志。在小土地所有制向集体所有制过渡中，个体劳动实现了向社会劳动转化，转化的起因是个体实现共同的结果而形成协作，此时的社会劳动同资本没有任何关系，"就像这个形式本身一旦把资本主义的外壳炸毁，就同资本主义无关一样"。[④] 合作经济是生产社会化的产物，是向共产主义过渡的中间环节，生产合作是合作制的主要形式，国家政权对合作社具有决定作用。应当把资产阶级的全部生产资料转变为"联合企业的生产者的财产，即直接的社会财产"。[⑤] 列宁在

---

① 恩格斯：《法德农民问题》，《马克思恩格斯选集》（第4卷），人民出版社1995年版，第450—498页。

② 《马克思恩格斯全集》（第1卷），人民出版社1972年版，第389页。

③ 《马克思恩格斯全集》（第46卷），人民出版社2003年版，第878页。

④ 《马克思恩格斯选集》（第2卷），人民出版社1972年版，第637页；《马克思恩格斯全集》（第25卷），人民出版社1974年版，第435页。

⑤ 《马克思恩格斯全集》（第25卷），人民出版社1972年版，第494页。

《论合作制》一文中提出改造小农的艰巨性和长期性,认为"没有一场文化革命,要完全合作化是不可能的"①。

国外关于土地产权制度与农业经营的研究。Udo 指出土地细碎化现象在欧洲和非洲其他国家也存在,土地合并是成功的解决之道。② 在农村土地所有权与农业生产发展关系的研究方面,缪尔达尔发现佃农制阻止了技术的改良,不利于劳动生产率的提高,也不利于调动发展过程中农民积极性。土地所有权与使用权统一的自耕农生产效率较高。在相同的规模中,所有者自耕的生产效率最高,部分自己所有部分佃租的次之。③ 必须进行土地所有制改革,避免频繁调整土地所造成的产权不稳定,保障投资者土地使用权的长期化,以实现发展农村经济和促进平等分配的双重目标。④ 对土地家庭经营研究最为深刻的美国经济学家舒尔茨在《改造传统农业》一书中指出,只有现代化的农业才能对经济增长做出重大贡献,传统农业是"贫穷而有效率的"。要改变农业的本质,提供小农可以合理运用的现代生产要素,而土地所有权和经营权合一的家庭农场形式完全可以保留下来。改造传统农业的方式是在现存的组织和市场中以合理的成本供应现代生产要素。Peter Ho 认为当前中国土地的相关权利已经统领于商品的名下,土地使用权商业化的过程常常是有意的制度模糊,容易导致地方政府强占农民土地。⑤

域外几乎没有将股份合作作为研究对象的文献,因为国外企业的组织形式中没有股份合作制企业这一组织形式,绝大多数文献侧重于对合作经济理论与实践的研究。但是一些国外学者在研究相关问题时,对中国农村股份合作制有一些理论上的涉及。Clegg, J 指出在中国农村股份合作制是一种特殊的组织,该组织包含多个利益相互关联的主体。Yair

---

① 《列宁全集》(第 33 卷),人民出版社 1960 年版,第 30 页。
② R. K. Udo, Disintergration of New Cleared Settlement in Eastern Nigeria, Geographical Review, 55 (1965), pp. 53–57.
③ [瑞典] 缪尔达尔:《世界贫困的挑战:世纪反贫困大纲》,北京经济学院出版社 1991 年版,第 90 页;早见雄次朗、拉旦:《农业发展:国际前提》,商务印书馆 1993 年版,第 268 页。
④ Guanzhong James Wen, The Land Tenure System and Its Saving and Investment Mechanism: The Case of Modern China (Asina Economic Journal), Volume 9, Issue 3, November 1995, pp. 233–260.
⑤ [荷] Peter Ho:《谁是中国土地的拥有者——制度变迁、产权和社会冲突》,社会科学文献出版社 2014 年版,第 54、58 页。

Levi 在将合作制作为企业组织形式研究的过程中，从案例出发，将中国农村股份合作制与其他国家和地区的合作组织进行比较，并探讨了不同利益相关者在合作组织中的权利。[①] 这些研究便于我们找到土地股份合作制度与国外新一代股份合作社改革在股权制度设置中存在的共同特征。有学者在分析股份合作社产生背景的基础上，指出现代市场经济条件下合作社的发展呈现出资金短缺问题、合作社性质与现代市场经济之间出现集资矛盾，合作社所有权与管理权相结合的矛盾突出等问题。[②] 德姆塞茨、布坎南等学者提出应从明晰产权、限制准公共物品成员人数等方面对传统合作社进行改革。Sexton 和 Staats 认为，合作社中各利益相关者可以达到博弈理论中的稳定和解，但必须坚持实行按比例分享利益与分担责任这一原则。为了适应日趋激烈的市场竞争，合作社必须向大规模、现代化发展，股份合作社就是在这种背景下产生的。西方国家的合作社大多引入股份制的做法进行改革，在美国的农场主合作社中，采用股份制的占总数的 78%，非股份合作社只剩下 22%，可见股份合作社已经成为合作社的主要形态。[③] 其中最具有代表性的是"蒙德拉贡合作社"，在该合作社的分配机制中，按劳分配这一传统的分配方式主要体现在初次分配中，按资分配充分体现了股份制的特征。为了保障合作社的财产独立性和资金规模，截留社员收益成为普遍的做法，但职工能够充分行使剩余索取权中资产净值的权益。[④] 加拿大出现的"新一代合作社"实行股份有限公司的组织形式，在保留合作社人合基础上，平衡社员权利与义务的关系，资本权利在社员的基本权利中已经有所体现，合作社的发展进入更高阶段。与此同时，西方国家股份制经济也出现了合作化的倾向，职工持股计划就是这一制度的产物，[⑤] 形成以企业职工持股为主的股份制企业，其中企业的所有权、管理权、分配权均属

---

① Yair Levi. Beyond. Traditional model: Multi-stake holder cooperatives and their differential roles. Journal of Cooperation, 1998: 26.
② 徐更生、武一:《国外股份合作社产生的背景及其特点》,《世界经济》2000 年第 7 期。
③ 徐更生:《西方的股份合作社及其性质》,《中国供销合作经济》1989 年第 6 期。
④ 冯开文:《国外合作社经验纵横论》,《中国合作经济》2005 年第 8 期。
⑤ [美] 基思·布拉勒利、艾伦·盖布尔:《职工股份所有制（中译本）》,四川省社科院出版社 1989 年版,第 10 页。

于职工，企业决策强调成员的"一人一票"制，非企业成员则无投票权利。

（二）国内学者对土地股份合作相关问题的研究

土地法律问题的研究处于非常初级的阶段，而土地股份合作制的相关研究成果恰恰印证了这一结论，经济学家、社会学家和政治学家从不同角度论述土地股份合作制度，然而法律制度的研究却极度缺乏。

早期著作研究对象为土地所有权和经营权统一下的集体土地股份合作制度。甘藏春主编的《农村集体土地股份合作制理论与实践》中有关专家学者对股份合作经济组织进行了初步的理论探讨，澄清了农村集体土地股份合作制与家庭联产承包责任制的关系，提出实行农民集体土地股份合作制必须保持土地集体所有权和家庭使用权。认为土地承包经营权存在人地关系凝固化、按份共有不平等的缺陷，而缺陷存在的根源在于农村社区成员"按份共有"的产权安排，因此要实现集体经济成员土地财产权利股份化。农村土地承包使用权物权性质是承包地抵押入股、转租、股份合作等"处置"的法权基础。[①] 解安所著的《农村土地股份合作制——探索适应农业现代化要求的集体土地所有制实现形式》以家庭承包经营权入股的集体土地股份合作制为研究对象，借鉴新制度经济学、产业经济学和发展经济学的理论成果，从经济学的角度指出土地股份合作制体现了政策导向与内生型制度变迁、分析其与农村其他合作经济形式的关系，指出股份合作制是集体土地所有制的创新形式。[②] 可见早期研究提出了一些富有建设性的原则性观点，但并没有深入探究土地股份合作制度的研究框架和主要内容。

从经济学、管理学、社会学、政治学的角度，对土地承包经营权和外部资本要素入股的土地股份合作制进行实证研究的成果比较丰富。张笑寒所著的《农村土地股份合作制的制度解析与实证研究》一书从新制度经济学视角，研究了土地股份合作社在产权结构、股权设置、收益分配、治理机制方面的制度特征，并运用江苏省农户调查数据和土地股

---

① 甘藏春：《农村集体土地股份合作制理论与实践》，中国大地出版社2000年版，第59—68页。

② 解安：《农村土地股份合作制》，吉林人民出版社2001年版，第5—12页。

份合作企业个案，弥补了土地股份合作已有文献在实证研究中的不足。[①] 徐勇主编的《东平崛起：土地股份合作中的现代集体经济成长》一书，以山东省东平县土地股份合作为土地产权制度改革样本，农民建立的土地股份合作社经营模式，解决了村集体空壳化危机，核心是各种要素折价入股，发展壮大村集体经济。[②] 杨桂云博士对农村土地股份合作制的组织模式、产权制度安排、治理结构等问题进行了深入的理论研究。[③] 杨择郡博士的研究视角比较独特，以参与主体为切入点，考察了股份合作参与主体的利益诉求和价值取向，对农户入股意愿的影响要素进行了深入的解析，提出土地股份合作制必须尊重农民意愿，土地租金、社保待遇和土地股份退出机制会直接影响农户的入股意愿。在农民股东退出权的保障制度构建中，提出了建立预防机制和诉讼保护制度，农民可以针对妨害退出权的侵权行为直接向法院起诉。[④] 孙彬彬博士以农民获得土地市场化收益路径为研究视角，提出农地股权落实了农民集体土地权利，实现了土地市场化收益。在制度构建中提出应该明确股份合作的集体性和独立性，推行农地流转市场化机制，同时也列举了土地股份合作提高土地收益的五种形式。[⑤] 门炜博士以社区为研究切入点，将社区土地资源作为股份合作的环境因素，指出土地股份合作对社区在农村结构调整，对外链接平台的搭建方面具有重大的作用，并分析了社区内相关要素对股份合作的互动关系。肖瑞博士将土地股份合作社治理机制分为主体权益关系机制、农业发展治理机制、生产经营模式机制、收益分享治理机制，提出保障股份合作各主体权益是制度创新的着眼点，农地经营机制改善了农业撂荒和产出效率不高的发展态势，委托代理的治理机制对土地经营方式在农业组织形式、经营主体和资源的利用等方面具有显著的提升作用。赵德健博士以六个村庄的案例作为实证研

---

① 张笑寒：《农村土地股份合作制的制度解析与实证研究》，上海人民出版社 2010 年版，第 11—23 页。
② 徐勇：《东平崛起：土地股份合作中的现代集体经济成长》，中国社会科学出版社 2015 年版，第 4—16 页。
③ 杨桂云：《规范与完善农村土地股份合作制流转模式研究》，中南大学，2011 年。
④ 杨择郡：《农村土地股份合作参与主体行为研究》，华中科技大学，2013 年。
⑤ 孙彬彬：《农户参与分享土地市场化收益的机制研究——论农地股份合作的可行性》，复旦大学，2013 年。

究的样本,具体考察了土地股份合作与乡村治理之间的关联。[①]

高海博士所著的《土地承包经营权入股合作社法律制度研究》从法律规范的角度以农地入股合作社为研究切入点,对农地入股的法律性质和利益分配方式予以准确的法律解析,构建与之相匹配的出资制度和责任承担方式,检讨将土地承包经营权股设置为优先股之理想与现实的矛盾,以此探究土地股份合作社中的股权设置,并以合作社终止时对债权人社会责任保护的视角,重构合作社的外部治理机制。[②]

关于土地股份合作基础理论的研究。在土地股份合作制度的界定方面,学者通过经营制度、流转制度这些角度来定义土地股份合作。陈小君认为该制度是农户以土地承包经营权作价成立股份合作社从事农业生产,承包经营权作价的股份是合作社的分红依据。[③] 该制度是一种以土地股份为中心的新型经济组合。[④] 该制度在农村由点到面逐渐推开,实质上是一种产权制度创新,重新配置了农民土地的产权权能,变更了农民对土地占有、使用、收益和处分权能。土地股份合作制集合了股份制和合作制主要的制度特征,主要出资方式是农地的经营权,经营权入股后农民通过股权获得一定比例分红的经营制度。[⑤] 不同的学者对农村土地股份合作制基本理论进行了述评,分析了不同时期土地股份合作制产生的背景。范萌萌分析了股份合作制经营中的理论基础,辨析了合作主体之间存在的法律关系。刘蓓从现代企业制度角度出发,将其与股份制、合作制进行了详细的比较。[⑥]关于土地股份合作产权制度中"三权"分离相关问题的研究。传统农地产权二元结构即集体所有权与农民承包经营权存在着三个困境:农民失地风

[①] 门炜:《社区为基础的农村土地股份合作研究》,中国农业大学,2012年;肖瑞:《土地股份合作社内部治理机制研究》,西南大学,2015年;赵德健:《乡村治理视角下土地股份合作的崛起与影响》,华中师范大学,2015年。

[②] 高海:《土地承包经营权入股合作社法律制度研究》,法律出版社2014年版,第16—22页。

[③] 陈小君:《农村土地法律制度研究》,中国政法大学出版社2004年版,第28—29页。

[④] 陈文明:《农村土地股份合作经营探微》,《国土经济》1994年第1期。

[⑤] 杜静:《江苏省农地股份合作社发展模式简析》,《江苏农村经济》2011年第4期。

[⑥] 范萌萌:《农用地股份合作制经营法律问题研究》,西南政法大学,2008年;刘蓓:《农村土地股份合作制研究》,西南政法大学,2010年。

险、农业资本流动固化、土地产能低下。土地承包经营权中农民既因为成员资格享有承包权，又享有对土地使用和经营的自由。土地股份合作社享有的经营权不是身份权，而是法人财产权，区别于土地承包权的封闭性，股份合作社的经营权不仅具有开放的特征还能在土地产权市场中交易。集体实质上也享有经营权，因为集体是终极所有权人，因此其产权相对于其他产权人来讲是最完整的。[1] 经营权能并不是土地股份合作组织独享，土地承包经营权包括经营的权能，土地租赁权也包括经营的权能。有学者指出土地承包权的权能主要包括在集体经济组织内部非经特殊事项永久性享有土地承包权、转让土地经营权时能获得相应的对价，在土地被征收时有权获取征收补偿款项、承包权享有继承权、可申请退出集体经济组织的权利。土地经营权的具体权能包括自主生产经营决策权、收益权、自由处分经营权。[2] 在研究土地"三权"分离可能带来的负面影响时，有学者提出应防范落入"土地僵局"，在日本、韩国土地制度改革中，农民基于所有权能转让土地的现象并不普遍，因为他们为了土地升值，一般不会出租或者出售土地，这就容易导致土地流转不畅。[3] 有学者指出，经济学界提出的"三权"分离学说，违背了物权法中他物权设立的法理。土地承包权与土地承包经营权分离要形成权利分置的共识，也需进一步对土地承包权进行制度设置，完善土地承包经营权的立法，特别是修改物权法的相关规定，取消对土地流转须经发包人同意的限制性规定。[4]

关于土地股份合作制度制度优势方面的研究。从土地经营制度的角度，有学者将该制度与家庭联产承包制关系进行了比较研究。许颖慧认为，两者在产权设置、经营权期限和规模化发展滞后方面存在着制度矛盾，但是在制度载体中，家庭承包制是土地股份合作制度的基础，同时

---

[1] 申惠文：《农地三权分离改革的法学反思与批判》，《河北法学》2015年第4期。
[2] 潘俊：《新型农地产权权能构造——基于农村土地所有权、承包权和经营权的权利体系》，《求实》2015年第3期；李伟伟：《三权分置中土地经营权的性质及权能》，《中国党政干部论坛》2016年第5期。
[3] 叶兴庆：《集体所有制下农用地的产权重构》，《毛泽东邓小平理论研究》2015年第2期。
[4] 高圣平：《新型农业经营体系下农地产权结构的法律逻辑》，《法学研究》2014年第4期；丁文：《论土地承包权与土地承包经营权的分离》，《中国法学》2015年第3期。

也是家庭联产承包制度在产权制度、流转制度和效益提高上的创新。①王玉霞、朱艳从产权制度变迁的角度对两者的制度效率进行了比较研究，认为家庭承包经营制度的缺陷主要体现在以下三个方面：不适应环境变化、产权主体不明、土地转让制度造成收益权受损。虽然土地股份合作制度也存在局限性，但该制度解决了承包制产权界定不清的缺陷，增强了农民在市场中讨价还价能力，促使土地经营向规模化、市场化发展，减少了农民在土地流转中的费用。② 关于土地股份合作流转与其他土地流转制度相比的制度优势的研究，有学者指出股份合作相较于其他流转方式提高了土地的利用效率，增加了农民的收入，单位面积土地吸收了更多的外部社会资本，用指标评价体系衡量股份合作制度的流转绩效，指出其具有显著的经济绩效。③ 关于土地经营权入股组织形式选择方面的研究。学者分析了土地入股股田制有限公司、入股合作社方面的法律制度构建，但对入股建立股份合作社的研究较少。关于土地入股到股田制公司，主要来自于 2007 年重庆的土地新政，政策叫停后直接更改为土地承包经营权只能入股到合作社，建立土地股份合作社。④ 此外，关于土地入股到公司的研究成果能够为股份合作制度建设提供借鉴价值。吴义茂提出，入股到有限公司，土地承包经营权发生物权性转移，经营权的资本化符合公司资合性和营利的特征。在农民股东的权益保护中，应将其与非农民股东的股权进行区分，将农民的土地股权设置为优先股，农民在公司运营过程中享有退股权和回购请求权。⑤

关于土地股份合作制形成动因、制度局限性及设立必要性的研究。有学者指出不同的土地股份合作社产生的原因也不同，有的土地股份合作组织产生是源于对集体收入的第二次分配，有的合作组织产生是为节约交易成本，规避市场风险。苏晓敏指出土地股份合作制改革的动因源

---

① 许颖慧：《家庭联产承包责任制与股份合作制比较研究》，武汉工程大学，2011 年。
② 王玉霞、朱艳：《制度变迁视角下的家庭承包经营和农村土地股份合作制度研究》，《云南财经大学学报》2009 年第 1 期。
③ 岳意定、刘莉君：《基于网络层次分析法的农村土地流转经济绩效评价》，《中国农村经济》2010 年第 8 期。
④ 彭真明、陆剑：《"股田制"公司的商法思考》，《中国不动法研究》2011 年第 00 期。
⑤ 吴义茂：《土地承包经营权入股有限责任公司法律问题研究》，西南财经大学，2012 年。

于承包制在产权主体、权能残缺方面表现出的弊端,这一弊端不能满足用地需求。苏昀指出,土地股份合作制产生的动因在于解决当前农业用地抛荒现象,通过股份合作组织的规模化经营,由合作组织承担农业经营的风险,从而调整现代农业产业结构。① 关于土地股份合作制度局限性方面的研究,金丽馥认为土地股份合作制度的农地股权不稳定,土地股份合作在不同的区域发展也不均衡,内部机制存在弊端、法律保障制度也不健全。② 关于土地股份合作制度建立必要性的研究,杨择郡从股份合作主体收益的角度,以城镇化建设为切入点,指出城镇化建设需要以土地制度的改革为基础条件,土地股份合作制实现了农业的规模化经营,为城镇化建设提供基础条件,同时两者在一些配套制度上能相互为用。③ 有的学者指出土地股份合作中,保留地权的农民可以既享受土地收益又离土离乡到城镇就业。④ 有学者比较了农民市民化的各种路径,指出农民要选择的是放土不放权的市民化道路,农地股份合作制是较好的制度安排。⑤

关于农村土地股份合作制与集体经济实现形式的研究。有学者指出,集体经济发展都以一定的要素投入作为物质基础,土地股份合作社增强了投入要素聚合弹性,人力资本要素主导的是"能人+红人"引领型土地股份合作,外部增量资本要素注入的是政策性资金促进型土地股份合作。土地股份合作社从五个方面来实现推进农村集体经济向"高水平"实现形式的转型,产权配置由粗放向集约转型,分配方式由平均向公平转型,转入机制由"半强制"向自愿互利转型,发展方向由"统购统销"向开放市场转型,治理模式由传统低效向科学可持续转型。土地股份合作包括土地股东、外来资本股东等,其中农民股东的土地要素

---

① 唐浩、曾福生:《农村土地股份合作制产生原因解析》,《中国土地科学》2008年第10期;苏晓敏:《广东农村土地股份合作制的效率与公平研究》,首都师范大学,2013年;苏昀:《广东农村土地股份合作制研究》,暨南大学,2011年。
② 金丽馥:《新时期农村土地股份合作制探析》,《当代经济研究》2009年第1期。
③ 杨择郡:《农村土地股份合作参与主体行为研究》,华中科技大学,2013年。
④ 孙宪忠:《中国农民"带地入城"的理论思考和实践调查》,《苏州大学学报》2014年第3期。
⑤ 陈学法:《农民市民化的路径选择:放土不放权》,《毛泽东邓小平理论研究》2014年第11期。

实现了流转，合作社实现了外部要素与内部要素的结合。① 土地股份合作制使土地承包经营权这种直接附着于土地实物的不动产物权保障发生了变化，土地增值收益一部分由农民个人直接分享，一部分转化为集体分享后用于提高农民的保障和福利。②

关于土地股份合作制度历史演进相关问题的研究。高海指出初级合作社的土地入股是土地股份合作制的雏形，他分析了不同阶段土地入股的法律特征，指出初级社农民是以土地使用权入股，而高级社入股客体为土地所有权。③ 土地股份合作出现了地区性的代表模式。在社区型土地股份合作制中，集体的土地一次性折算成股份，按照户籍制度一次性配股给集体内的农民。土地股份合作制最早发源于广东南海，通过股份合作制度改革实行土地"三权"分离，即先由集体把土地和固定资产折股量化承包给农户，该层次实现了土地集体所有权与农户承包权的分离；第二层次的分离主导权在农户，由农户将承包权入股流转到集体，集体通过整理、规划、经营土地获得了土地的控制权和经营权，农户并没有丧失承包权，股份合作组织获得土地使用权。有学者指出，南海模式中的土地股权是分配权，只能内部转让，对外不能抵押和继承，农民也无法参与股份制经营。④ 上海模式由农民、村集体和特定经济组织订立一系列契约来实现土地股份合作。农民土地使用权不是入股给股份合作经营组织，而是直接入股给集体，由集体再次进行入股，所有农民与土地经营组织之间并没有进行入股报酬的协商，集体成为土地流转的媒

---

① 张茜：《农村集体经济实现形式的现代转型——以山东省东平县土地股份合作社为例》，《东岳论丛》2015年第3期；白雪娇：《有机聚合和均衡聚合：集体经济有效实现形式的要素分析》，《山东社会科学》2014年第12期；杨嬛、陈涛：《生产要素整合视角下资本下乡的路径转变——基于山东东平县土地股份合作社的实证研究》，《中州学刊》2015年第2期。

② 徐朴、王启有：《农村土地股份合作社的实践与探索》，《四川行政学院学报》2008年第3期。

③ 高海：《农地入股合作社的嬗变及其启示》，《华北电力大学学报》2013年第2期。

④ 南海市推行股份合作制办公室：《南海市农村土地股份合作制的实践》，《南方农村》1997年第6期；蒋励：《土地产权制度改革的新探索——对南海市土地股份合作制的评价》，《中国农村经济》1994年第4期；罗世强：《突破旧有土地制度、深化农村改革——浅议"南海市"以土地为中心的农村股份合作制》，《南方经济》1994年第10期。

介。因此，该制度涉及的是社区土地所有权的入股。① 在农民自主流转型土地股份合作制中，典型的包括苏州模式及山东模式。早期苏州地区的土地股份合作社的入股要素比较单一，仅仅为土地，且土地股份合作社并不对入股土地进行专业的评估和折价。随着合作要素的增多，股份合作社的入股资本的范围和种类逐渐扩大，包括了资金和技术，此时土地和其他生产要素一样都进行作价，分配也实现了多种方式，保底分红与浮动分红并存。② 山东模式中，东平土地股份合作制最具代表意义，以土地股份合作社为合作载体，引导农民在自愿基础上，建立多种形式的合作形式，提高农民的土地权益。③ 张文慧指出，社区型土地股份合作社的"痼疾"：一是土地使用权作价偏低；二是与原有的村集体组织职能分配不清；三是集体股份设置存在的公共收入的"刚性"和"内部人控制"的问题。④ 有学者比较地区股份合作制在运作方式、入股要素、股权管理等方面存在的个体差异，同时指出在形成动因、基本做法、实践效果等方面又存在共同特征。⑤ 有学者指出土地股份合作组织存在的法律问题表现在以下几个方面：入股时的问题为土地评估、出资风险、合同瑕疵、程序不规范，经营中的问题表现在土地用途管制、合作组织规章制度、经营风险、国家征收征用以及土地承包到期后股份合作组织持续运营问题，以及股份合作社终止后合作各方的利益保护问题。⑥

关于土地股份合作法律制度构建的研究。贾雪指出当前对土地股份

---

① 上海农村土地流转研究课题组：《上海市农村集体土地股份合作制模式的研究》，《上海综合经济》2001年第7期；张占耕：《上海农村土地流转要有利于"农村城市化、农业现代化和农民市民化"》，《上海综合经济》2002年第9期。

② 高雪瑾：《苏南地区土地股份合作制的实践：兴起、发展与绩效评价》，南京农业大学，2011年；张夏力、王岩：《江苏省农村土地股份合作社的发展实践及推进路径》，《江苏农业科学》2016年第4期。

③ 徐勇主编，邓大才等：《东平崛起：土地股份合作中的现代集体经济成长》，中国社会科学出版社2015年版，第52—53页。

④ 张文慧：《土地股份合作社的若干法律问题》，《2008年中国土地制度改革国际研讨会论文集》2008年版，第72—82页。

⑤ 陈天元、张成强：《苏浙两省农地股份合作制实践模式的比较研究》，《浙江农业学报》2015年第3期。

⑥ 谢金峰：《土地股份合作社中集体土地权利实现的障碍及其对策研究》，《经济法论坛》2012年第1期。

合作制度的研究还处于由政策引导向法律规范转化的阶段，还未形成完整的立法体系，亟须加快相关立法进程。有学者指出土地股份合作社的法律制度构建中，应该用成员权衡量土地股东资格，农民转让土地股权的同时，保留了其在集体中的成员权利，这一结论适用于对集体土地股份量化的过程中。①

关于土地股权相关问题的研究。关于承包经营权入股的评估主体，部分地方规范有所涉及，如浙江省规定由全体社员对土地承包经营权进行评估，且不需要进行验资，但农民社员缺乏专业性，可能会出现评估随意、不能真实反映土地价值的后果，对相对人的交易安全也不利。②此外，土地评估各地没有一个可比照标准，因此农户会担心出资风险，农户与土地股份合作社签订合同过程中，容易出现合同瑕疵和程序不规范的现象。③关于农民自主流转型股份合作制度中的集体股的设置问题，虽然有的学者认为股份合作组织可以不设集体股，农地所有权股份化后交给农民使用。④但是当前我国大部分地区集体尚有部分机动的土地或集体资产，因此集体股并不会在股份合作社中立即取消，其生存空间是由我国集体经济组织属性决定的。集体股的限制主要体现在集体财产的再投资方面，为了保障农民股东的分红比例，一要限制集体股的股份比例，二要对集体成员分红比例进行强制，改变权利主体虚化的现状。⑤如何在股权配置上做倾斜性制度安排，切实保护农民股东的利益，成为优先股制度和土地股权转让制度的目标。在优先股设置问题的讨论中，有学者指出土地承包经营权股不宜设置为优先股，可由合作社自主决定是否将集体股和外来资本股设置为优先股。⑥有学者指出，农民土地股和外来资本股很难同股同利、同股同权。股份合作社在内部治

---

① 陈小君：《我国农村土地法律制度变革的思路与框架——十八届三中全会〈决定〉相关内容解读》，《法学研究》2014年第4期。

② 杨红朝：《土地承包经营权入股农民专业合作社法律问题探讨》，《河北法学》2011年第6期。

③ 谢金峰：《土地股份合作社中集体土地权利实现的障碍及其对策研究》，《经济法论坛》2012年第1期。

④ 解安：《新"两权分离"论》，《中国社会科学院研究生学报》2005年第1期。

⑤ 杨珊：《土地股份合作社中农民土地利益实现的法律探讨》，《西南民族大学学报》2011年第11期。

⑥ 高海：《农地入股中设置优先股的法律透析》，《现代法学》2012年第5期。

理中可通过章程规定"一股一权"表决权原则和"一人一权"表决权原则,前者主要适用于合作社资产运作和资产投资的事宜,决定合作社利润分配和财务方案方面的事务,后者主要用于股份合作社人员增减和管理治理事务。① 在土地股权转让制度的研究中,有学者指出股份合作社的土地股权体现了产权的不完整,不能买卖、继承和转让,这种封闭性的特征,限制了股权在治理机制上的功能。因此,有学者建议修正农地股份经营的封闭性,应赋予农民股东的股份转让权并对其做出如下限制:集体经济内部成员享有土地承包经营权的有限受让权;但若股东向股份合作社以外的个人或组织转让其股份的,考虑到股份合作社的人合性,需要通过股东大会征求其他股东的意见,同理宜规定若其他股东不同意股份转让,可购买该出资份额。②

关于土地股份合作收益分配问题的研究。有学者通过微观经济学权利增值的功能比较为基点,指出农地股权的设置应该更多保护农民股东的利益,农民股东土地使用权的收益应该事前在股份合作社章程中予以界定。在决定土地所有权和使用权配置的过程中,一切以对资产平均收入的影响为总原则,农民股权虽然不能由其经济性来决定,但农民股权对土地资产平均收入影响最大,所以应该得到更大的剩余份额。③ 有学者指出,可分配利润和农民股东在利润中的供地贡献是土地股份合作社利润分配需要重点关注的基础条件。也有学者进一步从利益衡量理论出发,考察实践中出现的各种分配机制,比较入股农民利益和股份合作组织利益的影响力,从而推论出保底收益和盈利分红两者相结合分配方式的正当性。④ 而在这一分配方式的可行性研究中,有学者指出,股份合作中利益分配应该以社员惠顾为视角对固定保底收益进行法理解释,这

---

① 陈小君:《我国农村土地法律制度变革的思路与框架——十八届三中全会〈决定〉有关内容解读》,《法学研究》2014年第4期;任大鹏:《农民专业合作社法律修订的几个问题》,《中国农民合作社》2014年第4期。
② 胡建:《我国农地股份合作制法律问题探讨》,《长江论坛》2009年第4期;郭继:《土地承包经营权流转制度研究——基于法律社会学的进路》,中国法制出版社2012年版,第119页。
③ 巴择尔:《产权的经济学分析》,上海三联书店、上海人民出版社1997年版,第8页。
④ 李华雨:《农地股份合作社之收益分配法律制度研究》,南京农业大学,2012年;于华江、王刚:《农地股份合作组织盈余分配机制的利益衡量》,《经济与管理研究》2011年第9期。

样可以理顺农民入股行为的法律性质，也能使土地股份合作社在理论上保持合作社关于产权和分配机制的基本规定。也有学者认为这种分配方式对土地股份合作社的组织属性定位及运营带来挑战，应加大政府扶持力度和内部管理机制，控制资本对合作社分配机制的影响。① 可见，分配机制的研究尚有争议。

关于土地股份合作社终止时土地处置和债权人利益保护制度的研究。在土地股份合作组织因为解散或者破产而终止经营时，对土地股份的处理需要考量两方面的利益，即入股农民的利益和债权人的利益。有学者以股份合作社其他资产是否足以清偿债务做出了区别对待，指出若入股农户此时不想再继续加入土地股份合作组织，且合作社其他资产能够清偿债务，则农户应享有退社自由权，收回自己入股的农地。如果其他资产不足以清偿合作社债务，农户在理论上应负担合作社的债务清偿。② 在土地股份合作社破产后，土地承包经营权在股份合作组织内部和外部都会产生利益上的冲突，包括农户与非农户股东之间的冲突，也包括农户与债权人之间的冲突。在处理时应该兼顾承包经营权的社会价值和土地流转的整体性原则，农民股东可以按照出资时评估的土地价值回购土地承包经营权，也可以进行置换。③ 关于土地股份合作配套制度的研究。现有的研究着眼点在于建立土地承包经营权抵押融资制度，从财政金融支持制度出发，通过建立土地银行和土地流转基金等措施保障土地股份合作流转模式顺利开展。④ 可见研究成果多侧重于财政金融政策对股份合作制度的扶持，以农民土地承包经营权利益的保护为中心建立相应的保障措施，综合而全面地研究土地股份合作配套制度的文章并

---

① 高海、欧阳仁根：《农地入股合作社利益分配的法律解析》，《重庆社会科学》2011年第1期；倪美丹、张亿钧、刘从九：《探析土地股份合作社"固定收益+浮动分红"利益分配机制》，《长沙大学学报》2011年第6期；张小贺：《农民股份合作社中普通社员的利益分配模型分析》，《湖北科技学院学报》2014年第5期。

② 尹雪英、陈利根：《农地股份合作社解散时土地处置问题研究》，《西北农林科技大学学报》2014年第9期；吴义茂：《农地入股中农民股东与债权人的利益冲突与平衡》，《华中农业大学学报》（社会科学版）2013年第6期。

③ 王国静：《土地承包经营权在破产清算中的法律问题研究》，扬州大学，2014年。

④ 李蕊：《中国土地银行农地融资制度建构之权衡》，《政法论坛》2014年第7期；陈慧芝：《基于财政金融支持的农村土地股份合作制流转途径分析》，《财经问题研究》2014年第5期；郭迟、吉宏伟、曾聪：《土地股份合作中如何建立风险保障机制》，《合作经济与科技》2007年第3期。

不多见。

从国内对土地股份合作制度的研究来看，以农业经济学为主，管理学、政治学和社会学界的研究也逐渐呈现出部分学术成果，但从法学角度对其进行规范研究的成果相对较少。对农村土地股份合作制度的研究虽起步较早，但有针对性的深入研究并不多，对该制度的研究也因研究角度不同、关注的领域有异，呈现出一定的局限性。这导致土地股份合作制度的研究呈现出以下不足：

1. 从研究内容来看，主要侧重于农村土地产权制度、土地承包经营权流转制度、耕地资源保护制度的研究，对土地股份合作制度产生背景的一般性研究较多，但对其制度价值及法律保障制度的研究不够深入。首先，早期的研究主要是经济学界和管理学界的探讨，因此侧重点在于用制度经济学的理论分析该制度形成的动因和产生的背景，体现了生产关系的变革要适应农村生产力发展的规律，但缺少从基础理论辨析土地股份合作制度的价值，尤其是当前我国正处于土地制度改革的背景下，应该更深入研究土地股份合作制度独有的制度优势、法律特征和正当性；其次，对土地股份合作内部股权设置、盈余分配制度的研究非常少；同时，缺乏对土地股份合作实践的比较考察，从宏观上开展模式探讨和评价的多，或者对案例模式进行报道性研究较多，缺乏对股份合作模式运行障碍的进一步分析，也没有对土地股份合作模式演变可能产生的问题进行深入研究。此外，现有的研究将土地股份合作制度的构建作为一个孤立的研究领域，就事论事的研究难免出现视野局限，缺乏制度构建上的通盘考虑。

2. 从研究方法看，方法比较单一，视野比较狭窄，还不能运用国内外最新的理论成果来分析和解决实践中出现的问题。土地股份合作制度具有显著的中国特色，系统深入地研究域外相关制度和经验，归纳国外新一代股份合作社对传统合作社的制度突破，有利于完善土地股权制度的构建，用优先权制度、表决权制度和股权流转制度保障农民土地权益。当前的研究成果无论是学术专著还是学术论文，都鲜有对域外经验的深入分析。此外，研究也未能将土地股份合作的制度构建置于我国民法典制定的历史契机下，使研究缺乏时代性和现实性。

3. 土地股份合作法律制度的研究非常缺乏，同时研究缺乏连续性。

相对于经济学界的早期研究和现行探讨，法学界对土地股份合作制度的研究成果就相对贫乏，现有相关法律制度的研究也是提出问题的多，深入分析的少，缺乏从物权法、土地管理法、合作社法等方面的法律规范分析。同时研究也体现了一定的阶段性，土地股份合作第一个研究时点是广东南海刚兴起土地股份合作制度之时，第二个研究时点是重庆2007年土地入股实践展开时，当下形成的第三个研究时点，源于中央政策倡导土地流转发展适度规模经营。可见对土地股份合作制度连续性和跟踪性的研究不充分，积累的研究成果凸显了该项制度的理论储备不足。

4. 实证研究出现区域单一的情况。早期的实践研究主要都是侧重于珠三角、长三角地区的分析，特别是对广东、江苏和浙江地区土地股份合作模式的制度分析，因为股份合作制在这些地方的农村地区推广的范围较为广泛，随着现代农业向高效农业的转化，中部地区的农业经济的发展也亟须改革土地的经营模式，虽然这些地区的股份合作制在试点中开始，但也应该引起学者们的关注。

因此，土地股份合作制度的研究尚处于初级阶段，作为政策导向层面的研究较多，而系统进行理论分析的较少，孤立层面研究的多，总体研究的少。从经济学、管理学、政治学、社会学等学科角度提出股份合作产生问题的多，但是从法律层面系统阐述解决之道的研究比较零碎，并没有将土地股份合作制度置于中国特色土地制度改革和城乡一体化的时代背景下，缺乏整体性和宏观性。因此，跳出局部学科的思维定式，从多个学科的角度找出制度产生的背景、进行法律研究视角的规范切入就显得尤为重要。

三　研究对象、研究方法

（一）研究对象

原则上在不改变土地集体所有的基础上，包含有土地承包经营权入股，将土地与其他生产要素联合，以土地股份合作社为平台进行合作经营的土地产权制度均属于广义上的土地股份合作制度。因涉及参与主体众多，制度的实践呈现出多种代表模式，本书不可能对所有的模式均进行列举和比较。因全书考察新中国成立以来我国土地股份合作制的演变，研究中以入股客体和股权设置为核心因素对各个时期的股份合作制度进行分析和比较考察，力求在尊重农民入股意愿的基础上，试图找到土地股份合作制度更为妥当的模式以保护农民的地权。对制度演进的考察，分析初级社土地股份合作存在的产权矛盾，制度优势与缺陷，高级社土地股份合作变迁的强制性，重点比较当前土地股份合作制度运行的障碍，厘清制度设置的共性和本质差异。

在研究过程中根据入股客体、股权设置、利润分配、组织属性这些主要参考要素，将其分为两类。一是社区全员型土地股份合作制，该制度或是涉及对土地所有权的股份化，或虽建立在土地承包经营权入股的基础上，但入股后按照社区成员的数量和户籍内人口劳动贡献将土地配股给社区全体成员，并且由集体以自营或委托他人经营的方式对土地进行统一经营。二是建立在农民入股自愿基础上的土地股份合作，产生基础是土地承包经营权和集体土地使用权的入股，入股的基础是科学评估其土地使用权的价值，分配的模式是固定保底收益加盈余分红。本书比较考察两类土地股份合作，指出社区型土地股份合作模式的运行障碍，农民自主流转型土地股份合作能合理定位入股性质，使承包经营权权能更加完整，通过治理流转土地股权，突破了法律的限制规定，主张实践中应大力推进。同时归纳制度演进的路径、演进的轨迹和根本宗旨，从而确立了制度构建应为农民以土地承包经营权自愿入股的股份合作制的完善为中心。沿着这一研究主线在遵循中央入股建立股份合作社的政策倡导下，研究入股这一流转模式与合作社制度的法律兼容性与契合性。

将农民自主流转型土地股份合作作为研究对象进行制度构建的分析脉络中，以制度规范分析和制度保障为主线，制度设置的理论基础是马克思主义土地产权理论。在对土地股份合作现行立法进行检讨的基础上，围绕土地事实上承担的生存保障功能，考察土地作为资本的增值效用，制度的研究始终没有离开入股农民土地权益的保障。在制度构建的框架设计中，坚持尊重农民意愿及主体地位，关注农民土地发展权。土地股权设置中首先研究农民土地承包经营权入股作价制度，其次分析优先股的设置及农民土地股权转让制度，分配制度侧重于农民土地股固定保底加盈余分红分配制度的可行性分析，股份合作终止时也围绕农民土地承包经营权的处置为中心考量，始终注意平衡农民土地股东与非农民股东（集体股、外来资本股）的利益，平衡农民土地股东与债权人的利益。制度完善的路径也是重点研究农民土地承包经营权流转的财政金融支持和确权确股登记制度的完善。

(二) 拟采取的研究方法

本书在土地股份合作制度的研究中，从经济学、政治学、法学、社会学的角度，试图通过不同的层次全面探讨土地股份合作制度的构建，从制度经济学的角度分析土地股份合作制生成的动因；从政治学的角度分析土地股份合作土地权益保护和设立必要性；从法学规范的角度来诠释土地股份合作的土地股权设置、收益分配制度、合作组织终止制度，将土地股份合作的价值研究、规范研究与社会研究有机结合。土地股份合作制度这一生产关系的变革应该适应农业经济的发展，本书用马克思主义土地产权制度变迁的理论分析股份合作制度在我国的演变规律，不同的历史时期土地股份合作制度体现出不同的产权特征，对土地股份合作制度实践模式的制度分析和法律缺陷的归纳也坚持用马克思主义的立法和方法，归纳不同实践制度设计的产生背景和内在矛盾、股份合作的法律制度特征和制度已经呈现的法律缺陷，分析当前农民在自愿基础上形成的土地股份合作制在路径发展、政府介入和农民土地股权保护中可能会出现的法律问题。从中国的经验出发，构建符合我国国情的制度安排，解决土地股份合作运行中遇到的问题。

1. 文献研究法。通过收集阅读土地股份合作制度有关的文献，对相关的学术专著、期刊文章、法律及政策规定、实践分析总结等进行整理、归纳，探寻制度构建的理论基础，尝试用马克思主义的土地产权理论、合作经济理论来搭建土地股份合作制度的理论基础。分析制度生成、发展及演变历程和规律，归纳分析其渊源和制度特征，分析土地股份合作流转模式应该遵循的基本规律，用马克思主义的立场、观点作为制度构建的理论依据。

2. 比较分析法。一是将土地股份合作制度与土地家庭承包经营制、土地流转其他传统方式，与合作制、股份制等其他企业组织形式，与股田制进行比较，得出土地股份合作的制度优势。二是在土地股份合作制度演变的历程中，通过比较分析不同历史时期土地股份合作制度在土地权利设置、分配制度安排、合作制基本原则遵守等方面呈现出的不同制度特征,更深入分析制度产生的背景,对当代不同地区土地股份合作典型模式的比较,深入剖析社区全员型土地股份合作和自主流转型土地股份合作可能存在的法律缺陷,用制度对比的方法提出针对性的改革路径,倡导在我国应尊重农民入股意愿,建立自主流转型土地股份合作模式。三是将我国农村土地股份合作的产生与世界其他国家的合作制改革背景进行比较分析,借鉴国外新一代股份合作社的制度设计,预测我国土地股份合作制度在土地股权设置、优先股安排、盈余分配机制、终止制度设计时可能会出现的与现行法律不符合的问题,提出解决之道。

3. 法社会学分析方法。法律社会学就是基于对法律现象、社会现实之间互动关系的宏观认识而建立起来对微观的法律问题具有解释、说明功能的理论模型。[①] 中国的土地制度与国外土地制度不同,对中国土地股份合作制度的研究必须立足于中国土地流转制度改革的起点上,遵循土地的所有权现实基础,土地的规模经营目标不能脱离中国集体所有权的现状。本书对土地股份合作社会实践进行法社会学分析,以此找到"链接中国实践和理论的第三条道路"。在土地股份合作演变的制度分析中,立足于中国土地制度和土地政策的现实,从宏观角度看待合作主体的行为,而不是仅仅分析土地股份合作制度改革本身的问题,更要平衡土地股份合作中农民、政府、集体、外来股股东及股份合作社的利益。

4. 历史分析的方法。各个时期土地股份合作具有明显的时代背景和政策目标,对初级合作社、高级合作社土地入股实践的归纳分析,目的是用唯物史观探讨土地股份合作制度改革的必然性,分析生产关系变革的根本原因是生产力的发展。对20世纪90年代开始的土地股份合作制度在不同地区模式的比较和当代的演变,是为了进一步厘清合作模式的制度特征与本质差异,分析社区全员型股份合作制度存在的固有法律缺陷,探讨土地股份合作在土地流转背景下必须遵循的原则,在土地股份合作制度构建中应以史为鉴,汲取每一个阶段股份合作中所呈现出的法律缺陷的教训,归纳当前土地股份合作与乡镇企业股份制改造的路径

---

① 赵震江:《法律社会学》,北京大学出版社1998年版,第34页。

不同，避免土地股份合作中可能出现的新圈地运动以及其他违背农民意愿的合作行为，从而为当前各地正在开展的土地股份合作实践提供借鉴和参考。

5. 价值分析法。作为农村新型的土地经营模式，股份合作制度应该实现土地经营的现代化，提高土地产能效率，同时保障合作主体公平地分享土地增值利益。本书考察各参与主体的行为，特别是作为微观主体的农民或农户入股的行为动因，目的是研究土地股份合作产生动因。同时指出在利润分配中衡量的因素既包括保护农民股东的利益，也应当包括保护土地股份合作组织的利润增长，维持股份合作持续发展，制定科学的土地股份合作利润分配方式。在土地股份合作终止时的制度设置，将合作组织内部和外部呈现的利益冲突进行考察，农民股东与非农民股东的利益，农民股东与债权人之间的利益，均应该进行价值判断，从而设置土地制度和债权人利益保护制度，彰显制度设计的正当性和公正性。

（三）本书的特色

第一，研究思路清晰。沿着提出问题、分析问题和解决问题的传统思路展开论述。从土地承包经营权的物权化界定入手，分析土地股份合作主体间的法权关系，从土地流转和经营制度层面比较土地股份合作制度的优势。从制度演进的历程中，分析不同阶段土地股份合作制度设置和运作背景，比较社区型股份合作的运行障碍，归纳农民自主入股合作对法律限定的突破和优势。同时研究制度演进的轨迹，找到最佳的土地股份合作类型。在检讨土地股份合作现行立法缺失基础上，分析立法所应涉及的内容，有针对性地提出制度构建的架构主要包括土地股权设置、土地股份合作收益分配、土地股份合作终止时土地处置和债权人利益保护以及政府配套相关制度，改变过去对该制度研究所存在的片面化、碎片化的局限。

第二，研究方法的创新。本书综合运用了经济学、社会学、政治学、法学的基础知识研究土地股份合作制度，将制度研究和宏观的经济改革背景结合起来，与我国土地法律政策的演进、城镇化建设以及集体经济的实现结合起来。从经济学角度分析土地股份合作生成动因和制度设立必要性，社会学角度主要是平衡土地股份合作主体利益，土地股份合作制度产生和演变与我国经济发展和土地政策紧密相关。通过立法制度检讨，运用历史分析法、比较分析法考察土地股份合作实践，通过实证研究和规范分析相结合的方法，揭示出土地股份合作中各利益主体的土地权能体系。

第三，研究视野的创新。在研究中，对土地股份合作实践中的模式进行比较分析考察，以制度历史演进为主线，分析制度产生、演变的历程，解析不同阶段制度特征和运行实践，归纳制度演进的路径特征、发展轨迹和宗旨，主张农民自主流转型土地股份合作。制度构建始终以保护农民主体地位和土地权益为中心，通过多角度的论证，使制度的研究视野更加全面，从而使制度完善路径更有层次。

第四，土地股份合作制度改革路径针对性强，制度构建体系的创新。本书在土地股份合作制度构建中，以保护自愿入股的农民土地权益作为论述重点。针对土地股份合作的立法缺陷，从法律制度完善的角度，有针对性提出土地股权定价机制。优先股设置中，分别论证土地股作为优先股的不适宜性，集体股和外来股设置为优先股的可行性。利益分配重点分析固定保底收益加盈余分红机制的理论基础和可操作性。土地股份合作组织终止土地处置，侧重于农民利益保护，同时注重保护债权人利益。

四　本书结构内容、拟突破的重点和难点

（一）本书结构与内容

本书以马克思主义土地产权制度作为理论基础，将我国土地股份合作制度与家庭承包经营制度、土地流转其他制度进行综合比较与分析，从历史演进的视角考察制度的生成、演变及当代创新，解析不同历史阶段制度呈现的差异性，通过比较考察和研究演进的内在逻辑，推论制度演变可能出现的问题。以马克思唯物史观分析土地股份合作实践中遇到的制度瓶颈，并从土地股权设置、收益分配制度、土地股份合作组织终止制度、政府配套制度等方面提出了土地股份合作有效运行的路径设置。全书主要包括七个方面的内容，其中前三个部分主要是关于土地股份合作的基础理论，第四个部分考察土地股份合作制度的历史演进，第五和第六部分是在前面实证分析的基础上进行法律规范的分析，并提出制度完善的路径和方法，第七部分为结语。全书具体内容安排如下：

第一部分绪论。这一部分对研究的背景、研究的意义、研究的方法及研究的结构和内容进行说明，同时对国内外的研究成果进行了系统化的梳理，形成了文献综述。

第二部分是马克思土地产权理论及对中国土地股份合作制度构建的启示。本部分包括三个方面的内容：一是从土地所有制和土地所有权的解释框架分析马克思土地产权制度的基本内容，指出土地所有权的权利体系，土地权利统一与分离理论，土地股份制理论，土地所有权和使用权转让理论及地租理论；二是阐述了新中国成立后马克思土地产权理论的中国化；三是具体考察马克思土地产权理论与我国土地股份合作制度构建的关联性，研究了制度的当代价值，指出土地股份合作产生的基础是土地产权分离，土地股份合作的目标是改造小农经济，土地股权定价应该以马克思地租地价理论为指导，土地股份合作制度设置应保障农民土地收益权，土地股份合作应该发挥国家扶持作用，坚持农民自愿和因地制宜原则。

第三部分是土地股份合作制度的基础理论。本部分包括以下内容：首先，对土地股份合作制度进行界定，厘清概念、性质和其法律特征，分析了股份合作主体间的法权关系。其次，分析了土地股份合作制度的生成动因，指出其能够内化土地外部利润；接着辨析土地股份合作的制度优势与制度设立必要性，指出该制度是对我国土地基本经营制度的完善和发展，与其他土地流转方式相比具有明显的制度优势，在土地入股主体形态选择上比股田制更具合理性。最后，归纳该制度在中国城镇化建设、土地制度改革和集体经济实现中设立的必要性。

第四部分研究了中国土地股份合作制度的历史演进。本部分主要分为三个方面：首先，分析土地股份合作制度的产生，系统地比较了合作社时期土地股份合作制度在入股客体、利润分配、组织属性上的制度特征，接着对合作社时期土地股份合作制度进行评析；其次，系统总结了土地股份合作制度的演变，研究土地股份合作实践中的典型模式，并对社区型和农民自主流转型两类土地股份合作制度进行比较考察，得出应倡导建立农民自主流转型土地股份合作；最后，研究土地股份合作制度历史演进的逻辑与启示，得出制度历史演进的特征、轨迹和宗旨，指出制度改革应与乡镇企业股份改制的路径区别开来，保持土地集体所有，避免出现新的圈地现象，防止造成土地的私有化。

第五部分是中国土地股份合作现行立法检讨。首先，本部分研究总结出我国土地股份合作制度的立法基础，从三个角度全面考察梳理土地股份合作相关的法律规定，深入分析土地股份合作相关的政策，并研究法律规定和政策之间的关系；其次，分析土地股份合作法律规范的特征，从立法技术、法律规范体系、内容规制三个方面进行归纳分析；最后，从立法滞后与实践脱节、法律法规之间的矛盾、政策法律未体现区域差异三个方面分析其立法缺陷。

第六部分是土地股份合作的制度构建。本部分分为五节，第一节分析土地股份合作制度构建的四个原则。第二节主要从三个角度研究土地股权制度：一是土地承包经营权入股作价相关的问题，提出入股作价应该以马克思地租地价理论为依据，归纳出入股作价的影响因素，指出应该采用土地收益法进行评估。同时，应培育新型的评估机构对承包经营权进行专业评估，入股作价后应当进行公示。二是优先股的设置。首先，分析了土地承包经营权股设置为优先股在利益分配、表决权行使和出资比例限制上可能引发的矛盾，得出不宜将其设置为优先股；其次，分析集体股和外来募集股可设置为利润分配优先股、累计参加优先股，土地股份合作社应当在章程中列举其享有表决权的情形。同时指出其在合作社终止时承担责任的方式。三是分析了农民土地股权的转让制度。第三节研究土地股份合作收益分配，该部分通过法理基础、基本原则和分配机制的选择完善来展开。收益分配的法理基础是剩余索取权理论和地权转股权理论。基本原则为法定优先原则、村民自治原则以及公平与效率原则。在分配利润的影响因素中，入股农民的收益是根本的影响因素，而土地股份合作组织利益是重要的影响因素，应该利用利益衡量法对两者进行衡量。重点分析了固定保底收益加盈余分红分配制度的可行性和应注意的问题。第四节为土地股份合作组织终止时土地的处置和债权人利益保护。土地处置中强调应该注重承包经营权的剩余期限，入股农民股东的意愿以及承包经营权的置换。债权人利益保护制度的构建则应该区分破产和解散两种不同的情形区别对待。第五节为土地股份合作配套制度，包括财政金融支持制度、土地承包经营权确权确股登记法律制度、农民社会保障制度及政府协调制度的构建。

第七部分是结语。本部分对全书的主要研究思路和观点进行了梳理与总结。一是土地股份合作制度中，集体土地所有权、农户承包权、股份合作组织经营权实现了分离，体现了土地管理信托关系、土地股份合作组织享有独立的财产权，入股使承包经营权的物权化体现得更加深入和彻底。土地股份合作制度在城镇化建设、土地制度改革和集体经济实现方式的拓展中具有显著的制度价值。二是在土地股份合作制度历史演进中，着重评析了当前社区全员型土地股份合作的运行障碍，农民自主入股流转的优势和法律突破，指出我国应倡导农民自主流转型的土地股份合作，区别于20世纪乡镇企业股份合作改制路径，避免颠覆集体土地所有权，造成农民失地，引起新的圈地运动。三是土地股份合作应该关注农民土地发展权，建立专业的土地评估机构对农民土地进行评估，土地股权中集体股和外来募集股适宜设置为优先股。分配方式中，固定保底收益所形成的租金债权具有法律依据，应该确定土地股份盈余分红的具体比例。股份合作组织终止时土地的处置应该关注承包经营权的剩余年限、入股农民的意愿，可返还入股的土地也可对其进行置换，债权人利益保护则应区分破产和解散两种不同的情形区别处理。国家应建立财政金融扶持制度、完善土地承包经营权确权确股登记制度、推进农民社会保障制及建立其他协调扶持制度。四是具体列举了研究中存在的不足之处，也是未来对本课题进行深入研究的内容和方向。

（二）拟突破的重点和难点

第一，如何对土地股份合作制度历史演进做深入考察，以马克思制度变迁理论为指导，寻找实践中土地股份合作的理想模式，是本书研究的重点和难点之一。土地股份合作建立在一定的社会经济和历史背景之上，历史演进具有典型的路径依赖特征，因此本书将分析不同历史阶段股份合作的产生背景、产权安排、制度设置、运行效果。特别是当前土地股份合作制度出现了多种实践模式，对典型模式进行制度分析力求归纳其类型特征，分析社区全员型土地股份合作有哪些典型模式，运行多年遇到哪些障碍，土地流转制度创新背景下，农民自主流转型土地股份合作对法律限定的突破和优势主要体现在哪些方面，研究目的是为了考察哪种土地股份合作更适宜我国的国情。同时，纵向考察制度历史演进的历程，归纳制度演进的路径、轨迹、宗旨到底有哪些，土地股份合作制度演进是否存在一定的内在逻辑，制度在未来运行中可能遇到哪些问题需要我们关注。

第二，土地股份合作参与主体众多，而法律制度供给严重不足，如何从多学科、多视角全面分析土地股份合作的土地股权设置、收益分配、股份合作组织终止时的土地处置和债权人利益保护制度，在制度设计中平衡农民股东与非农民股东、农民股东与债权人利益，使股份合作这一土地流转模式创新与合作社制度实现兼容和契合，是本书研究的第二个重点和难点。

第一章

马克思土地产权理论及对中国土地股份合作制度构建的启示

土地股份合作制作为土地流转的创新模式是土地产权的一种制度安排，研究土地股份合作制度应该以马克思土地产权理论为指导。土地所有制以及土地所有权思想是马克思阐述土地产权理论的工具，从这一角度出发，马克思关于土地产权的思想主要就是与土地所有权相关的理论。土地产权作为生产关系的一种表现，理论体系内容十分丰富，其中主要包括土地产权权能体系、土地股份制理论、土地所有权和使用权转让体系及其地租理论。随着生产力的不断发展，党的几代领导集体将马克思土地产权理论与中国土地制度改革的实践相结合，形成了符合中国国情的土地产权思想，成为我国土地股份合作制度改革的理论向导。本章首先梳理并考察了马克思土地产权思想的主要体系，主要包括土地权利的统一与分离理论、土地股份制理论、土地所有权及使用权转让理论、地租理论。接着结合中国土地制度改革的实践研究总结出党的几代领导集体对马克思土地产权思想的发展。研究的目的是指导当前在我国农村推行的土地股份合作制度改革，分析土地产权理论的当代价值。

第一节 马克思土地产权理论的主要内容

一 马克思土地产权理论的解释框架：土地所有制和土地所有权

（一）土地产权与土地所有权的关系

产权和广义的所有权在渊源、内涵、起源等方面是相同的概念。所有制关系和社会生产关系决定产权，它不仅表现为人与物的关系，实际体现的是人和人之间的关系，马克思虽然没有直接运用产权的表述，但指出财产权是生产关系的一种形式，随着社会生产力的发展而不断地演变，蕴含了产权的思想。产权的起源分为公有产权和私有产权的起源，马克思在唯物史观的基础上对产权的理论来源进行探索，从而指出，产权偏重于静态的意义，是一个短期微观历史时期的概念，不同的历史时期不同的地域可以产生一系列丰富多彩的产权形式，所有权的概念则偏重于动态意义，是具体产权形式的抽象表达。

土地产权是土地所有权演变后生成的。在奴隶制度下，土地归奴隶主所有，奴隶作为财产其产生的劳动也归奴隶主所有，所以土地所有权是一个完整的权利。随着商品经济的发展，部分权能逐渐脱离了土地所有权，并且独立出不同的土地权益，这种持续的变化导致土地所有权的权利从最初完整的土地所有权，演变为最终的土地所有权。其他独立的土地权益由不同的主体享有，此时土地产权应运而生。土地产权的客体是农村地产，在土地产权中各个权利主体对同一块土地共同享有土地权益，且这些权益都受到国家法律的确定和保护。此时的土地所有权就成了最终所有权，并成为土地所有制的法律表达。

土地产权是土地所有权运作形式。首先，土地产权是一系列权利的总和，不同的主体对土地享有不同的权益，这些权利以及权能细分或组合，共同构成了土地产权。但主要可以概括为土地所有者拥有的、完整的产权和土地使用者所拥有的、从所有者权能中分离出去的各种产权。其次，土地产权是土地所有者享有的基础权利。这种产权具有绝对的排他性，可以自由处置土地权利，选择或不选择土地使用者，并且在任何情况下可以自由地转让自己的土地权利。因为要促进土地资源的高效利用，土地所有者不经营土地，土地使用者才产生；自由转让土地权益的结果是土地资源更有效地配置。同时，土地交易的标的是土地产权。土地交易的目的不是为了获得凝固的土地，而是获得流动的土地权利，从而能够利用土地产生增值利润。只有土地产权是明晰的、可量化的，土地交易才能得以实现。最后，土地产权是有效率的配置方式，并最终受到法律的规范约束。土地交易会产生不同的费用，正因如此，各土地权益主体会选择相应的土地产权，从而降低土地交易的费用，提高土地资源配置效率。法律明确了土地产权主体的各种权利内容、权利的限制和违法处罚规则。因此,土地产权不仅仅成为法律宣示的权利,更成为权利主体获得利益的资格,权利主体可以按照法律规范去分割权利,运作权利,提高土地的产能。

因此一般在土地制度的宏观研究背景中,基于对土地所有权进行时段性的研究,都将土地产权置于马克思土地所有权的理论体系之下,从这个角度来讲,马克思关于农村土地产权的思想就是他的与土地所有制相联系的土地所有权思想。[1] 要解决当下中国农村土地制度创新的现实问题,有必要详细考察马克思主义土地所有权语境中的土地产权思想。

(二) 土地所有权由土地所有制决定

土地是一种特殊的物,是最基本的不动产,形成自己独特的产权构成体系。马克思在阐述所有权的概念时,有独特的论述角度,他在论证土地所有权和所有制关系的过程中科学地界定了土地所有权的概念。土地具有其他一切可以被所有之物的基本特点,有使用价值、可以被改造、被独占、被转让,土地所有权产生的原因是因为特定地块被主体所有。

马克思科学总结了土地所有制与土地所有权的关系,土地所有权具有制度依赖性,土地所有制反映的是经济关系,土地所有权则直接反映社会关系,土地所有权是土地所有制的法律形式,是"不同的人借以独占一定部分土地的法律虚构"。[2] 马克思指出,法律和法权是上层建筑,在对两者进行分析的基础上,马克思认为所有权不具有永恒性,他批判了将所有制作为永恒范畴的观点,深刻论述了土地所有制与土地所有权的关系。同时指出不能颠倒经济关系和社会关系的地位,也就是说,不能像资产阶级经济学家那样用法权关系解释土地所有制这种经济关系和土地所有权这种社会关系,并且明确指出产权作为经济关系使用时,比产权作为法律关系使用时要先一步发生变更。由此,马克思认为土地所有者所享有的土地所有权必定要受到土地经济关系的影响和限制,在资本主义土地私人所有制中,土地所有权也必然是体现资本主义经济结构

---

[1] 邵彦敏:《农村土地制度:马克思主义的解释与运用》,吉林大学出版社2012年版,第1页。

[2] 马克思:《资本论》(第3卷),人民出版社1975年版,第715页。

和经济关系的土地所有制的法律形式。离开那些起决定作用的土地所有制，这些土地的法律权利是什么问题也解决不了的。马克思指出，对土地所有权正当性的考察，必须关注当时的生产方式、生产关系和交换关系。土地所有权与其他物权的最大不同在于它直接反映着社会关系，马克思考察历史上土地所有权不同的形式时，指出劳动社会性表现明显的时候，土地所有权的社会关系属性就表现出来，是人与人之间的经济关系在土地这一具体领域中的呈现。同时，因为对土地垄断的所有权存在，不同的主体对土地享有的权利不同，所以资本主义土地所有权关系就会表现出主体与主体之间的不平等，这种不平等是因为人与人之间享有的土地权利不同所决定的，拥有更多土地权利的人就具有更多的优势地位，由此马克思的土地产权权能体系实质就是土地所有权权利体系。

（三）土地所有权权利体系

土地所有权是一种受到国家制度保障的归属关系，这种法权关系体现了终极所有权掌握在国家和政府手中，具有强烈的排他性，体现了由最终掌握土地的权利人按照自由意志支配和最终处分土地，排除任何人加以干涉的权利，也凌驾于任何主体对土地的权利之上，并且这种权利得到国家强制力的保护。"一些人垄断一定量的土地，把它作为排斥其他一切人的、只服从自己个人意志的领域。"[1] 考察土地终极所有权时应该注意研究所处的背景，马克思研究该制度时的历史阶段是封建时代和资本主义时代，对土地的垄断是其产生的前提，这一前提不仅宣示了权利具有显著的排他性，也表明其在土地所有权能中的母权地位和最终裁判处分地位。也就是说，不管土地使用者是谁，不管由多少人分享土地的权益，也不管土地绩效高低，土地权利只能有特定的"一些人"在尊重自己自由意识的基础上不受任何人限制的享有。土地的终极所有权作为一个历史范畴并非一成不变，生产方式和生产交换关系发生变化，土地终极所有权就会发生变更。

土地占有权是从土地所有权中衍生出来的权利，是权利人掌握和控制土地的权利，它产生的必要条件是对土地占有的经济事实，占有并不是土地产权人的终极目标，而是一种行为方式，权利人通过占有开展主

---

[1] 马克思：《资本论》（第3卷），人民出版社1975年版，第695页。

体经济活动,通过对土地耕种进行农业生产。在古亚细亚生产方式下,小共同体或公社享有土地占有权。在原始氏族社会,土地由部落内家庭和氏族占有,没有所有权和占有权的概念。只有土地的实际占有和土地所有权人分离以后,才会导致土地占有权的产生。资本家获取地租不是因为其独立地从事农业生产和经营,而是其享有土地的所有权,将土地租赁给租地农场主使用,转移占有的事实使得农场主能够从事生产经营活动。"实际的占有,从一开始就不是发生在对这些条件的想象的关系中,也就是实际上把这些条件变为自己的主体活动的条件。"① 经济主体的占有要通过参与确定的经济行为和生产过程才能实现,其事实上的占有状态是相对于土地所有权人虚拟的掌握土地的状态来讲的,不参与经济活动的土地权利人通过地租而不是通过自己的劳动实行土地收益。

土地使用权。在论述土地权利时,土地使用权和土地占有权一般会并列使用,因为前者产生的前提就是后者。在研究地租理论中,马克思使用了土地使用权的概念明确指出利用和经营特定土地的权利就构成了土地使用权,它是具体利用土地这一客体或者不利用土地这一客体所产生的权利。土地占有权和土地使用权的权利主体可以完全相同,这是土地权利的最初状态,也可以不同,当租地者在租约期内再次对土地转租的时候,土地占有权和土地使用权就分属于两个不同的经济主体。

土地处分权。产权的重要权能就是处分权,土地处分权能既包括法律上的处分和安排,比如转移权利或者在权利上增加一定的负担,又包括事实上的处分和安排,如对土地加以利用。对土地最初的处分权只能属于土地的终极所有权人,他可以自由决定权利的运行方式。土地的终极处分权人也只能属于土地所有者。马克思通过对土地租约期满的处理来阐述土地终极处分权和土地继承的关系,并明确指出,土地的继承指的是土地权利中权能的继承,继承的权能可以包括土地的所有权,所有权的继承实现了权利主体的根本变更,同时土地权利中占有权和使用权也可以被继承。

土地收益权。所有权人获取土地收益毋庸置疑,而土地占有权人和土地使用权人也要分享土地增值收益,因此享有土地收益权的主体相对

---

① 《马克思恩格斯全集》(第46卷)(上),人民出版社1979年版,第493页。

于土地其他权利主体来讲范围更为广泛,是其他产权主体参与土地经营活动的内在动因。在土地产权中,土地收益权难以独立存在,一般会与土地其他各项权能相互依附并相伴而生。马克思在论述地租的形成时指出,所有权人获得土地的收益实质上就是转移土地使用权后获得的租金,这是农场主经营土地、参与农业生产活动必须支付的对价,农场主自身获得的土地收益是通过经营土地的利润实现的。当占有使用权从所有权中分离之时,分享土地收益权的主体同时产生。土地收益权来源于产权主体对土地的经营行为,也离不开其他权利人的监督行为,最终都是为了分享土地的增值利益,提高土地的价值。

土地出租权。在马克思的视野中,研究最多的土地权能就是土地出租权,土地的出租行为本身就说明了土地所有权人和土地使用权人都享有土地出租权。土地所有权人享有完整的土地权能,可以自己使用土地,也可以将土地交付给农场主或小农使用,因此土地所有权人享有出租权。出租权的实现,所有人获得地租,土地租借关系就在大土地所有者和农业资本家之间产生。获得土地使用权和经营权的主体必须支付地租,获得地租的土地所有权人必须转移土地的占有。此外,土地出租权并非只能由土地所有权人享有,土地使用权人可以进行转租,转租后土地的效用受到土地本身的自然生产状况和供求关系的影响。

土地的转让权。产权可以转让给给他人,而不受任何人的干预。土地所有权人享有的转让权是最为完整而充分的,土地其他产权主体在转让土地权利时会受到本身享有的原权利期限和权利内容的限制和制约。

二 土地权利的统一与分离理论

在《政治经济学批判》《资本论》中,马克思分析了不同的社会制度下农村土地权利的统一与分离,得出土地产权权能可以集中起来由一个主体行使,也可完全按照一定的规律独立或组合后,由不同的产权主体行使。

产权权能完全结合在统一的主体。这种权能结构,一般出现在小生产方式中,并且呈现出以下特点:第一,产权主体的唯一性,产权主体享有某固定土地的完全和完整的权能,集所有和使用、收益、处分等权能于一身。个人独享所有权,又占有、使用土地,土地收益也归个人享有。在古希腊、罗马的奴隶主庄园经济中，土地的所有权、占有权与使用权是统一于奴隶主的，奴隶不享有任何的土地权利。第二，个人享有土地的终极所有权同时也占有土地进行独立生产。土地由个人私有的前提下，个人也不愿意转移土地的占有权，对这一土地所有人来讲，他必须自己占有土地，在土地上从事生产活动，离开土地他无法生产，所以土地是生产必备的条件，正是因为他是土地的终极所有权人，因此独占土地，并排除任何人对土地的使用，行使所有权能，土地这一自然资源成了他的生产对象和生产条件，因此小土地私有制下的农民有生产的积极性和内在的经营动力，使土地的生产顺利进行而不受其他人的干预。第三，土地产权的实现最终是因为享有生产产品的产权。也就是说，产品没有经过任何人的交换和剥夺。在土地上进行劳动后，生产产品不是为了获取剩余价值，也不需要向任何人交付任何形式的代价。

土地私有产权中土地权利的分离。因为分离，所有权就转化为狭义上的终极所有权，可能分离成一个产权权能，也可能分离出几项产权权能，从而形成了不同的产权主体，共同分享土地的权能。在氏族制度走向解体，土地私有权出现以后，权能的分离也随之出现。第一种产权结构表现从土地的终极所有权中分离出占有和使用权能，这时就出现了三个产权主体。此时的分离呈现以下特征：第一，多元主体各自独立分享土地权能所带来的增值收益。封建制度下，封建地主享有土地所有权，但并没有因为其所有权创造地租，地租是由农民创造的。农民的生产资料分为两个部分：一部分是农民向地主租借的土地，享有这一部分土地的占有权，开展生产劳动，从而使得封建地主在其间丧失占有权；另一部分的生产资料是农民自己的生产资料，满足了农民进行独立经营的条件，然而农民独立经营只是相对于拥有绝大部分生产资料的地主来讲的，农民享有的这一部分生产资料的所有权与整个社会生产资料所有权相比是相当有限的。第二，通过租赁这种法律关系和经济关系，不同的产权主体关系更加紧密。土地私有制在资本主义经济社会表现得最为显著，所有权和经营权分离成为非常普遍的现象。享有土地所有权的资本家可以自己不经营土地，也可以排斥他人经营自己的土地，但是如果让他人占有使用土地能够给他带来预期的收益，也即若土地从所有权人分离后能够吸收资本，取得新的经济形式，此时对土地所有权人来讲他就会将土地租给他人使用，因为其垄断土地所有权，所以可以占有土地收益，而其他产权主体也有使用土地的权利，从而能够在支付地租之后分享土地的其他收益，在分离过程中各个不同的产权主体享有的经济利益的多寡不同，但他们都能分享土地的收益，租赁土地后获得的收益就是地租，故"在苏格兰拥有土地所有权的土地所有者，可以在君士坦丁堡度过他的一生"。[①] 最后，各产权主体能够分享土地利益，是因为基于特定土地之上建立了法律关系。地租的产生是建立在土地租赁关系之上的，抵押金的产生是建立在抵押关系之上。

土地公有产权下的权能分离。马克思分析了两种不同社会公有产权下的权能分离。第一个是在古亚细亚的生产方式中，存在着两层不同形式的分离。在东方公社中，总合的统一体即专制国王拥有土地所有权，总合统一体内部的小共同体即公社拥有土地占有权。这是土地产权分离的第一层；公社内部的个人及其家庭只能在一定的地块上，即"在分配给他的份地上"[②] 进行独立的奴隶式劳动，事实上实现了公社内部的土地占有权，公社又是土地所有者，这是土地产权分离的第二层。第二个是国有土地产权的分离和产权多元化主体。封建时代的君主是领地内土地终极所有权主体，君主所享有的王权代表国家对所有土地享有所有权，但土地产权仍然会出现分离，他们并不是也不可能成为行使土地权利的唯一主体，权利必定会分离，并且这种分离状态持续时间很长。比如中国的"普天之下莫非王土"，英国的"所有土地归英王"。这些法律上确定的终极所有权主体不可能直接经营土地，但这种终极所有权却排斥了任何个人对土地享有所有权，其他个人或共同体只享有占有使用权，永远不可能享有土地所有权，国家以及代表国家的君王成了土地最高的地主，与生产者对立后收取对土地使用的租金和税收。

三 土地股份制理论

马克思认为土地股份制是与私人资本和私人企业相互对立建立起来的，在资本主义生产方式内，股份构成的产权促进了社会化大生产，有利于优化资源，然而股份制这种转化是消极的转化，体现的是过渡的职

[①] 马克思：《资本论》（第3卷），人民出版社1975年版，第698页。
[②] 《马克思恩格斯全集》（第46卷）（上），人民出版社1979年版，第473—474页。

能，没有改变资本主义的生产方式和交换方式，在这种过渡形式中，社会财富与私人财富的对立更加突出。股份公司内权能可以实现分离，这种分离体现在几个方面，其中有股东所享有的个人资本所有权与经营权分离，自由资本所有权与借入资本所有权的分离，以及委托代理制使所有权呈现所有、代理、管理三者分离。其中，产权既作为他们之间的初始产权的清晰界定，产权实现了权能束的分离，同时又是产权主体之间关系联结的纽带，合作工厂相对股份企业来讲，实现了积极地过渡，但还是服务于资本主义社会。马克思主义土地股份制理论的产生背景，就是为了解决在小农经济下的土地资源的配置，其中丹麦模式就是一种土地股份合作的模式。恩格斯在《法德农民问题》中提出了把私人生产和私人占有变成合作社的生产和占有的解决办法。又进一步指出特定区域的农民如丹麦的村庄或教区可以联合，集中土地建立大田庄后共同经营土地。在土地集中的基础上，农民还可以将资金入股到合作社，在大田庄内参加劳动，因此合作社的分配中就体现出各种生产要素的收益比例。[①] 因为小农经济的生产模式小，家庭农业的生产过程是在原有规模和原有技术上的简单重复，具有封闭性和孤立性质的特征，这种经营将土地极端地分化出来，社会化大生产根本就无法实现。列宁也分析了资本主义大农业必然取代小农经济的原因。他指出："在资本主义制度下，小农户必定是最保守的、最落后的、最不能适应市场要求的。"[②] 因此，可以将小农改造为大生产，也可以引导到集体所有制，这两种发展途径都是为了提高农业生产效率，实现了土地的公有产权。丹麦模式既改造了小土地所有权，又将股份制内核引入到向社会主义农业社会化大生产中，土地所有权和占有权实现了分离，克服了小土地所有权的落后性，同时也结合了丹麦农业土地占有的实际状态，丹麦有许多大的个体农户具备实现大生产的物质条件，在这种情况下，改革分配方式就能调动生产积极性，同时并不强制个体农户结合，国家提供社会帮助的形式稳步发展。

[①] 恩格斯：《法德农民问题》，《马克思恩格斯选集》（第4卷），人民出版社2012年版，第370—371页。

[②] 《列宁全集》（第5卷），人民出版社1986年版，第236页。

四 土地所有权、使用权转让理论

将土地产权作为商品来定性，是从马克思对商品的定义和资本增值的属性特征推论得出土地产权商品化的事实。土地作为财产能够为土地所有者增加收益，所有权主体能够在经济事实上或者法律上处理土地这一客体，改变土地的使用方向，土地所有权人安排土地客体的使用方向是为了获取所有权是否能够带来利益，提高适用土地财产的效率。租用土地的农场主或资本家获得土地使用权后，实际占有控制土地财产，将土地这一生产要素与雇佣工人的劳动结合起来，从而支配他人的劳动。土地使用者只有先占有土地或取得相关土地产权权能，才能有偿使用土地，在土地市场上流通土地的部分权能。在土地所有权不能任意变更的情况下，土地其他权能的变更就是完成土地交易的形式。土地产权流通是在土地产权成为商品的基础上进行的，土地作为不动产无法移动，因此土地产权通过市场与不同的主体的财产或劳力进行优化组合，就完成了土地这种特殊商品的市场配置，以地租的形式连接不同的产权主体实现对土地资源权利享有的重组，提高土地使用效率，在土地交易市场配置土地是通过以下两种方式来实现的：一是土地使用权的出租和转租；二是土地产权像商品一样进行转让或买卖。关于土地使用权的出租在分析土地权能分离理论时已经进行过探讨，马克思在对地租的描述中详细论证了地租的形成。这里论述一下土地使用权的转租。转租的主体是土地使用权人即土地的租借人，一般为产业资本家，如果产业资本家认为土地不经过自己经营、租赁给其他产权主体使用能够带来比自己亲自经营土地更多的利润，显然他会将土地租赁给其他产业资本家。因此，租赁关系不仅在土地所有权人和土地使用权人之间，也可能在两个不同的土地使用权人之间产生。

关于土地权利的转让和买卖。一种是直接买卖，实现的是土地所有权的买卖。将土地所有人手中的土地产权变为货币，土地产权持有者即土地所有权人转让土地产权获得货币，货币持有者通过购买的方式获得土地所有权，"土地的买者把这个资本正好付给卖土地的人"。[①] 这个资

[①] 马克思：《资本论》（第3卷），人民出版社1975年版，第911页。

本就是获得土地所有权的对价；另一种是间接的买卖，土地使用权转让或土地股权的买卖和转让。土地作为商品可以抵押实现其交换价值，土地股权的持有者就是土地产权的主体，且土地股权也可以像商品一样在不同的主体之间流通，这时买卖的主体已经不是最初的土地产权持有人和使用人之间，而是持有土地股权的人与其他市场主体之间的交易，土地已经证券化，可以在土地流转市场交易。

土地价格和土地使用权价格问题。土地所有权的价格可以简洁地称为土地价格，是地租资本化的具体体现。商品价格由价值和供求关系共同决定，土地产权的价格是否也应该由土地的价值和土地的供求关系决定呢？因为土地自然属性强，不具有标准化商品的特征，流动性也较弱，更为重要的是土地也不是劳动的产品，土地价格的形成就具有不确定性。而这一不确定性，使得土地价格的波动受市场供求关系的影响更大，并且这一影响在土地资源日益稀缺、人口日益增多的情况下，土地的价格会出现不断上涨的趋势。

五　地租是土地所有权的实现形式

马克思认为，地租是农业资本家交给大土地所有者的超额利润，地租的产生是因为所有权和经营权发生了分离，因此地租的占有是土地所有权借以实现的经济形式。[①] 马克思在《资本论》中以资本主义农业为研究对象，详细地分析了地租产生的前提和实现方式。

首先，地租的产生也体现了产权分离。资本主义生产方式使土地所有者可以不使用土地，可以不经营土地而获得收益，这是因为土地与所有者分离以后吸收了产业资本家的资本，从而有可能产生地租。但是地租是由农业工人创造的，土地分离以后，土地的使用者一般为农业资本家，因为租借土地才需要支付一定的剩余价值给土地所有者。因此，没有土地的分离，没有土地占有者使用土地，也就不可能形成地租。地租显示了所有权分离状态下的权利交换关系，是使用土地所有权人土地后付给权利主体的费用。在马克思经济学说中，绝对地租占有十分重要的地位，它是所有权关系的表现，哪怕是最差的土地即劣等土地也能给投

[①] 马克思：《资本论》（第3卷），人民出版社1975年版，第744页。

入土地的资本带来社会平均利润,除了这一利润之外,还有一部分利润被投资土地的资本家用来支付绝对地租,所以绝对地租是因为土地所有权的垄断而取得的。农业资本有机构成较低,资本不能随便流入,所以超过平均利润的剩余价值,并没有使利润率平均化。绝对地租来源于一个差额,这一差额体现了农产品价值与生产价格不对等。马克思指出,不论在哪种情况下,只要土地所有权存在,绝对地租就不会消失。[①]

其次,马克思在总结亚当·斯密和大卫·李嘉图等地租思想的基础上,形成了系统的级差地租理论。认为级差地租是由经用较优土地而获得的归土地所有者占有的那一部分超额利润。在此基础上,马克思又将级差地租分为两种形式:级差地租Ⅰ与级差地租Ⅱ。前者是等量资本投入时,土地自然肥沃不同和位置有差异,地租就一定会产生。这种由超额利润转化的用货币形态表现出来的就是级差地租Ⅰ。因此,级差地租Ⅰ在优等地与低等地之间产生,以低等地的市场价格决定,体现的是一种粗放式经营,最终的决定因素是土地位置和肥力。虽然等量资本投入在不同级别的土地资源上产生的级差地租其货币形态由最低等地的市场价格决定,同时马克思还指出由此还形成了虚假的社会价值,体现农产品个人生产价格总和不等于社会生产价格总和,两者差别只有在消除土地垄断和瓦解资本主义生产方式的前提下才会产生。

级差地租Ⅱ是在使用同一块土地的前提下产生的,与级差地租Ⅰ的本质没有发生变化,是等量资本在同一块土地的使用和经营中,因为其连续的投入提高了劳动生产率,此时就会形成集约式经营,从而产生超额利润,因此它是一种集约式经营,产生需要一个过程,以租期为中心,土地所有者与农业资本家会产生矛盾,租期越短对土地所有者越有利,反之,租期越长对投入资本的农业资本家越有利。[②] 但两者均是由超额利润转化而来的,所以本质一致。由此,我们可以遵循马克思对土地所有权实现的分析架构,得出土地价格就是资本化的地租,农业资本家购买土地使用权的价格就是地租。[③] 既然土地能够用货币形态表现出

[①] 鲁汉:《马克思的绝对地租理论与现实》,《内蒙古大学学报》(人文社会科学版) 2001 年第 6 期。

[②] 邵彦敏:《农村土地制度:马克思主义的解释与运用》,吉林大学出版社 2012 年版, 第 8 页。

[③] 马克思:《资本论》(第 3 卷),人民出版社 1975 年版,第 874 页。

来,那就可以像其他一切商品或财产一样可以买卖,土地所有者可以出卖土地获取经济收益。马克思认为资本主义地租非常发达是因为资本家获得让渡土地权利所支付的对价,对土地的预期收益越高,支付的对价就越高,地租的支付也就越高。

第二节 新中国成立后马克思土地产权理论在中国的继承与发展

一 新中国成立后改革前马克思土地产权理论的继承与发展

(一) 毛泽东土地制度及合作经营思想

1. 土地农民私有制度的确立

土地改革时期,我国建立了平均主义的农民土地私有制度。仅仅三年时间,农民无偿获得了土地所有权,并受到法律的确认和保护。这一时期,政府给农民颁发土地所有证,土地所有权人可以自由经营土地、转让土地并可将土地出租给他人,其间我国颁布了《中国土地改革法》《农民协会组织通则》《关于划分农村阶级成分的决议》《城市郊区土地改革条例》等文件。在我国农村农民享有土地所有权和经营权,同时农民还可以进行土地流转、土地自由买卖、出租、典当、赠予等,体现了马克思对劳动者产权主体地位的尊重。

这一单一完全的土地产权结构,产权明晰,完全排除他人的干涉,土地所有权、使用权、收益权、处置权为一体,解放了农村生产力,农业生产快速发展,产权效能提高显著。但此时的农村经济依然是小农经济,土地私有制在以下方面阻碍了生产力的发展:一是生产工具不足,缺乏生产资料,生产要素的紧缺,导致生产困难;二是分散经营,无法抵御各种自然灾害,缺乏先进的生产工具和技术,无力进行基础设施建设;三是农民个体所有制使得规模经营发展受限。

2. 农业生产经营合作制理论

合作化的目的是为了将土地农民私有制逐步过渡到合作性质的集体所有制,对农民的土地私有制进行改造途径和步骤就是建立互助合作,后经历了初级合作社和高级合作社制度。此时,毛泽东认可了马克思和恩格斯改造小农经济的方式,"把他们的私人生产和私人占有变为合作社的生产和占有"①，从而建立了引导小农经济走向社会主义的中国道路。农业合作经营逐步发展的步骤是科学的，目的是为了消灭私有制。毛泽东认为，"由社会主义萌芽的互助组，进到半社会主义的合作社，再进到完全社会主义的合作社"②，同时毛泽东认为我国的农业生产合作社并不是照搬苏联的集体农庄发展模式，这完全符合马克思改造小农经济的思想，适应了农村的生产关系状况，完成了我国土地产权制度的初步改革，这些思想都体现在毛泽东《关于农业合作化问题的决议》中。

3. 土地集体所有集体统一经营的人民公社理论

马克思认为地产关系到工人阶级的未来，认为土地改革的过程中必须实行土地国有化的方向，由国家掌握土地，将地租用于国家建设方面的支出。在资本主义工业高度发达的历史阶段，土地生产退居次要位置，土地有计划的生产，国有化成为一种必然，生产者的劳动变为社会劳动。在土地国有的前提下，土地和其他生产资料一样进行改革，全国性的集中是劳动者联合的基础。③ 此外，他进一步指出了土地国有化对生产力的要求是生产力高度发达。在农业生产合作社规模越大越能促进生产发展的主观认识下，从1958年我国开始合并高级合作社，办大公社，从而使人民公社化在全国各地两三个月就建立起来。在生产体制上实行三级所有，即人民公社、生产大队和生产队，确立了"三级所有，队为基础的"集体统一所有、统一经营的土地产权制度，土地经营使用权都在人民公社手中，农民既不享有土地所有权，也不再独立经营土地，各社土地及社员自留的一切土地及生产资料都收回，农民之间的物质利益没有相关性，人民公社完成了国家工业化所需要的原始积累，但是农业经济效益低下，此时生产资料所有制改革并不是建立在生产力发展水平之上的改革。

（二）评价

毛泽东土地产权制度最大的贡献是农民土地所有制的建立，同时强调土地在发展生产中的重要性，这一立足中国国情的制度选择符合生产

---

① 《马克思恩格斯全集》（第4卷），人民出版社1995年版，第498页。
② 《毛泽东文集》（第6卷），人民出版社1999年版，第303页。
③ 《马克思恩格斯全集》（第3卷），人民出版社1995年版，第130页。

力和生产关系相互作用的原理。彻底改变了中国地主所有权和土地租佃权同时存在但相互分离的土地产权结构，实现了生产者同时拥有生产资料，农民享有了剩余索取权。而毛泽东的农业合作化理论也是对马克思土地产权合作理论的继承和发展，建立在集体所有制过渡理论的基础上，强调合作化过程中注重改革的阶段性，不是一蹴而就地废除农民的土地所有权，而是坚持农民自愿基础上，保证了土地集体化的方向，同时统一经营使得国家资源积累速度快，建立了大规模农业基础水利设施，推广了农业科技，为社会主义建设初期的工业化提供了粮食和资金的有效聚集。但是人民公社发展到极端，特定历史条件下的土地产权统一，实质上造成了另一种混乱，土地产权主体为集体，但是土地却由三级主体持有，任何权利主体的产权都无法通过量化交易达到平衡，实质上体现了当时错误地用所有制实现形式来判断制度社会属性的思想。超越社会发展阶段建立土地的集体化体现了当时的历史局限性，因为马克思提出了集体土地所有制但并没有对其进行制度设计，当时制度设计和实践都来自苏联。正因如此，高级社及人民公社的集体化实践，导致农产品供求结构失衡，农业生产发展迟缓，农业经济结构单一，农民收入增长停滞。

二 改革开放后马克思土地产权理论的继承与发展

（一）以邓小平为核心的党的领导集体的土地产权思想

1. 农民经营自主权

生产方式决定生产关系，土地制度的任何变迁都应该尊重这一规律。邓小平曾指出，农业本身的问题，就是要调动农民的积极性。[①] 因此，家庭承包责任制完全代替人民公社的制度安排也经过了实践的探索，在包产到户制度的实践中，邓小平打破了当时存在的僵化思想，鼓励安徽省、四川省等地大胆进行生产责任制的改革，创新集体经济的实现方式，纠正了将生产责任制的推行与走资本主义道路的惯性思维等同起来的错误思想，后他又指出"应该赋予农民生产经营自主权利"。[②] 人民公社土地产权制度并没有成功解决农民的生存问题，就是因为农民

[①] 《邓小平文选》（第1卷），人民出版社1994年版，第323页。
[②] 《邓小平文选》（第3卷），人民出版社1993年版，第180页。

没有经营的自由，农民经营自主权是生产力发展对生产关系改革提出的必然要求，农民拥有经营自主权，土地所有权和处置权主体还是属于农民集体，但是收益权在集体和农户之间进行协调合理地分配，在没有改变集体经济体制的前提下，农民自己组织生产的同时自由处置农产品，解放了农村的生产力。

2. 两个飞跃思想

第一个飞跃是土地使用权的改革和飞跃，从集体土地所有权分离出使用权，由农民经营土地，建立家庭联产承包责任制。这一制度是对人民公社生产关系的变革，丰富和发展了马克思公有制理论，改变了当时对集体经济组织经营模式认识的误区，生产资料的所有制形式可以通过多种方式来实现，这种实现方式就是土地等资产的经营方式，除了统一经营之外，公有制经济的实现方式并不是必然一致的，这一思想为公有制实现形式多样化理论的建立提供了在农村成功试验的基础。同时承包制的建立也突破了公社化时代按工分分配的模式，建立了农村新的分配制度。在转换农业经营的基础上，农民有了财产权，为市场经济增添了农户经济这一极具活力的细胞单位，降低了之前人民公社统一经营时高额而无效的监督成本，因为农产品剩余索取权在于农户，重建了农户私有财产，提高了农村土地上劳动生产效率和产出率。

第二个飞跃是在农村发展适度规模经营。大规模耕种对土地集中提出了新的要求，现代农业生产力的发展要求变革农村生产关系，对土地承包经营权进行流转，实践中发展出了出租、转包等不同的流转方式，体现了适度规模经营对生产要素的要求，规模经营需要协调不同生产要素之间的配置，发挥农村剩余劳动力的生产积极性，吸引外来资本投入农业生产，引进管理技术等，灵活调动生产要素之间的相互关系。邓小平同志在客观认识农村生产力发展现状的基础上，指出农村经济继续向前发展，实现集约化。[①] 土地使用权流转的目的就是解决人地矛盾，农地制度改革必须正视实践中存在的矛盾，在中国追求经济现代化进程中，要解决的最基本的问题就是人和地之间日益紧张的矛盾。中国农户平均耕地 0.4 公顷，土地小规模的经营不适应市场经济的要求，农民难

---

① 熊光源：《论邓小平农村改革思想及其时代意义》，《党的文献》2004 年第 2 期。

以成为市场主体，只有规模经营才能抵御市场风险；同时，小规模分散经营不利于农业科技进步和现代机械的推广和使用。适度规模经营中的"适度"强调的是在尊重群众意愿之上的规模经营，用不同的规模标准去适应农业生产的需要，生产要素的组合和优化没有固定的模式，应因地制宜发展多种经营模式。同时，要处理好家庭经营和集体统一经营的联系，实现第二次飞跃需要相当长的历史过程，不能急于求成，也不能采用行政命令的方式主导农民的规模经营。为改善乱占农民耕地现象，我国颁布了首部土地管理法律——《土地管理法》，改善了土地管理无序的局面。

（二）以江泽民为核心的党的领导集体的土地产权思想

1. 稳定土地承包关系

在深化农村改革的基础上，江泽民提出稳定家庭承包经营为基础的双层经营体制要作为党的农村政策长期坚持下去，从而免除了部分地区农民对土地政策变动的担忧。从解放和发展生产力角度，应该实行家庭承包经营，这是农村土地制度变革中不断证实的成功的经验。20世纪90年代中期，部分地区为了实现农业规模经营，盲目地收回农民承包的土地是土地改革中的教训。江泽民同志一方面肯定了流转土地承包经营权的做法，注重流转的自愿性和有偿性[①]，同时对广大农村地区对承包制的质疑，提出要稳定土地承包关系。分散经营与统一经营并不是截然对立的，生产力提高后，农民的土地仍旧是其重要的生产资料，现代农业并不完全排斥家庭经营的存在，两者的相融性是土地流转的前提，土地流转逐步完善的过程，就是经营权从农民手中逐步分离的过程，这一过程并没有阻碍土地规模经营，反而解决了规模经营导致的农民流转土地后的顾虑，既保证农户生产顺利进行，又能对家庭内剩余劳动力和劳动时间进行合理自由地安排，这既符合农业经济的特点，又符合生产关系适应生产力的要求，应当深化家庭承包责任制逐步推进农业规模经营。

2. 统一经营与分散经营

双层经营体制可以容纳不同的生产力，适应了农业先进生产力的发

---

① 《江泽民文选》（第3卷），人民出版社2006年版，第546页。

展要求，既保留了手工劳动为基础的传统农业，又在统一经营的基础上发展了现代农业。统一经营实现了土地等生产资料公有制的要求，同时发挥了集体经营的优势，改变了人们对集体经济的传统认识，是对马克思主义合作化理论的创新和发展，是集体经济的自我发展和完善。同时，江泽民对过去集体经济实现形式进行了辩证分析，农民利益收归大队的分配方式并不能体现集体经济的先进性，集体经济的实现方式是多样化的，对统一经营也不能做片面化的理解，建立在农民基础上的家庭经营是集体经济的根本，无论何时都不能离开家庭经营片面发展集体经济。

在集体经济组织内部，应该保证家庭经营的自主权，实现统一经营与家庭经营有效统一。两者具有很强的相融性，统一的关键就是通过各种合作组织，完善对农户的服务功能，实现各种形式的合作。通过农业的产业化经营，引导农民进入市场机制，农业外部规模经营，因此双层经营体制是对邓小平农业合作理论的进一步深化和发展。

(三) 胡锦涛土地产权思想

胡锦涛在小岗村考察后，提出要保护农民的土地承包经营权，使这项权利更加持久，保持承包关系长久不变，进一步深化了对土地承包经营制度的认识。在立法上将承包经营权纳入物权法用益物权体系进行保护，确定土地承包经营权作为用益物权的产权属性。此后对土地承包经营权的保护，就侧重于物权化的方向，在不断完善土地承包经营权流转形式的基础中，根据农民的意愿，突出土地作为资本的属性，完善土地承包经营权的确权和登记，切实保障农民的土地权益。

三 评价

农村家庭联产承包责任制是生产关系要适应生产力发展规律在农村经济中的运用，是党的第二代领导集体土地产权的核心思想，也是历史和现实共同推动的产物。改革开放以来，在土地权利分离的基础上，围绕土地权利的划分，家庭经营的自主权和经营收益权不断向纵深发展，决定土地产权中权利归属的不是公共权力而是经营土地的生产效率，产业经营思想的提出，保持了家庭经营和集体经济的稳定，也促进了土地资源逐步走向市场配置阶段，随后《物权法》的颁布对土地使用权产权权能进行更为详细的划分和全面的立法保护。随着农业产业化和现代化的发展，对土地资源配置的市场化要求也进一步提升，家庭承包经营制度下实现土地适度规模经营也需要正视该制度的缺陷，促使土地经营权资本化、提高农民土地财产性收入是当前农村经济制度对土地经营的要求。

第三节　马克思土地产权理论对我国土地股份合作制度构建的启示

一　土地股份合作制度的基础为土地产权分离

马克思在他的视野范围内认真研究了人类历史上一切各种不同社会形态的土地所有权形式，揭示了不同的土地所有权的社会本质及其在社会经济生活中的作用。[①] 纵观马克思土地所有权的思想，他研究得最多的还是市场经济条件下土地所有权的一般规定，其中权利的分离理论，在今天我国土地股份合作制度创新中仍具有一定的现实意义，为我们分析农地产权制度的变革和创新提供了有效的工具。土地产权改革的方向应该在不同层次上将各土地权利主体联结起来，家庭土地承包经营制这一地权体系最初发端于包产到户，是对马克思土地所有权和土地使用权分离理论的有益实践，为改革开放以来我国农村生产力的发展做出了巨大的贡献。分离的第一个层次是所有权分离出使用权，分离的第二个层次就从土地使用权分离出更具体的权能，将土地所有权分离出成员的承包经营权。随着生产力的发展，土地承包经营权制度需要更进一步的深化改革，经营权由不同的主体分享，因此需要改革土地制度。此时，权能分离的既有路径进一步延伸到土地股份合作制，成为过渡时期土地制度创新中的一个现实抉择。

在十八届三中全会后，土地经营权和农户承包权分离，土地经营权成为新的政策术语并在土地的各学科研究中得以通用，虽然我国当前物权法中并没有这一法律术语，这本身是两者从土地承包经营权分离后产生的，这一分离使得土地这一生产要素进入了市场，按照市场

---

① 崔光胜：《马克思土地所有权理论与土地管理体制改革》，《探求》1999 年第 3 期。

规律进行配置，实现土地利益最优化，适应了农业经济的要求，有利于创新土地流转市场和土地产权市场，也体现了明晰农民土地产权的现实需求。其中股份合作中，集体要发挥对土地撂荒的监督作用，对土地股份合作促进土地规模经营发挥纽带功能，在股权分置中，保证农民土地承包经营权的界定公平和公正，对集体成员资格确定符合实际，对承包权的权能边界进行清晰界定。农民对土地的支配权依赖于其享有的土地使用权，支配权通过土地处分权表现出来，农民将土地承包经营权入股流转，就体现了支配土地的权能。[①] 股份合作创新中，在根据马克思土地使用权统一与分离理论的基础上，在明晰土地使用权权能及产权主体的权利要求中，着力解决如何在保持较高公平度的基础上使土地的效率更大。土地股份合作制度改革要解决的就是不同产权主体之间利益的调解和平衡，既要保障土地集体所有权人的利益，又要通过股权制度和收益分配制度保障土地使用权人即农民的土地权益，更注重维持土地经营权主体即股份合作组织利润，使其能持续经营，实现规模经营的制度目标。

土地股份合作中首先需要在法律性质上界定分离出的新的产权，即土地经营权。经营权是一种支配土地进行独立经营的权利，就权利行使的效力和限制来看，经营权人所享有的产权特征具有强烈的排他性，在经营权转让的合同期限内，经营权人可以排除任何人对其权利行使的干预，包括土地所有权人的干预。虽然土地经营权是政策性导向的产物，但也可以在物权法的视野下视为土地承包经营权这种土地使用权派生出来的一种特殊的权利，因此土地经营权在性质上是物权上的从物权，是土地经营权人从农户承包权中转让经营权后获得的权利，和罗马法人役权的获得相似。从权利内容来看，经营权人享有支配对应土地的权利；在权利效力上，土地经营权可以排除土地所有权人和承包权人对其土地支配权的不正当干预。可见，土地经营权的独立分离打破了土地产权进一步变迁流转的僵局，使得土地的占有、使用、收益归属于不同的产权主体，在股份合作这一新的产权制度内部权能体系中，经营权的分离是体现现代农业中承包主体与经营主体分离的新的方向，虽然经营权从属

[①] 韩国顺：《马克思土地产权理论对中国农村土地所有制改革的启示》，《河南社会科学》2010年第9期。

于农户承包权,但是我们更应该保护股份合作经营者的产权利益。

土地股份合作中要进一步研究经营权的产权效能。土地经营权从具有身份性质的土地承包经营权分离出来以后,具有积极的产权效能,包括占有经营、转让、入股和抵押的土地产权权能。前述土地产权权能不用赘述,土地经营权的抵押思想发源于后周,南宋时期已经成为被民间采用的土地权利使用制度,该制度不涉及土地所有者的权益,也不用转移土地使用权,抵押权人也不要求"离业退佃",① 在实现土地融资功能的同时并没有导致土地所有权人转移土地使用权和经营权。在土地股份合作制中,土地经营权在分离后入股到合作社,股份合作组织并没有因为获得土地经营权而改变土地承包权,集体和农民之间的土地承包关系仍然存在,土地承包权和土地所有权都没有转移至股份合作社。此外,土地经营权享有对抗力,保证了土地股份合作组织的经营权不受集体所有权主体和农户承包权主体对其经营行为的干预和限制。土地经营权也强化了土地权利人的自治,农民作为理性经济人的代表,为追求土地产权的利润最大化,可以自主地处分其土地经营权,克服了土地经营权的身份限制,体现了农民土地使用权权利自由处置的客观诉求,调节了土地使用权、土地承包权主体之间的利益分配,实现了土地产权权能主体利益的合理分配及土地效益的优化。

二 土地股份合作目标为改造小农经济

马克思恩格斯指出,小农经济必然要被社会化大生产所代替,在生产力高度发达的情况下,土地制度必将实行土地国有化。列宁继承了马克思恩格斯土地国有化的思想,根据俄国的实际情况,提出俄国土地国有化的实现途径。他最初指出,要实现土地国有化必须在改革土地制度的基础上对农业进行改造,"向共耕制和社会主义大农业过渡"。② 并在俄国建立了集体农庄推行共耕制,但共耕制因未适应当时生产力的实际水平,缺乏必要的物质技术支持,忽视了农民习惯小农经济的经营思想而失败。后列宁总结实践教训,指出农民应该自己选择土地占有形式,实际上确立了土地经营方针应建立在农民平分土地的基础上,农民使用

---

① 刘云生:《中国古代契约思想史》,法律出版社2012年版,第150页。
② 《列宁全集》(第34卷),人民出版社1985年版,第66页。

土地的方式不受任何形式的限制，当时列宁将"农民的土地问题委托书"作为法律来施行。这一土地经营方式，是列宁在总结正反两方面经验的基础上提出来的，指出土地经营方式要根据人民群众的意见，在人民的观点和土地纲领的观点之间，让农民自行决定土地的占有方式和土地经营方式，不能漠视人民群众的决议。20世纪五六十年代我国强制推行集体经济就是忽视集体经济实施的条件，导致成效不好而解体。从以上经典作家的思想可以看出，集体经济的实现需要一个较长的历史时期。马克思恩格斯在提出农业合作思想时，对国家和社会进行了深刻的哲学思考，对合作经济与生产社会化发展和社会主义价值目标实现的关系进行了详细而全面的论述，至今仍具有重大的理论价值。马克思恩格斯曾经指出，东方落后的国家进行社会主义建设，不能超越历史阶段实施"国家社会主义"，否则会得不偿失。[①] 改造小农就是要使小土地私有制向集体土地所有制方向过渡，而过渡的路径是进行合作社的组织和生产。合作社劳动协作与资本主义已经没有任何关系，已经成为社会劳动的一部分。资本主义为集体占有创造了物质和精神的因素，最终目的就是要实现由集体占有全部的生产资料。恩格斯也提出了应该大规模地采用合作生产作为中间环节，因此在马克思主义思想体系中，集体所有制实行的目的就是改造小土地私有制，从而最终实现合作生产到共产主义的过渡，生产的社会化和适度的规模经营都需要农民合作经济组织。邓小平提出的发展适度规模经营，江泽民提出的双层经营体制都指出要在土地经营中，发挥集体经济的组织模式，实现集体经济增长，实现劳动上的协作和生产资料的共同占有。

土地股份合作实行土地规模经营的物质基础是土地流转后的集中。家庭承包制实行多年，农地分散经营，土地细碎化浪费了中国大约百分之三到百分之十的土地有效面积，土地生产力降低了百分之十五点三。[②] 因此，以家庭为单位的小农经济无法面对市场的需求和经济全球化的冲击，股份合作制作为我国所独有的制度创新了合作经济的形式。土地股份合作组织以成员的土地使用权、劳动力、联合其他生产要素折

---

① 孙承叔：《打开东方社会秘密的钥匙》，东方出版中心2000年版，第201页。
② 蔡昉：《中国农村改革与变迁：30年历程和经验分析》，上海人民出版社2008年版，第67页。

价入股，将承包地确权到户，将经营权变为股权，股权入社，合作经营，实现了生产要素的有机聚合，有效提高了集体经济的效率和效用，个人利益和集体利益再次实现统一，达到了合作经济的进一步复归。土地承包经营权既包括农民土地承包权又包括经营权，前者属于集体成员权，是一种资格。因为集体土地所有权存在以下不明晰之处：一是所有权主体不明晰。二是在不同的法律中对农村土地集体所有权主体的规定也不一致，从而导致农村集体土地所有权主体多样化，容易模糊真正的所有权主体，可见集体土地所有权主体并没有得到界定和明晰。① 而土地股份合作制度创新使集体土地所有权有了组织载体，形成了由所有权、承包权、经营权和收益权相叠加的产权共同体。农民作为集体的成员享有承包经营权，但其权能受限，因此将其入股获得地租，避免了闲置土地造成的浪费，在农民获得收益的基础上，克服了土地的细碎化，有利于农业生产的产业化，只有这样，才能实现农业发展的"第二个飞跃"，对小农经济实行进一步的改造，克服了当前农民出现的"恋土不恋农"的矛盾。

三 土地股权定价依据为马克思地租地价理论

马克思地租理论产生于英国，当时圈地运动中的土地规模经营已经产生了地租，体现当时的生产关系。马克思地租理论的核心问题就是在不同的产权主体中科学分配农业用地利益。社会主义制度中土地归国家和集体所有，资本主义地租是在土地私有的情况下产生的。社会主义是不是就不存在地租呢？社会主义国家虽然消灭了土地私有制，在土地公有产权的情况下，因为土地产权分离、土地等级差异客观存在，所以也会产生地租，只不过社会主义地租中有国家和社会共享土地资本和土地利润。② 土地承包经营权入股所产生的地租也要受到社会主义土地制度和土地供求关系的影响，因为入股土地流转产生的地租来源于土地使用过程，这和马克思土地私有下地租来自于对土地的使用是同源的。资本主义地租中土地归资本家私人所有，所以地租也由产业资本家享有，社

---

① 邵彦敏：《马克思土地产权理论的逻辑内涵及当代价值》，《马克思主义与现实》2006年第3期。

② 马炳全：《论社会主义地租与地价》，中国农业科技出版社1991年版，第61页。

会主义国家的地租由国家和集体共同分享，土地股份合作制企业交纳地租给农民和集体，最终是由集体内的农民共同分享。可见资本主义地租体现了农业资本家追求剩余价值最大化，当前我国地租体现的则是人民利益的最大化，两者不可混淆。

土地承包经营权入股主要体现的是级差地租理论，故这里研究的起点就是从马克思土地级差地租产生的条件来分析我国土地级差地租产生的客观现实基础。土地经营的垄断就形成了级差地租。资本家租较优的土地可以获得稳定的超额利润，这一利润由土地所有者分享就形成了地租。级差地租产生的第一个因素是自然因素。第一，土地肥沃程度差异形成的级差地租。土地的自然肥力因为受到气候条件的影响，因此人们可以改变但难以从根本上消除，长期存在的自然肥力差异决定了我国土地级差地租也是长期存在的。第二，土地距离市场的远近差异形成的级差地租。这一距离导致土地运输成本不同，则农产品价格差异也非常巨大。城市郊区和较远土地农产品在土地运输成本上差异巨大，虽然当前我国大力推行城镇一体化发展，农产品销售更加方便，销售距离不同时土地级差地租就会产生。第三，对土地投入形式不同导致土地产出率差异。土地经营者之间在土地资本有机构成和土地集约化程度上存在差异，所以土地产出率也必然会存在差异，同理农民个体之间也会因投入资金和劳动力等生产资料不同产生不同的利润甚至有的农户会出现亏损。级差劳动产品在社会主义和资本社会都存在，资本主义产生级差地租的这些自然条件在我国土地股份合作流转中依然存在，因此级差地租也就具有客观存在性。级差地租产生的第二个因素是社会原因。一个是土地的有限性和农产品的绝对需要；另一个是土地的资本主义经营垄断。[①] 这在我国当前土地制度中也有相同表现形式。首先是土地的有限性问题一直在我国存在。2015 年我国耕地面积减少量虽然比过去有所下降，为 99 万亩，人均耕地面积下降显著，我国政策文件中一直强调要保护耕地和粮食安全以满足人们对农产品需求的不断上涨。其次是我国也存在土地的垄断经营问题。土地由农户经营和管理，集体所有制造成了土地承包经营权对土地经营的垄断，所以会出现土地撂荒的不经

---

① 杨沛英：《马克思级差地租理论与当前中国的土地流转》，《陕西师范大学学报》（哲学社会科学版）2007 年第 4 期。

营行为。以上的分析说明级差地租在我国土地流转中仍然存在,马克思地租理论对土地股份合作流转制度的构建具有理论指导价值。

土地股份合作流转的核心问题就是级差地租如何在各产权主体间分配。这些产权主体至少包括土地所有权主体即国家和集体,土地承包权主体即农民,土地经营主体即土地股份合作组织。级差地租是由土地的肥力和位置差异造成的,由这部分利润转化为级差地租Ⅰ,这个是毫无疑问的。因为我国农村土地实行的是土地集体所有,集体基于土地所有权享受到级差地租Ⅰ并不存在解释上的困难。而级差地租Ⅱ的产生是等量资本在同一块土地上因为土地使用者连续追加投资而形成的,因生产率提高形成的超额利润,土地所有者获得此时的地租必须在之前租约满期之后续约时才能实现,这样将追加投资形成的利润转化出来。[①] 农业税减免之前,农业税体现了作为土地所有者的国家分享了级差地租Ⅰ带来的利润,农民作为土地承包经营权主体,向集体交纳部分地方性的费用形成了土地使用的地租,体现了集体也收取了级差地租,所以农民实际上向国家和集体双重交租。这一问题后得到解决,农民的收入有了大幅提升。土地使用者也就是土地承包权人和土地股份合作经营权人会对土地进行追加投资,级差地租Ⅱ越低,土地经营者对土地追加资本就越多,带来的土地增值利益也会更大,土地的规模经营集约经营才会形成。降低级差地租Ⅱ最好的办法就是延长土地承包合约,农民土地使用权期限长,土地经营者获得租约越长,其在土地上追加投资所获得的利润才能体现出来。二轮土地承包之后,我国土地承包经营权长久不变,稳定了农民对土地经营的预期,也促使农民和土地经营权人加大对土地的投资和改良。一方面,当前我国土地承包经营权流转的价格非常低,土地流转不顺畅。农民暂时转让土地使用权的现象在农村十分普遍,但是因为土地对农民长期生活具有相当大的保障功能,农民不愿意长期转让其土地使用权,导致土地使用权供给不能满足农业大规模生产的需求;另一方面,低廉的流转价格也对土地使用权供给市场造成隐形的限制。这一限制体现在,土地使用者在对农业的长期投资上十分谨慎,因为土地

---

① 梁琦:《关于增加农民收入的分析——基于马克思地租理论的思考》,《南京社会科学》2005年第2期。

收益需要一个过程，导致农业技术的推广缓慢，单位面积上农产品产出率低，收益提高缓慢。在土地流转市场中，使用权的供给与使用权价格相互作用，最终导致土地流转停滞。地租实体的减少，是土地使用权流转价格低的根本性因素。一方面的缩小体现在土地使用者获得的绝对地租发生变化，引起这一变化的原因是我国与马克思所论述的资本主义社会的经济条件不同，所以绝对地租的形成前提条件有了一定的变化，一国农业部门的有机构成不仅要与社会平均资本有机构成进行比较，还要在全球开放经济条件下用开放的视野去分析绝对地租的形成，全球农业部门的有机构成低于全球社会平均资本有机构成的情况下，才能产生绝对地租。但当前发达国家农业有机构成有些已经高于社会平均资本的有机构成。同资本投入下，农业部门获得的利润率降低，这就必然导致农产品价值缩小，农产品价格中可分配余额也随之骤减，土地经营者将难以获得预期的土地收益。为了增加土地经营者生产积极性，资本主义国家改变了农业政策，通过发放专项补贴的形式补偿经营者上缴的绝对地租。另一方面的缩小也体现在级差地租上。这同样是放在全球农业发展的视野下进行比较分析，资本主义发达国家当前对土地投资加大，土地状况得到了大幅度的提升，与之伴随而生的就是在世界范围内因农业劳动生产率的提高和农产品产量的增大，农产品已经能够满足消费者的需求，这就导致世界范围内农产品出现了供给的增量，这一增量将劣等地排挤出农地市场，这部分耕地的生产条件也不再决定产品的社会生产价格。我国当前土地流转中，土地流转价格低，农业生产规模受限，劳动生产力低，土地经营者选择劣等地根本无法获得级差地租。

土地股份合作流转模式中确定土地流转价格的基础就是地租地价理论，当前土地经营者的地租获得十分有限。既受限于农业科技水平和农业生产效率低下导致农业产品价格无国际竞争力，又受限于土地使用权流转不畅的现实。虽然国家免除了农业税也延长了土地承包权期限，使得国家不再与农民分享级差地租，有助于改善以上现状。但是，随着农产品市场的全球化，土地经营者收益低下的现状没有得到根本的改观，因此政府应该有所作为，采取财政补助措施提高对农业经营者的倾斜，使土地适度规模经营能够稳步发展，提高农业生产率水平，一切以农民土地资产收益增加和分享地租增加作为衡量地权制度是否科学的标准。①

四　土地股份合作分配应保障农民收益权

恩格斯指出，股份制可以有效配置小农的土地资产，在向社会主义生产方式的转化问题上，土地股份制高屋建瓴地分析了土地适度规模经营的效益，并在此基础上梳理了农民土地使用权入股后劳动力的转移方式，从而完整地勾勒出土地股份制的收入分配机制，指出农民土地入股后经济地位都会有所改善，合作社和社会其他生产部门的地位是平等的，这一理论对我国土地股份合作制分配制度的构建具有强大的解释力。有学者指出当前我国土地股份合作制度正是恩格斯"丹麦计划"的中国实践。② 杜润生在对股份制试验的评价中曾经指出，股份合作制的目标就是通过产权设置，界定不同主体间的利益归属。③

在土地股份合作制度创新中，我们有必要重温马克思主义的土地股份合作制理论对分配制度的界定。土地集中以后，农民初始的财产权主要就是农民的土地产权；而在合作社的分配制度构建中，按资本要素的分配包括以下几个方面：农民入股时土地价值、农民预付的在合作社中作为基金的资金、农民在合作社的劳动力等。以上三个分配要素，首先是可以计量的，从而使得社员之间在分配上达到明晰性和可区分性，实现了按生产要素分配和按劳分配相结合；④ 其次，农民将土地入股合作经济组织，土地实现了集中，土地由合作经济组织统一经营，取得了规模报酬和规模效应，土地的所有者、占有者、使用者等主体都可以将其享有的相应权利出租、转让，从而收取地租，实现土地收益权。大量闲置的土地通过土地股份合作社经营分配使得农民的土地股权首先获取了分红收益；当前土地股份合作实践中存在着多种分配的模式，都要遵循马克思主义股份合作制理论的分配机理，平衡土地资本利益共享者权益。

---

① 李昌平：《大气候：李昌平直言"三农"》，陕西人民出版社2009年版，第116页。
② 徐汉明、徐晶：《马克思"丹麦模式"中国化之路　农民土地持有权制度》，社会科学文献出版社2012年版，第8—9页。
③ 《杜润生文集》，山西经济出版社1998年版，第580页。
④ 张立国：《中国农地产权制度的演进及其选择——兼论马克思土地股份制思想对农地产权模式选择的借鉴意义》，《湖北社会科学》2005年第9期。

关于"丹麦模式"大规模经营中出现的剩余劳动力,恩格斯提出了两种解决方案,一是让农民合作社支配附近其他地区的田庄,由合作社组织剩余劳动力进行农业生产,一是"给这些农民以资金和机会去从事工业性的副业"[①]。这两种解决劳动力的方案都能改善农民的经济地位。当前中国劳动力出现了大量的剩余,土地股份合作也促进了农村剩余劳动力转移,在农村劳动收入占比日益下降的趋势下,无论是兼业农民还是已经在城镇长期执业的农民都可以自由选择劳动方式,农民可以在合作社劳动或进城务工,从而获得了在合作社劳动的劳动收益,以及进城务工后的工资收入。此外,农民基于集体成员身份可以获得土地股的保底收益和合作组织经营分红收益,基于资金投入同样可以获得合作社的分红。

五 发挥国家在土地股份合作中的作用

土地股份合作制作为农业合作制经营的一种创新形式,应该遵从马克思主义农业合作国家扶持的原则。恩格斯在《法德农民问题》中提出,国家对合作社的发展既要通过示范、帮助和引导农民走上合作社的道路,又要在政策、信贷、资金等方面给合作社提供更多的便利。土地股份合作社作为新型的合作经济组织,从沿海地区和城市郊区率先发展起来,已经显示出强大的生命力,但从全国范围来看仍处在探索阶段,还有许多地方有待进一步完善,因此在制度完善和推进路径中,需要政府对土地股份合作社进行财政、税收的扶持。在城乡统筹发展背景下,加强农村社会保障制度的建设,构建土地股份合作风险保障机制,减少农民入股的风险。同时对农民进行文化教育和职业技能的培训,为土地股份合作制度的完善提供了充分的保障。

政府应遵循农民自愿入股的原则。马克思恩格斯在合作制中始终强调自愿原则,列宁在合作制中也对合作社的自愿原则进行了深刻的阐述。土地股份合作中应尊重农民的主体地位,从法律上维护农民的自身利益,依法保证农民自愿加入股份合作组织,实现农民股东成员之间的地位平等和民主管理,实现农民共同受益。作为农民土地流转的创新模

[①] 《马克思恩格斯选集》(第4卷),人民出版社2012年版,第370—371页。

式，土地股份合作制不能以政府为主导强制推行，更不能助长政府对土地市场过度的行政干预，应该形成农民有效的约束机制，农民若退股不自由将导致集体化和公社化时期农村生产力下降，农业生产停滞。如果股份合作的运行脱离农民的自愿，将直接导致制度效率低下，侵害农民土地权益，农民分享不到规模经营的外部利润。当然土地股份合作制度创新离不开村干部的倡导和参与。村集体作为最基层的行政执行机构，和政府有着一致的诉求，其行为具有宗族性，在土地股份合作制土地集中的过程中，村级领导的职能主要体现在创造条件和提供服务，促使土地资本向土地资产性质转变。

政府应保障因地制宜地开展土地股份合作实践。土地股份合作并非适宜于任何外部制约条件，这些外部条件既包括土地资源这种自然因素，也离不开当地经济发展水平等其他外部因素。土地入股比较普遍地区的土地自然条件一般适合经济作物的生产，在地理环境上运输条件发达，同时劳动力大量转移到附近的城镇地区或较远的都市，正是在这种条件下，农民需要切实享有土地权益，农民股东和股东之间才能形成合作关系，[1] 建立土地股份合作流转模式。因此，传统农区因为土地状况差，不适宜进行规模经营推行股份合作制度。即便是最早实行土地股份制的广东南海市内，各地区推行股份合作制后农民分红水平也有一定的差异，股份合作经济组织在各地区发展也不均衡。施行土地股份合作制初期，南海市有股份分红的股份合作社比例为52%，村级股份合作社大多数没有股份分红，有分红的不足五分之一。即使在分红较为可观的东南地区，每年农民所获得的分红数额差异也很大，股红收益在农民年人均收入中所占的比例也有较大差异，西部地区试点的股份合作社运行数年农民都没有分红，合作组织无法统一规划土地，空有外壳。社员股权只是享有分配权的凭据，一般不得对外转让、不得抵押或退股变现。土地股权的继承或内部转让也是有一定的附加条件，土地资本化是有限的和封闭的，不利于资源的优化配置。以至于在广东省进行土地股份合作的初期，地区政府对推行土地股份合作进行了严格的条件限制，在劳动力转移程度、非农部门经济比重、集体经济实力等方面对实行土地股份

---

[1] 王天义：《土地股份合作制是中国农村土地产权制度改革的选择》，《中国特色社会主义研究》2004年第5期。

合作制的基本条件进行明确的审批：要求施行土地股份合作的地区有七成的劳动力转移到城市，不得从事农业经营，这些地区农业经济收入的占比为三成以下，且集体经济能保证农民股东有持续增加的股份分红，地区干部能承担经营职能，具有现代企业管理经验。可见，土地股份合作审批有量化的指标，政府不会贸然地组建土地股份合作社。[1]

---

[1] 房慧玲：《广东农村土地股份合作制研究》，《中国农村经济》1999年第3期。

第二章

土地股份合作制度的基础理论

第一节 土地股份合作制度的界定及法权关系

一 土地股份合作制的界定

(一) 土地股份合作制的内涵

概念不但是法律规范赖以表现的形式,也是立法和司法过程中必不可少的工具。清晰明确的概念,是进行合理法学研究,准确法律适用的前提。马克思在论述土地的特征中,将土地作为物从而成为经济资源,同时土地已经具有权利的属性成为资本能够流动。[①] 我国农村土地的所有权属于国家和集体,除了承包地还包括所有用于农业的土地,这一限定使得农村土地在地域上与城市土地区别开来。同时,从财产属性上讲,农村的土地是农民的一种不动产财产形式;从所有权的角度上讲,农村土地一般是指农民集体所有的土地,因为我国法律明确禁止农民私人享有土地所有权。

鉴于农村土地股份合作制呈现出实践先行、理论和规范滞后的特点,理论界对土地股份合作制尚未有统一的定义。解安从经济组织形式的角度对土地股份合作制进行界定,认为农村土地股份合作制与其他股份合作制的不同在于股份的特殊性即为农民的土地资产。[②] 可见学者们从土地产权制度、土地流转制度、土地经营制度创新几个不同的角度,

---

① 周诚:《土地经济学原理》,商务印书馆2003年版,第5—6页。
② 解安:《农村土地股份合作制:市场化进程中的制度创新》,《甘肃社会研究》2002年第2期。

界定土地股份合作制的内涵。本书所研究的土地股份合作制度，是在不改变我国土地集体所有的基础上，将农民承包的土地量化入股，与其他生产要素如资金、设备、技术等联合，以土地股份合作社为平台的一种农地产权制度。这种制度实现了农地所有权、承包权和经营权的"三权"分离，合作社对土地资源进行经营管理，获得的利润按股分红，风险由全体股东共担的股份合作制度。

（二）土地股份合作制的性质

1. 土地股份合作制度是一种新的土地经营制度

土地股份合作制度是农村中的土地经营体制。随着农业生产的发展，当前我国的双层经营体制面临着如下问题：一是集体和农户之间因为土地产权不清，权利、义务规定的不明确，导致农民在土地流转和土地征收时利益受损，纠纷不断，农民并不能完全享受到土地增值的收益；二是双层经营体制实质上只有分而无统，集体经济的实现形式有限，徒有其名已经无法满足农户更高的需求，集体资产也没有在统的层面得到增值保值，流失现象严重，从而导致农村的社会保障、公共服务等并无经济基础；三是家庭经营也无法与现代农业接轨。因此，必须创新这种经营体制，农村土地股份合作制并没有从根本上动摇我国的基本经营制度，而是在稳定农村家庭联产承包责任制基础上集股份制与合作制之所长建立起来的制度。土地股份合作制度体现了传统合作社在建立中遵循的自愿原则，在合作社盈余分配时提取公共积累；在内部治理上实行民主管理，通过表决中一人一票的制度平衡股东间的利益，隔断了村行政组织对股份合作组织的直接干预，又改造了股份制，使得龙头企业与农民建立了更为稳定的协调机制。在土地股份合作制度中股份经济的特征主要体现在对资本的平等保护和利益平衡中，体现了通过资本要素的积累对农业生产发展的促进作用。当然土地股份合作并没有完全瓦解以农户为基础建立的土地承包经营制度，实现了土地经营层次的多样性。在土地股份合作制的土地经营方式中，农民可以家庭为基本单位承包合作社的土地进行经营，形成家庭农场，也可若干农户联合将土地入股到其他组织进行规模化经营。

2. 土地股份合作制度创新了土地产权制度

土地产权是土地所有权的具体化或落实。完备的产权是一组可分解的权利集，一般包括使用权、受益权和处置权，产权属于生产关系的范畴，能够通过法律制度确定不同产权主体的行为规范，从这个角度分析产权最终能够以主体之间的法权形式存在，产权主体行使权能获取土地利益时受到一定范围的限制。

土地股份合作主体之间的产权权能也都有一定的范围，该制度改变了长期以来农地产权制度中出现的权能主体不明的现状，同时不同的产权主体拥有的土地权利也存在交叉性。改革开放以来，我国的土地产权制度演变的历程始终没有解决农民所享有的地权界限，虽然伴随着承包权的不断物权化，集体土地所有权对土地权能分享条件发生了改变，但农民并没有真正参与集体土地经营的管理与监督，这一权利行使不能的根本原因在于农民对集体土地资产这一客体的权利没有得到量化。而土地股份合作制度中，农民以土地使用权入股，将土地经营的灵活性调动起来，改变了之前土地制度改革关注人的积极性的惯用做法，这一跨越形成的土地权利分离成为当前学界关注的热点。经营权的分离和相对独立，土地产权主体更加多元化，经营权主体使得当前农民流转土地的诉求得以实现，农民作为集体成员所享有的土地承包经营权效率低下，而土地股份合作制能提高土地产能，此外土地集中后的统一经营更能抵御市场风险，也兼顾了土地经营的安全性。农民虽然间接地脱离了土地经营，但并没有失去土地，其无力兼业所造成的耕地撂荒现状通过土地股份合作社对土地的规划整理得以改变，农民还能通过土地股份获得土地收益。

3. 土地股份合作制是农村土地流转制度的一项创新

入股作为土地流转方式，在组织模式的选择上有两种，包括公司和合作社。但从地方规范的指引和中央的倡导精神，实践中最为典型的是建立土地股份合作社。建立土地股份合作社是我国农民在实践中探索出的一种土地流转制度创新形式，该制度并没有从根本上动摇土地家庭承包制这一根基，它克服了土地细碎化和分散经营的局限性，促进了土地资源的有序流转、集中和规模化经营。一家一户的小生产模式组织化程度低、生产水平低、科技含量低、经营成本高、农业收益比较低下，不能从根本上使农民真正富裕起来。① 同时，土地股份合作制没有改变农户与集体之间的土地承包关系，农户与集体经济组织之间的土地承包合同依然有效，农户依然享有土地承包经营权，只是农户拥有的土地承包权不再自己占有土地并经营，而是转变为享有价值形态的土地股份，对土地股份合作社享有利润分红请求权和经营管理监督权。与传统的土地流转方式相比，土地入股更加规范，在实施方法和内容上有自己独特的规范形式；土地集中更具有规模，将土地这种生产要素与资金、技术、科技等其他的生产要素进行有机组合。

4. 土地股份合作社是一种独立的企业组织形式

土地股份合作社是农户与市场之间的纽带和载体，它既不同于原有的股份制企业、合伙企业，也与纯粹的合作制有别。

与典型的股份制相比：一是土地股份合作社对股东的身份进行了限制。土地股份制的人身性很强，土地股的股东主要来源于特定社区的成员，因为其所享有的土地具有地缘性，土地股份合作制度实施过程中，因为土地流转制度的法律规制，农民在土地股权流转的时候同样受到法律的限制，如须经过社员大会的同意而且也只能在合作社内部进行转让。二是土地股份合作社在利益分配方面也具有人身性，股份制企业单纯按照资本进行利益分配，土地股份合作社的收益则凸显了土地要素的独特性，并非将按股分配作为唯一的形式，有按劳分配的选择，同时在分配中将股东的劳动年限、提供的劳动，同所占股权比例综合考虑，利益分配的标准更加复杂。三是土地股份合作社定期向入股农民支付保底分红，保障农民的土地使用权入股后不至于失去生活保障，在土地股份合作社破产时，明确规定土地承包经营权不能作为破产的股份合作社的财产用来支付债权，立法制度的初衷是为了防止农民失地后失去基本生活来源。所以土地股份制与股份制相比，具有不同的法律特征。

土地股份合作制建立的股份合作社与合伙企业的差异主要表现在：土地股份合作社中股东对外不承担连带责任，合伙企业对外均对合伙企业的债务承担无限连带责任。土地股份合作组织中的股东对外与公司法人的股东地位相一致，不对外处理合作社的事务，也不对外

---

① 孟勤国：《中国农村土地流转问题研究》，法律出版社2009年版，第78—79页。

承担合作企业中的无限连带责任。土地股份合作社对合作社制度的沿袭主要体现在内部的分配方式上，分配形式上提取公共积累，分配要素中不仅仅考虑资本要素即按合作主体的股份分配，还考虑到一定的按劳分配，部分合作社直接规定两者在分红中的顺序和比例。相比较而言，合作企业在利润分配中，更多的是按照合作人的协议，同时协议也可以变更，具有一定的灵活性。合伙企业各合伙人按照合伙协议的规定可以约定不分红，也可以约定一次或多次分配企业利润，具有较强的随意性。而土地股份合作社的分配是合作社的重大事项，由章程规定或者按照社员大会事先约定的固定分配方式执行，非经法定的程序不能随意变更。《江苏省农民专业合作社条例》对分配的比例、参考标准有明确的规定，当然实践中也未排除合作社对盈余分配的自主决定。由此可以得出土地股份合作社与合伙企业在责任的承担方式和分配制度上也具有明显的差异。

　　土地股份合作制与纯粹的合作制也具有一定的差异。土地股份合作制对合作制的继承主要体现在遵循自愿、民主的原则，土地股权限制的规定也是为了保证集体成员中的农民能成为土地股份合作社的主体，防止资本股的股东对农民股东权利侵害。该制度与纯粹的合作制也有一定的区别：我国合作制的典型表现形式就是统一经营土地，在合作制内部合作制成员既是合作劳动的承担者又是集体土地资本的经营者和管理者，身份高度一致。而土地股份合作社引入了现代股份制的合理内核，合作社内部三会制度健全，一些股份合作社还引进职业经理人，对土地股份合作组织实行与市场经济协调一致的经营管理。合作制在分配上的惠顾性，合作主体的目的是为了等额地分享利益，分配上并不过分强调成员之前的差异。股份合作制组织如合作社实行按劳分配和按股分配相结合的分配方式，股份分配部分既要考虑占有绝大多数人的农民土地股东的利益，又要保持土地股份合作社的经营目标，保障其长期收益的基础。入股财产资本化后，股份收益更为简单，以入股时评估价值为基准，因为建立在入股自愿的基础上，在出资时各个股东入股资产形态有土地、资金等，因此各个股东的出资在实践中可能会存在一定的差距。表决方式上，传统合作制严格建立在人互助性的基础上，所以一人一票的安排能够实现社员的民主管理，而土地股份合作社既要在一些事项上坚持一人一票位置基本的人合性，又要在涉及股份分红比例、股东人数增加等关乎合作组织资产增减相关事宜中引入一股一票，强调资本的平等。

在比较了土地股份合作制与合作制企业异同的基础上，我们再在合作制视野下考察土地股份合作社与农民专业合作社的差异。两者的相同之处在于，都是农民这个特殊的参与主体在自愿的基础上进行的合作或者联合经营。但两者也存在着显著的差异：第一，同为经济团体，两者的合作来自于不同的语境、产生于不同的背景。专业合作社合作的基础是产业的联合，连接了个体农户和农业市场，是调整个体家庭经营的结果，解决的是农民与市场机制连接问题，提高了农民的经营性收入。然而随着农民收入中围绕农业经营的收入占比显著下降，农民家庭中工资收入占比提升，[1]合作的基础发生变化，农民之间也缺乏合作的内在动力。土地股份合作产生的背景恰恰是围绕土地这一生产要素，是农民家庭承包经营权流转的形式，是土地权利中经营权的联合。第二，合作经营中产业选择方式不同。农民专业合作社合作领域相对集中，与地区的产业结构和产业特色高度融合，一般是产业的扩大对农民联合提出了合作的需求。而土地股份合作社的经营则多元化，围绕土地的资源属性，由合作社在集中农民入股的土地后，联合其他合作主体的资本、技术或其他生产资料，而后再进行产业的选择。第三，两者运营方式不同。农民专业合作社中，基本的生产依靠家庭来完成，合作的层次低，而土地股份合作社的经营已经脱离了家庭，合作社经营高度地专业化，聘请职业经理人运营。第四，两者盈余分配机制不同。农民专业合作社是按惠顾额返还，因为社员与合作社联系紧密，存在交易。而股份合作社中入股的农户大多数并不利用股份合作社的服务，不再受土地的束缚，农民土地权益通过土地股份分红实现，不同的股份合作社利益分配机制受到总利润的限制，股份分红数额虽然存有差异，分红的基础都是因为土地资产的盈利功能，显示的是其经济属性。第五，成员退出方式上的不同。典型的农民专业合作社成员在退社时遵循的是社员可以自由退社而不受其他社员或合作社法人的干预，退社社员可以请求合作社返还其在

---

[1] 张能坤：《农民专业合作社与土地股份合作社的异同分析》，《农村经济》2014年第9期。

申请入社时交付的资金。土地入股的合作社在土地股东退社时应当返还农户的土地,退社时农户可将土地流转给合作社其他成员,在土地股份合作社章程中明确列举退社的时间条件、土地处置等,可见对自由退社进行了一定的限制。

通过以上的比较分析可以得出,土地股份合作制是中国农村改革开放以后土地制度创新的产物。关于土地股份合作社的性质,可以从我国股份合作制企业的立法中找到分析的依据。我国农民股份合作制企业的暂行规定,列举出股份合作制企业的股份形式为资金、实务、技术和劳动力。后在农业部《关于推行和完善乡镇企业股份合作制的通知》中首次将土地使用权列入企业的股份形式中,从而将各种生产要素进行合作,在分配中按劳分配和按股分红。当前的土地股份合作制,农民的土地使用权入股体现了股份的多元化,同时也遵循了股份合作制在企业分配、管理经营中核心原则,是集股份制募集资本属性和合作制人合两种属性为一体的创新形式。[①] 虽然两者也存在差异,土地股份合作社并不强调必然要求劳动合作,而一般的股份合作制企业既要求劳动合作,还强调资金合作,劳动合作是股份合作制的主要特征。[②] 因此,典型的股份合作制因为允许投资者入股,投资者的身份已经扩大到社员之外,以土地入股的股份合作社设立的目的是增加农民土地收益,土地股的股东具有一定的地域性限制,是农民集体中的成员,外来的资本股在股东人数上不占优势,因此更具有封闭性。从合作制发展的阶段性角度考察,土地股份合作制将股份经济的属性引入到传统合作制中,实质仍是合作制。

(三) 土地股份合作制的法律特征

1. 入股资本中土地必不可少。围绕土地流转所进行的改革,体现的是土地交换价值的增值。土地是合作制中首要的资本要素,它是以土地作为重要资本的股份合作形式。在纯土地股份合作社中,合作社并没有连接其他的生产要素,土地是唯一的生产联合要素和资本,而其他的土地股份合作中土地也可联合资金、设备、技术等其他生产要素一起参

[①] 孔祥俊:《股份合作企业的法律机制》,《法学研究》1994年第1期。
[②] 韩松:《集体所有制、集体所有权及其实现的企业形式》,法律出版社2009年版,第201页。

股。这里的土地包括农民承包的土地，也包括农民未承包的其他集体所有的土地，允许以土地使用权入股是由我国土地制度的现状所决定的。通过土地使用权向股权的转化，利用股权的资本性和流转性，围绕着土地这一生产要素，土地股份合作制将土地与其他资本结合起来，对土地进行资本化运作和产业化管理，实现了农地资源在股份合作社内部的自由流转，一方面保障了农民基于流转土地而获得的收益权利，另一方面也有助于土地资本与其他生产要素的高效配置，实现了土地的适度规模经营。

2. 土地股份合作制的治理应逐渐实现现代企业的治理模式。土地股份合作制分为基于地缘优势统一建立的社区型土地股份合作和基于农民土地自由流转意愿而建立的企业型土地股份合作两大类。社区型土地股份合作制有的是在原有社区合作经济的基础上发展起来的，将股份制度引入到合作经济中；有的社区型土地股份合作制直接将村集体经济组织进行股份制改造，是对原来在我国农村广泛存在的经济组织形式如"三级所有，队为基础"进行改造。在社区土地股份合作制中全村农户或自然村内的绝大多数农户都参加，当然不排除村集体可能会以集体土地或者集体其他资产折价入股，因而在土地股份合作制中不仅有农民的土地股份，还涉及集体股的问题。合作社与社区组织往往具有重合，甚至依靠社区行政组织对其进行经营管理，正是基于这种固有的地缘和亲缘关系，合作社在股权的设立、流转等制度方面始终难以摆脱其封闭性和对外来股份的排斥。土地股份合作社对入股土地并不完全用于农产品生产和经营，而是由合作社对土地用途进行统一规划。企业型土地股份合作制由企业和农户组成，农户的土地入股是自愿和自由的，而不是行政性的配股。土地股份合作组织作为一个平台，单纯从事土地耕作和农产品经营，虽然土地股份中也可能包括集体股，但占大多数的股份还是农户个人股和企业股，企业以机械设备、大量的农业资金或拥有的技术形成的知识产权作价后成为股份合作社的股东，因此股权更加的清晰和明确，合作社的治理与社区行政组织的关系也并非一定相关。可见，与现代企业制度独立核算、自负盈亏、民主管理的原则相比，企业型土地股份合作社更接近于现代企业制度。

3. 土地股份合作制实现了资合和人合的统一。资本的联合要求不同种类的资本在合作制中享有相同的权利,在入股作价、表决权行使、风险承担上是平等的,而人合性体现在民主管理上。土地股份合作制内部实现了资合与人合的有机统一。土地股份合作制的资合性是指农民以量化的土地承包权及集体资产入股,实现了合作社资本的融合,而人合性一方面体现在合作社内的股东大部分为本集体成员,有一定的封闭性,另一方面以入股农户的信用和劳动的联合作为纽带,特别是土地股份合作社中一部分农户在合作社内打工,体现了劳动的联合。股份民主是土地股份合作社在资合基础上,农户的所获利益与所承担的风险与其在合作社内部的股份额成正比。合作的民主强调股东地位的平等。各地在土地股份合作社的制度设计均能体现一股一票和一人一票相互结合的治理机制,一般在合作社的章程中都明确规定了一人一票适用的重大事项,比如涉及优先股的配置、社员福利、合作社的合并分立解散等重大事项。一股一票是股份民主的基本要求。入股农户在参与股份合作社经营中,按劳分配脱离了身份的限制,与外来雇佣的工人无异,这时出现的双重身份与双重索取权是对应的,双重身份才会使农户取得了劳动者的工资收入,工资由农户的劳动质量和劳动时间决定,与农户的股东身份没有必然的关系。农户收入部分中的按股分红则从土地股份合作社的税后利润中取得。在土地股份合作的利润分配中一般都将一部分利润留作公积金、公益金、公共福利基金等,剩余的部分按照土地股份分红。

4. 土地股权流转受限。以集体经济组织为载体的土地股份合作制,只有集体经济组织内部成员才能持有股权,股权的取得源于其作为集体经济组织成员的身份,因此股权设置具有浓厚的福利色彩。[①] 股份分红获得体现了土地的资本属性,然而股份却不能自由流通,处分土地股份受到土地承包合同的限制。企业型土地股份合作入股要素虽然包括其他股份,但是土地股权由农户流转使用权而产生,农户所享有的使用权是限制物权,法律对其权能处分的限制使其成为一种特殊的耕种权,其处分权能受限的根本原因在于使用权与所有权分离的过程体现的不是市场交易中的平等关系,在此基础上建立的土地股权转让也必然受到基础权利的限制,体现了人合性。参与主体中人数最多的还是农民,所以这也

---

① 韩松:《集体所有制、集体所有权及其实现的企业形式》,法律出版社2009年版,第201—203页。

决定了土地股份合作制土地股权的封闭性强。

二 土地股份合作主体间的法权关系

制度分析历来是马克思主义经济学理论的重点之一，法律制度的分析都是从最基本的权利关系入手。早期的股份合作一般以社区为中心，随着土地流转市场的成熟和完善，土地股份合作制度中不同主体所享受到的土地权利必须在界定后才能回应中央政策所提出的明确合作中权利的内容和界限。土地股份合作制度是土地使用权流转制度，体现产权权能的分离，从经济组织的角度出发，还关系到企业主体立法。

（一）集体土地所有权、农户承包权、股份合作社土地经营权的分离

权能可以从权利中分离出来，在物权体系构成中，所有权作为自物权，本身就具有物的使用、收益和处分的权能，并且这些权能独立分离后，形成了新的权利。使用权是用益物权极为重要的权能，本质上由物的使用价值决定。收益权能和使用权能具有不同的经济目的，从所有权能分离出来以后，体现了所有权的现实性。土地承包经营权用益物权属性，有使用和收益权能，[1] 入股正是土地所有权与土地收益权能分离的结果，土地所有权让渡土地权能。

经营权能调节了所有权与承包权间的关系，将合理化的利益在权能主体之间进行分配。土地经营权能的分离并非当前地权改革的首创，在我国永佃权中已经出现用使用权限制所有权的制度目标。永佃权制度中主体包括地主、佃户。地主为土地所有权人，佃户为土地使用权人，在土地租佃期间，地主无权任意撤佃。[2] 明清时期，在同一块土地中，土地所有权为田骨权，土地耕种权为田皮权。在田皮权人行使土地使用权过程中，土地可以买卖、出租甚至可以典当，土地所有权人无权干预使用权人的处分行为。田骨权人只享有最终的处分权，佃农所享有的使用权已经接近于所有权。在土地权利转让关系中作为田皮权的耕种权已经高出作为所有权的田骨权。可见土地耕种权分离土地权利，淡化了所有

---

[1] ［法］泰雷、森勒尔:《法国财产法》，罗结珍译，法律出版社2008年版，第186页。
[2] 刘云生:《三权分离框架下农村土地经营权的法权定性与功能定位》，《中国不动产法研究》2015年第2期。

权。当前经营权分离出来之后，也淡化了所有权，平衡了所有权与承包权之间的关系。承包权与经营权的分离是多个主体分享农村土地产权这一权利束的直接体现。承包权与经营权分离后，农户的承包关系不变，对土地权益没有改变，土地承包经营权作为物权的性质没有发生变化，土地承包权因为农户身份持续享有，农民让渡的是经营权，获得了土地流转后的收益。"三权"分离后土地股份合作组织作为土地经营权人会取得集体土地的占有、使用和收益的权能。集体土地的所有权这一权利束，通过分离形成了合作主体的各项权利。

农村土地的承包经营权流转中，农户并不占有集体分配的土地，而是将土地转让给其他人（包括自然人和组织），由其占有土地，经营管理土地，而农户的承包权并没有丧失，可以入股到土地股份合作社，由合作组织经营，农户因为股权而受益，实现了土地财产的使用权与收益权相分离。一方面，农村土地股份合作组织享有入股财产的使用权，对入股的土地财产享有使用、收益、处分的权利；另一方面，土地股份合作组织中股东即农民成员对其入股的土地享有土地承包权，但土地承包经营权入股所得收益并不归农村集体所有，也就是说不归土地的所有权主体享有。土地承包权与经营权分离之后，承包权的占有权能从实际占有转化为间接占有，处置权的行使更加充分，承包权成为身份性的权利后，可以由继承人继承从而具有继承权的性质，当然农民退出集体经济组织时就包含了其身份退出权性质。经营权可以为权利人带来收益，可以作为用益物权入股和抵押，[①] 从而实现了所有权主体与利益相分离。

(二) 土地股份合作体现了一定程度的土地管理信托关系

信托制度发源于16世纪英国的土地用益制度。土地信托中，土地信托人与农民签订信托合同，以自己名义独立地经营和管理土地。[②] 土地产权理论是土地信托制度的理论基础，土地信托制度产生的基础是所有权和经营权的分离，信托的标的是土地这一不动产所产生的权利，受托人虽然以自己名义经营却不能享受所有权。在中国独特的土地所有制框架下，土地使用权可以作为信托财产，因为该项权利是法律规定的确

---

① 张文宇：《从"两权分离"到"三权分离"》，《新农村商报》，2014年1月5日。
② 庞亮、韩学平：《构建我国农村土地信托制度的法律思考》，《科学社会主义》2012年第5期。

定的并且可以转让的财产。同时土地信托与其他信托具有明显的不同,因为土地流转受到一定的限制,但是可以认为委托人转移的是土地使用权这一特殊的用益物权,而非财产的所有权。土地信托双方应当进行权属登记,办理信托登记并公示。

土地股份合作中股份合作组织与农户存在信托关系。农民将土地使用权交付给信托机构之后,从土地依附中解放出来的农民不再占有土地,实现了农民的自由迁徙,农村劳动力不用再被束缚在细碎化的小块土地上,农民是信托委托人,参股后不再经营自己的土地,土地经营管理属于土地股份合作社。土地股份合作社在经营管理土地资产时,不仅仅是为了企业的利益,更重要的是要增加农民的收益,因此股份合作社在管理处分农民的土地使用权时,需要将收益按照章程的规定以分红的形式由作为受托人的农民享有,构成土地管理的信托关系。但土地股份合作组织所拥有的标的是土地使用权,即土地经营权。股份合作组织作为受托人,与农户之间的关系是一定程度上的土地信托关系。

土地股份合作与传统的土地信托制度还存在一定的差异性,这是由土地承包经营权的特殊性和土地信托制度的特征决定的。土地信托制度中,受益人向受托人支付信托利益,仅以信托财产为限负有偿清偿责任,不管是信托内部关系还是外部关系都体现了有限责任原则,且受托人在经营和管理土地过程中所支付的费用是自己的固有财产,但受托人可以向委托人请求偿还这一部分费用。这和土地股份合作模式中的分配机制有着明显的区别,土地股份合作中,土地股份合作组织在经营土地的过程中所支付的费用是法人的经营成本,作为受托人的农民不是这一经营成本的承担主体,农民也不是以入股的土地承包经营权来承担股份合作社的责任。但两者在土地产权安排方面和具体操作上也有一些类似的地方,仅仅从农户将具有保障功能的土地承包经营权参股这一行为方式上看,双方的土地信托关系的建立是不言而喻的。

(三) 土地股份合作社享有独立的法人财产权

在讨论股份合作社的法人资格中,有两个确定的因素,一是股份合作社的财产应该具有独立性,二是作为股份合作社的社员需要独立承担合作社的债务,责任承担的界限就是入股的资产,为有限责任。关于土地股份合作社的法人地位问题,法律上没有具体的规定,导致各地在土地股份合作社的成立、登记、注册、运行等实际操作中面临一系列操作难题，山东、黑龙江、安徽等省将入股形成的土地股份合作社纳入合作社的实施条例等地方规范性文件，江苏省直接使用了农地股份合作社的名称。在"商主体类型法定原则"的背景下，[①] 土地股份合作中合作社作为一种新型的企业组织形式，理应成为一个独立的法人或者经济实体。法人地位直接体现为法人财产的独立性，土地股份合作组织一旦成立，该组织就应当以自己独立的财产对外承担法律责任，同时对合作组织的财产有管理和处置的能力，我国在农民专业合作社法中明确提出入社的社员以其出资独立承担责任。理论上的争议在于土地承包经营权可以成为合作社的法人财产，但不能成为合作社的责任财产或破产财产，在法律制度中体现为土地股份合作社法人地位的确立与农民股东成员权利的冲突问题，这属于立法需要平衡的另一层面的问题。

（四）土地股份合作制形成的权利基础

土地承包经营权的物权化是土地入股形成的权利基础。农民能够占有土地是土地物权化的第一步，在实现这一目标后就应该将这种占有关系形成一种崭新的权属关系。一方面是土地承包经营权不受与集体所签订的土地承包合同的约束，通过登记确权的方式使农民所享有的权利更加稳定；另一方面，也是今后物权化的方向，要求赋予土地承包经营权更多的权能。实践中存在的入股实现了农民对自己承包土地支配的权利，给农户带来土地的市场交换价值，基于其支配承包土地的权利，农民可以自由入股，排除包括集体在内的任何组织或个人对入股流转的干预。农民之所以享有这种物权请求权，是物权主体所享有的基本权利，任何人都无权干预该权利的行使，入股不应受到任何人的故意侵害与妨碍。合作组织支配土地，农户收取使用土地的利润，改造了承包经营权的实现方式，使得承包经营权的物权化更加深入和彻底，物权属性得到更彻底的发挥。之前土地政策物权化的方式是延长承包期限，通过物权法赋予其对世权能，通过发证制度确认承包经营权，而股份合作则在此基础上，将物权化的方向切入到收益上来，突出其自由处分权能。

---

① 柳经纬：《商法》（上册），厦门大学出版社2002年版，第17页。

第二节 土地股份合作制的生成动因

马克思认为每一种土地制度都只是历史的范畴，并非永久不变的。制度经济学的有关理论揭示出，制度创新是当事人对外部利润的响应，土地股份合作制度创新也体现出股份合作各主体共同分享土地外部利润的需求。

一 土地外部利润组成

因为潜在利润分享在地权变动中的作用，分析土地股份合作制度必须从土地利润中主体未享受到的这些外部利润入手，包括土地规模化经营后提高的收益，将农业用地改为工业用地和建设用地后提高的收益，以及农民在市场交易中费用的降低。这些潜在的收益是土地股份合作主体能够分享而未分享到的利益，正是因为这些利润的存在，制度创新才产生。

关于土地规模经营后的收益。生产规模过小，成本过高效益过低的状态称为规模不经济。以家庭为单位的分散经营是发展现代农业的体制性约束，农业生产以家庭为单位，劳动生产率低下，单位土地面积农产品产量也非常低，农民无法通过规模经营获得利润。这里的规模经营不包括少数农场主形成的规模经营，而是在土地流转基础上形成的规模经营，因为即使农场主能够形成相对高的劳动生产率，也只是农民中的极少的一部分，大部分农民仍旧十分贫困。只有建立在土地流转基础上的规模经营，才能提高农业生产的科技含量，降低单位土地农业的生产成本，实现农业的产业化经营。同时，规模经营能够形成产业利益一体化纽带，形成产购销一条龙的产业链条。

关于土地非农化流转的收益。在一些经济发达地区和城市郊区，土地非农化催生利益庞大，土地价值增长迅速，土地要素的资产功能显化，城郊地区规划的变化，对建设用地需求量增长，为周围乡村集体和农民创造了巨大的资产潜在获利机会和外部利润。此外，我国对农村土地使用权交易市场实行严格监管，土地征收或征用过程中，农民获得的收益偏低，土地承包经营权交易价格是以土地征收补偿的标准建立起来的，因此使用权交易价格低。然而更多的流转收益以征地税费的形式由地方财政和中央财政获得。尽管当前各地在提高土地补偿标准等方面采取了相应措施，但总体而言还没有解决补偿标准低、分配机制不规范的问题，农民在土地征收过程中仍旧缺乏谈判机会。

关于降低土地交易成本。交易成本包括信息成本和合约成本，交易成本的高低影响土地流转的规模，对土地承包经营权影响较大的因素有土地面积大小和土地细碎化程度。首先，土地承包经营权转让的限制增加了农地交易的启动成本。在农村青壮年劳动力已经陆续转移的情况下，农民宁愿土地荒置也不愿意轻易转让土地使用权，城市化水平较低，农民身份转换门槛高，放弃土地承包经营权的意识难以形成；同时，土地流转中农民与基层政权和乡村干部利益诉求的差异导致农民要承担流转目标达成的游说成本。农民的利益诉求使土地资源利益最大化，而后者成为经济人后更倾向于土地行政性调整，从而掌握了土地的处置权限。两者在土地交易中地位不平等，导致农民要想进行土地交易就必须承担这一成本。其次，农民受自身生活范围和集体经济组织内部规则的限制，土地承包经营权一般都在本集体组织内部流转，交易对象十分有限，土地流转给其他对象又受到土地市场信息不完全、土地交易复杂等客观条件的限制。这些因素都导致农民要承担很大的搜寻交易对象的成本。同时，农民与政府之间无法平等谈判，农民为了扩大经营规模就要与众多的经营主体打交道，无形中增加了谈判成本。即使农民直接与农村集体进行谈判，也会受到农村集体行政监管职能的限制，谈判成本也不会降低。最后，土地流转中农民履约成本高。土地使用权转让形成的过程中，口头协议多，容易引起土地权益争议；在土地使用权流转合同的履约阶段，毁约对价低导致毁约行为经常发生，交易毁约方甚至通过地缘优势降低毁约成本，使得流转合同不能履行。

二 土地股份合作制能够内化土地外部利润

首先，土地股份合作制能够让股份合作主体分享到规模经营形成的外部利润。土地股份合作形成集约化经营，联合合作企业资金和技术优势，提高机械化和科技化水平，降低农产品单位生产成本，有效抵御市场风险，促进了农村土地的规模化经营和农业生产率，从而使农户的生产者剩余和消费者剩余均有明显的提高。2007年3月，广西恭城瑶族自治县嘉慧会街40多户村集体的农民将130亩承包的土地入股到股份合作社经营，生产成本比农户耕种时降低了近一半。[①] 股份合作社也扩大了自身的经营能力，在市场经济中化被动为主动，农民减少对土地依赖后，进入与农产品相关的行业，土地股份促使产业机构调整，而土地股份合作组织因为与社区的紧密联系，生产管理成本较低，股份合作组织引进更多的稀缺要素发展特色的农业产业，提高土地资本收益，增加土地外部利润。

其次，股份合作制度能使农民实现土地流转收益和其他收益。农民的收入来自两个方面：一个是土地的收入，另一个是工资收入。土地入股之后，农民可以选择直接与土地需求者交易，直接获得土地流转的收益，按照股权比例分享土地增值收益，改变农民无法分享农地非农化增值收益的局面。此外，农民收入来源实现多元化。农民除获得土地收益外，还包括其他劳动收入、工资性收入。土地入股收益提高的基础上，农民也实现身份转化，农民持股后从事其他行业的生产，转化为城市居民。

最后，土地股份合作制能够节约交易成本。土地入股一方面有助于农民形成较为稳定的收益预期，明确各股东在合作组织中的股权份额，权利界限明晰，因为在合作履行中可以降低履约成本；另一方面使得单一农户不再单独寻找交易对象，订立农产品购销合同，由土地股份合作企业统一进行交易的执行和监督，谈判能力增强。同时，土地股份制企业能够通过合作减少持有生产要素的各合作主体的数量，降低交易费用。即使在同一个土地股份合作内部，成员之间地缘优势降低了合作商议争议成本，合作意向更容易达成，土地股份合作社的组织成本也随之降低。

第三节 土地股份合作制度优势与设立必要性

把土地股份合作制度与相关土地制度进行比较考察是价值判断的起点。比较土地股份合作制与家庭承包经营制，可以得出该制度并没有从

---

① 田远近、刘先春：《集中土地规模经营社员入股分红拿钱 嘉会街土地流转迸发勃勃生机》，《桂林日报》，2009年7月11日。

根本上改变家庭承包经营制度,而是对其进行完善和发展;通过土地股份合作制与土地转租、土地转让、返租倒包流转方式相比,可以得出制度的目标就是更高效流转土地。分析入股对象的异同,得出土地入股到股份合作社比入股到股田制公司更具兼容性。土地股份合作制与城镇化建设相互为用,在土地产权国有和私有争论的背景下,该制度是土地产权制度的当代选择,拓展了集体经济实现方式的空间。

一 土地股份合作制度优势

(一) 对土地家庭承包经营制的完善和发展

早期学者对土地股份合作制与家庭承包经营制的关系进行比较研究,指出前者的创立并没有改变后者在农地经营中的基础地位,家庭联产承包制中脱离出来的土地股份合作制并没有从根本上改变我国传统的土地经营制度。该制度不是否认家庭经营,而是尊重家庭经营者的意愿,可自愿放弃经营,也可承包股份合作社的土地扩大家庭经营规模,成为经营大户。土地股份合作制中按股分红前,即在集体股和个人股分配前先提取了公共积累保证集体发展,个人股的股份分红也兼顾了已经分化的农户的利益,继续从事农业经营的农户以及离开土地经营在城市就业农户的利益都得到了满足。农民承包的土地在行政村内是平均和平等的,股份化时评价标准是统一的,分红时股权分配标准也是统一的,因此分配时无须重新分地却实现了公平分配的制度目标。因此,土地股份合作制是对家庭承包经营制度的进一步发展。[①] 笔者认为,两种制度之间具有一脉相承的关系,不存在替代关系。土地股份合作制在哪些方面继承了家庭承包经营制的内核,需要在土地权利体系下进一步进行考察和分析,也需要对土地经营制度进行宏观比较考察,以纠正理论界内存在的认识误区。

首先,该制度继承了家庭承包制"两权"分离的基本思想内核,进一步扩展为"三权"分离。农地承包权与经营权的分离是继农地承包经营权与集体所有权分离之后的产权制度创新,是围绕土地经营为中

---

① 关于两者关系的论述参见以下文献:王玉夏、朱艳《制度变迁视角下的家庭承包经营和农村土地股份合作制度》,《云南财经大学学报》2009 年第 1 期;许颖慧:《家庭联产承包责任制与股份合作制比较研究》,武汉工程大学,2011 年。

心，从承包权中分离出了经营权，也体现了农民对自己所持有的经营权享有的自由处置权。① 新增加的经营权并不是一个崭新的权利，股份合作组织所享有的土地使用权并没有改变集体与农户之间的承包关系，农民随时可以维持承包经营权，入股中经营权的流转尊重农户的意愿，农户也可以根据与土地股份合作组织的出资协议恢复承包经营权的完整性，作为承包者地位永久存在，土地使用权通过改革实现形式更加多元和灵活，因此两者没有替代关系。②

其次，土地股份合作制继承了家庭承包制的分配机制，引入了股份制的分配机制。土地股份合作组织的生产经营所得，在上缴合作企业的国家税金和集体竞包、承包费用后，全部归合作组织自己所有，这一分配方式一方面兼顾了国家利益保证了集体的公共积累，最后盈余分配在全体股东之间按照股份分红，保证了合作主体农民股东、外来股东的利益。从另一方面分析，实践中土地股份合作社采用"固定收益+浮动分红"的利润分配方式，固定收益维护了家庭承包地的社会保障功能，按股分红又大大增加了农民基于土地所拥有的财产收入，消减了农民入股后的后顾之忧。

同时，股份合作制度没有改变地权均等的原则。在中国农地资源稀缺，农村人口众多的前提下，均田的制度安排是任何土地制度创新中应该坚守的基本前提，也是我国农村维持稳定的经济基础。均等的权利不仅体现在承包土地数量的均等，而且质量上也必须兼顾土地的肥沃和地理位置，如果要保持实务占有的平均化，这就必然会导致土地零碎问题，并且调整土地的成本高，土地纠纷不断。土地价值化后，均包的目标得以实现，规模不经济问题也得以解决，实现了土地的公平原则。摆脱了过去调整土地就要重新分割土地的怪圈，使得公平与效率得到了更好的结合。

最后，土地股份合作制继承了家庭承包制"统分结合"双层经营的内核，在此基础上加强了集体经济组织的服务功能。集体经济提高服

---

① 潘俊：《农村土地"三权分置"：权利内容与风险防范》，《中州学刊》2014 年第 11 期。

② 潘俊：《新型农地产权权能构造——基于农地土地所有权、承包权和经营权的权利体系》，《求实》2015 年第 3 期。

务，必须要有公共积累，在集体统一经营土地的股份合作社中，农户土地股权的流转一般都在集体内部进行，土地实际的经营权属于集体所有，土地股份合作社按照经营需要，享有规划开发土地的权利，处置土地都不受内部股份转让的影响，社员退社权也会受到一定的限制。农户不管是自营还是他营，都可以凭借股份参与土地股份合作社的收益分配，社员与土地股份合作社在物质利益上的联系更加密切了。此外，集体也能够利用集中的财力修建铁路、绿化环境、建立合作医疗，提高社会保障和社会福利等。

因此，有些理论研究人员指出土地股份合作制是我国农民继家庭联产承包责任制之后的又一伟大创造，是又一次的土地产权制度创新。当然，土地股份合作并不排除家庭经营，家庭经营的方式适应了农业经营所面临的不确定性和复杂性，农业生产也不需要他人的监督，因此陈锡文曾经指出，农业人普遍实行的经营方式不是绝对化的大规模经营，反而是家庭经营。[①] 家庭经营的基础地位在我国的法律中也有明确体现，《农村土地承包法》第五条将家庭承包经营制度法定化。1982 年《宪法》第八条确定在双层经营中，家庭经营是基础。股份合作制度实现了家庭承包制的进一步稳定与完善，但在实践中我们不能剥夺农户对土地既有的承包权，坚持自愿和因地制宜的原则，处理好合作主体各方的利益。

（二）与其他土地流转方式比较下的制度优势

传统的土地流转方式主要包括转包、转让、反租倒包、信托等，土地股份合作制是我国土地流转制度的一种创新，但它与其他土地流转制度有着明显的差异。有学者指出股份合作相较于其他流转方式提高了土地的利用效率，增加了农民的收入，单位面积土地吸收了更多的外部社会资本，用指标评价体系衡量股份合作制度的流转绩效，指出其具有显著的经济绩效。

土地股份合作制与土地转包流转不同。土地转包中转包方和接包方签订转包合同，在合同中协商转包方和接包方应该享有的权利和承担的义务，双方合同的签订，并不影响转包方与集体经济组织之间原来所签

---

① 陈锡文：《加快发展现代农业》，《陕西农民合作社》2013 年第 1 期。

订的承包合同，也不会影响承包权的行使和期限。这种流转方式产生的原因是承包经营权中土地承包权和土地使用权的分离，转包主体中受让方占有土地，使用土地，经营土地，土地承包权仍留在原承包方即转包人手中。土地转包现象在承包责任制产生之时就已经出现，是土地流转最为广泛使用的模式。土地承包经营权转包具有以下法律特征：流转双方之间较为熟悉，都是同一农民集体中的成员，对象较为固定，原来签订的承包合同不受转包协议的影响，同时接包方只与原承包方之间存在土地承包经营权转包法律关系，而与发包方之间并不存在直接的法律关系。土地转包一种是自行转包，一种是委托转包。现阶段农村土地转包具有以下制度弊端：一是流转时间较短不利于提高农户对土地投资的积极性；二是正是因为流转对象的特定和狭窄，不利于引进外部生产因素对土地经营的介入，不能形成规模经营；三是土地转包流转时一般采取口头协议，既没有正式合同，也很少有书面协议，双方权利和义务规定的不明确。与上述土地转包制度的局限性相比较，土地股份合作流转时间可延至二轮土地承包期终止，农户入股后一般也不能单方面随意退股；在入股流转合同签订方面，受土地股份合作社章程的约束，双方的权利和义务均由章程内容确定，因此比土地转包更为规范；此外，土地股份合作制参与的农户比土地转包一对一形成转包协议来讲数量更多，土地集中规模和范围更大，有利于扩大土地经营规模，提高农户之间的集体行动能力，增强他们在谈判中的主动权和话语权，实现土地发展权。

与土地承包经营权转让制度差异显著。转让权利会导致权利的灭失，受让人享有承包关系，转让人失去的不仅仅是土地承包经营权的占有，而且永远失去了对土地使用和收益的权利。权利转移具有物权变动效力，因此法律规定了严格的限定条件，要求转让方有稳定的收入或非农职业，这一限制条件在实践中得到遵守，并且在理论界也没有异议。其他的限制条件，一是由承包土地的农户向集体组织申请转让权利，由后者审核其是否已经具备了转让的条件；二是继受主体必须是农户，同时必须从事农业生产。这两方面条件的限制并未在实践中得到严格执行，不少学者持有异议。集体经济组织同意的前提是因为原承包经营权人与集体签订的承包合同，尚有一定的法律依据，但是受让方为何一定要从事农业经营,是为了保护耕地还是保证粮食生产,显然这些当前已经不是农业发展的主要矛盾,农业经营主体可以进行适当的变更,继受主体也应该进一步向其他资本扩大,农业用途的限定是难以在实践中成立的。因此,这些限定条件过于严厉,转让这种流转方式成本高,手续审批复杂,农民很少采用。此外,由于非农机会无法提供长期而稳定的合理预期,加之农村社会保障体系不够健全,农民很少主动转让承包经营权,该制度已很少被适用。只有当农户所在村庄因人口增减变动等原因进行土地调整时,才可能发生土地转让行为。土地股份合作制正好可以消解土地调整与保障农民土地权利之间的矛盾,采取调整土地股权、"动账不动地"的方式满足新增人口对土地的需要。相比从根本上让渡土地承包经营权的土地转让制度,土地股份合作制度稳定了原有承包农户的土地权利,集体与入股农户之间的承包关系并未发生变化,物权中用益物权实现更加充分,也减少土地零星化现象。同时,土地股份合作签订入股合同,也不需要经过农民集体的审批和同意,因此更具有效率。入股农户和股份合作组织订立合同承担的风险更小。

与反租倒包制度的不同。该流转制度的主体分别为村集体和农户,农户将土地承包经营权流转给集体,由集体改善生产条件后重新发包给本集体组织的农户或租赁给集体组织之外的个人。有学者指出,反租倒包制度是在村集体同村民签订了延长土地承包30年不变的合同后,村集体发挥土地经营的主动性,在不改变原承包合同的基础上,又将农民的土地反租回来,租金由农民享有,集体将土地统一租赁给其他主体。在反租倒包中存在三层合同关系,村集体与农户之间的承包合同自不多言,在此基础上,该流转制度在原承包合同的基础上,又建立了"反租合同",形成了土地租赁关系,比如村集体与种粮大户签订的承包合同。该制度实质上是将土地承包经营权经过二次转移,两次流转其实是多次转包,不是独立的土地流转方式。集体支付转包费后,并不是为了使用和经营土地,而是将集中起来的土地再次流转出去。集体在土地流转中事实上承担了中介的作用,将农民土地的使用权和第三方经营权联系起来。该制度不足之处在于农民收益在转包合同期间不发生任何变换,但只获得租金收益不能满足农民的需求,较高的经营利润由第三方独享也不符合经济正义。同时,一些村委会往往由"反租倒包"的中介者变为支配者，违背农民意愿，强行将农户承包的土地收归村集体支配，成为村集体变相收回土地承包地的合法形式。土地股份合作制正好克服"反租倒包"的上述制度局限，保留了土地承包权利，土地股份合作社享有土地承包经营权，将"反租倒包"中农户所享有的固定租金转变为农户的固定收益，此外股份合作中农民还能按股分红，分享股份合作组织经营土地获取的利润。在"反租倒包"制度中，农民并不参与第三方的土地经营行为，但股份合作制度中的入股农户可以对土地经营行为实施监督权，对股份合作组织的内部治理也能基于股东身份进行干预，此外入股农户还能自由退出股份合作组织，行使其土地处置权利。

（三）土地股份合作制与股田制相比在土地入股主体形态方面的优势

有学者认为入股组织应该为有限责任公司而不是股份合作社。重庆"土地新政"下的股田制与土地股份合作制均被认为是农村土地集约化经营的创新制度，曾经一度引起理论界的热议。土地股份合作制与股田制作为土地经营的制度，为何会受到政策的区别待遇？股田制会带来何种法律障碍和制度困境导致其夭折？土地股份合作制又有何制度优势使其再次成为理论关注的热点？因此有必要对两者进行比较研究。

股田制由农户加公司的模式构成，由农民的土地承包经营权入股到农业公司，由农业经营公司经营土地，风险也由农民和公司其他股东担负。股田制的成立，促进土地规模经营的发展。该制度发源于重庆，2007年该市出台专门文件解决公司成立过程中注册登记难题及对农民出资的八项要求，后中央不再支持土地入股建立有限责任公司，将已经建立的土地入股公司一律整改为专业合作社的组织形式。[①] 虽然政策上已经叫停该制度，但学术界的研究并未中止。股田制面临如下制度困境：第一，入股人数众多对《公司法》的挑战。有限责任公司由50个以下股东出资设立，为了解决入股人数对《公司法》适用构成挑战，重庆市设计了两个解决方案：一是实际出资的农民超过50人的根据股东自愿实行委托持股，股东可以书面委托本村村委会代行使股东共益权，同时应在委托持股协议和委托书中载明上述权利义务问题；二是委

---

① 吴红缨：《重庆农地改革调整：不搞土地入股，发展农业合作社》，《21世纪经济报道》2008年8月20日。

托公司内部的股东或者其他信托机构专门负责入股相关事宜。这两种方式均使设立公司的过程合法化，但却存在一些法律疑问。在第一种解决方案中，村委会一旦介入入股行为，就要与入股农民逐一签订委托协议，不同股东在入股土地的面积、入股的时间顺序，甚至入股意愿变化等方面都有异质性，村委会能否完成代理行为，协调农民在入股过程中出现的冲突。而委托其他投资机构办理入股事宜，因为信托机构能够独立从事土地财产的管理，则侵害农民股东利益的情形更不宜被农民股东察觉，农民股东有何救济措施，农民股东在承担信托费用的前提下，分红又有何保障？第二，土地承包经营权出资后的转让是否与现行的土地承包制度相冲突。我国《农村土地承包法》第四十一条规定，转让土地承包经营权应当符合三种限制条件，在股田制下，农民的土地承包经营权股转让给非农民集体成员（如公司、合作社等主体）违背了法律规定。第三，股田制公司破产后农民的土地承包经营权股份可能用于偿还债务，则农民面临失地风险。有些学者直接指出"土地承包经营权不能作为公司资产用来偿还公司债务"。[①]该争议的背后是对关于土地承包经营权社会保障功能的再次质疑，随着农村经济的发展，农民高度分化下，经济繁荣地区或城市郊区的农民能否作为理性经济人参与市场竞争，承担其他风险，而不对地区社会稳定造成影响呢？虽然重庆市为防范公司经营风险，对这类公司进行了特别规定和严格把关，甚至提出通过引入财政担保机制来化解经营风险等，被认为是规避风险的折中方案。第四，股田制公司在利益分配方式上对《公司法》的挑战。《公司法》确定的利益分配方式有两个前提：一是公司必须有利润；二是公司必须在弥补亏损、提取公积金、依法纳税后，才能在股东间分配红利。《公司法》规定，在弥补公司亏损、提取公司公积金之前，公司任何机构均不能以任何事由分配利润，已经分配的应当予以返还，这一分配规则何以解释土地股份合作社"固定保底收入"的利益分配方式？按照公司法的逻辑推理农民股东的保底收入实质是提前获取的利润，应该按照公司法的规定返还给公司。

  土地股份合作制具有更多的制度优势：其一，评估难题的化解。土

[①] 任江：《农村土地承包经营权入股疑难问题刍议》，《重庆工商大学学报》2008年第1期。

地承包经营权交换价值中最为重要的是土地流转后增值收益,这是入股的初衷,衡量交换价值具有一定的技术性也容易激化矛盾。土地投入可以量化,生存保障价值因为具有地区性也容易找到参照标准,因此这两部分不是实践难题。① 每一个交换价值的确定对于土地股份合作组织来讲都比较困难,而土地股份合作制中采取内股外租的合作经营模式,入股的农地折股并不作价。土地股份合作社全部自营或者委托他人经营的经营模式中,入股的农地需要进行评估,但作为债权性流转,入股的农地不会成为合作社的法人财产,只是股农分配盈余和承担亏损的依据,农民可能会存在这样的心理,农地出资额评估得越高盈余分配可能会更高,同时亏损承担的范围也会更大。所以,土地承包经营权的价值评估或高或低的问题相对于入股公司的物权性流转可能带来的失地风险相比,并不是那么的敏感。其二,可以合理化解入股农户失地的风险。认为土地入股性质为物权性变动的学者,虽然赋予了农地入股者可用其他财产回购或者置换承包经营权的优先权,但却忽视了农民若无其他财产(如货币、实务等)的情形,即无力回购同样导致权利处于不稳定的状态,本文不赞同入股导致的物权变动,同时认为土地承包经营权在合作社破产时的处置应该考量入股农民的利益和债权人的利益,并非必然要返还给农户,应根据承包经营权的剩余期限、入股农民意愿等因素在法律规定的范围内进行处置。当农地入股者无其他财产予以置换时,承担的是保证责任,参照标准为出资额度之内的保证责任,这一责任没有加重农民股东的责任,是其能够承担的责任范围,源于流转债权性质的解释。其三,可以缓解农地期限的有限性与合作社经营期限长久性之间的矛盾。退社自由是合作社的基本原则,承包期满农户可以退社,在合作社除农地外尚有其他出资且部分社员重新以农地入社的情况下,合作社得以继续经营,农地期限的有限性与合作社经营期限长久性之间的矛盾得以解决,这也落实了我国"中央一号文件"提出的"保持土地承包关系稳定并长久不变"的政策。其四,有利于节约立法成本,提高立法效率。因为在当前专门的土地股份合作法律未出台的情况下,土地入股合作社可以延续一些省市《农民专业合作社条例》或《实施〈农民专

---

① 孟勤国:《物权二元结构论——中国物权制度的理论重构》,人民法院出版社2002年版,第241—242页。

业合作社法〉办法》规定"农地入股"的路径，可以直接吸收利用已经积累的立法经验和已经形成的合理的制度规则，而避免增大立法成本。

二 土地股份合作制度设立的必要性

（一）土地股份合作制度在城镇化建设中设立的必要性

城镇化建设中农民和土地的关系发生变化，变化背后彰显出权利在获得土地中的博弈，也使得我国的城市化过程与西方国家自发的城市化过程不同，因此地权问题是我国城镇化建设过程中的核心难题。随着城乡统筹发展，农民就业的多元化以及社会保障制度的逐步健全，农民的收入来源也呈现多样化的趋势，农民与土地的关系日益复杂，很多地区农民工资性收入已经超过了农业经营收入，农地作为农民生产资料和收入来源的功能作用明显弱化，但农地作为资本并未大幅度提高农民的财产性收入。即使是转化为城市居民的农民，也不可能完全转让承包经营权。土地与农民的半捆绑关系，从长远看也不利于农民转为城市居民。随着我国城乡一体化发展，农民和城市居民享有了同样的最低生活保障，养老保险和医疗保险并轨势在必行。农民的地权在部分发达地区变成了对征地补偿的预期，远离承包地的农民，享有的户均承包面积小，效益低，无力耕种也无心兼业，如苏州地区近九成的农民在城市获得了稳定的就业能力，在全市推行城乡统一的养老和医疗保险后，农地流转土地已经没有任何顾虑，农民在保留地权的基础上，已经完全实现了"带地入城"。因此，改革开放之前以至改革开放初期有效的"土地换社保"的法律措施已经不适应当前农民地权的发展要求，法律应该对"带地入城"做出理性回应。[1]

农村土地股份合作与城镇化建设是相互影响、相互促进的。我国农业在国民经济中的占比仅有一成左右，但人口的城镇化率占总人口的52.57%，总体而言城镇化的进程和发达国家相比发展缓慢，阻碍城镇化发展的因素主要包括以下几个方面：一是城镇空间聚集受到土地使用权制度、城乡二元户籍制度及社会保障制度的影响；二是城镇化建设受

---

[1] 孙宪忠：《中国农民"带地入城"的理论思考与实践调查》，《苏州大学学报》2014年第3期。

到产业聚集的影响，同时反过来产业相对分散导致的经济脆弱也不利于人口的集合和向大城市转移；三是地方政府基于利益争夺形成扭曲的城镇化建设思维模式。在追求经济增长的过程中，片面地认为城镇化建设规模就是经济开发区投资的规模；此外，地方政府为了增加财政收入，弥补财政赤字，用过低的土地征收补偿款获得高额的城镇用地出让价格，这些措施导致持久用地需求得不到满足，耕地和城镇化用地之间的矛盾不断地激化。因此，要改变城镇化发展的新路径，股份合作制度创新回应了这一需求。

在城乡一体化建设中股份合作制度功能表现为以下几个方面：第一，土地股份合作实现土地规模经营的过程最终使得其成为提高城镇化率的平台和工具。合作组织将土地规划与人口聚集结合起来，自然村改造为社区，股份合作社逐步发展的过程就是城镇化的过程。农村土地股份合作使农业用地通过有偿流转而规模化，满足城镇化建设对农村土地的需求；土地的集中经营将农村中剩余的劳动力和不断闲置的土地聚合在一起，缩小城市和乡村经济之间的差距，城乡一体化发展中要求增加农民财产收入，平衡土地利益分享中冲突的需求也促进了土地股份合作等制度的兴起。第二，土地股份合作制为小城镇建设提供相应产业支撑。我国农业要实现产业化，需要加快小城镇建设，实行土地股份合作制地区一般都有相应的农村产业发展作为基础，股份合作企业将资金、技术及土地等生产要素聚集在一起，实现了农户与市场的有效衔接，使得经济主体利益结合更有效率。土地股份企业可以作为对外合作的窗口，与城市其他企业联合，引进外来资本投入小城镇建设。第三，我国城镇化建设需要的配套制度，与土地股份合作相关的配套制度具有高度相关性。这些制度不仅包括土地管理法律制度、土地流转规范制度，也包括农村金融深化制度、农产品的流通制度、加大对农村公共服务设施和社会保障体系建设投入等制度，这些制度在推动土地股份合作制的发展和加快城镇化建设中均具有相当重要的作用。第四，土地股份合作制聚集了人口促进了小城镇建设。土地股份合作转移了农村的剩余劳动力，土地入股后的农民有了基本的生活保障，这些劳动力不管是从事农业生产，还是加入其他产业的生产，都改变了农民对土地长期以来的依赖，这些都为城镇化建设提供基础的人口聚集功能。

（二）土地股份合作制在土地国有和私有的理论争议中设立的必然性

1. 实行集体土地国有化的可接受性和可行性考察

集体土地国有化符合社会主义的本质特征，符合农业生产中土地规模经营的要求，有利于土地管理和国家对农村经济的宏观调节，有利于土地经营向现代化、商品化方向发展，吸引城市工商资本流向农村，但该制度也存在以下疑问：

一方面，土地所有权若变为单一国有，可能架空集体经济，并且在我国不具有实行的现实条件。公有制的最高形式是国有化，土地的国有化要求生产社会化程度高度发达，但我国的农业生产力还没有达到这一水平。此外，我国土地管理职能部门法律权利不明，也容易造成国家剥夺农民地权，很容易形成国家对农民土地经营活动的直接干预。在新中国成立初期土地国有的思辨中，彭真同志也基于对农村土地归国有可能造成农民的震动而主张采取渐进方式；胡乔木同志代表宪法修改委员会秘书处解释宪法关于土地国有的部分规定时，解释说，如果农村土地一律国有，除了会引起农村社会的动荡，国家将什么也得不到。[①] 同时，集体土地的国有化也不利于农村土地所有权之私法功能的发挥。在民事领域，集体土地所有权是物权制度的核心，是一种私权。我国的土地立法中，集体土地权利的行使者对集体土地有处置分配的权利，将集体土地按照人口数额平均分包给集体经济组织的成员，实质上集体无法出卖土地、转让土地，因此集体土地所有权也不是享有所有权的处分权，事实上并不是终极所有权，只有国家能够处分集体土地。因受到国家行政权的干预，目前的集体土地所有权在私权性方面存在一定的争议，土地国有化之后，是否能够彻底摒弃土地所有权具有的公权性，更存疑问。[②] 国家所有权的实行需要在权利运行中，所有权属于完全的公权，内容上充分依赖行政权力，这样会导致国家的土地财产不能得到有效保护和利用，土地权利不稳定等一系列问题。

另一方面，集体土地国有化缺乏制度保障，不具有可行性。第一，集体土地国有化首先需要由国家收购资金，而这是否具有可行性呢？国

[①] 蔡定剑：《宪法精解》，法律出版社2006年版，第195—196页。
[②] 陈小君：《农村土地问题立法研究》，经济科学出版社2012年版，第17页。

家不能强行剥夺集体的土地所有权，要支付土地购买资金，除了集体土地的价值评估操作不易之外，高额的收购金由国家承担则不具有可操作性，而不按照市场价值收购的地价获取集体土地所有权，与国际上保护农民土地利益的宗旨相违背，因此收购集体土地容易恶化政府与农民的关系。第二，土地完全国有化之后，适格的土地管理者的产生也存在操作困难。若实行土地按照地区行政级别设立机构实行层级管理，似乎达到了对权利的规制，然而权利需要监管，则同时必须设立庞大的土地监管机构，防止机构管理者在土地运营中牟利，从而使土地监管机构的成本实质上变成了国有土地运营成本，成本增加，农民获得的土地收益就会减少，何况农民也无力承担土地经营、管理和监督的成本。

2. 土地农民私人所有的可行性考察

20世纪80年代，有学者主张实行土地私有化。90年代，经济学家又从界定产权的角度要求对土地制度进行改革，通过对产权效率的研究间接表达了对私有化的支持。取消集体土地所有权，实行农民私人土地所有权是对集体土地所有权制度进行改造所持的一种观点，持此观点的学者认为私有产权具有较高的效率，农村集体土地应当从"共同共有"转向"按份共有"，最后宣布个人享有土地所有权，实现土地使用者享有土地所有权。农地私有化的观点一经提出就引起了强烈的反对。因此，有必要分析农民土地私人所有权在我国的可行性。

第一，农民私人土地所有权与社会主义性质背道而驰。根据《宪法》第一条第二款的法律规定，我国根本制度为社会主义制度。全民所有制和集体所有制实施已经五十多年，体现了社会主义的本质特征。土地制度安排一定要考虑人们思想中存在的这种意识形态观点。民法规范不是"私人"意志的产物，土地所有权作为民法的主要制度之一，自然也不能置身于宪法的思想表述领域之外。私人享有土地所有权农民接受不了，并且存在制度的约束，面临政治风险。经济基础决定上层建筑，法律也属于社会上层建筑的范畴，法律规则由经济基础决定，与政治密不可分。

第二，土地农民私人所有，不利于保护耕地规模，供给农村社区公共品。土地成为农民的私有财产之后，农民很容易转让其土地所有权，土地兼并现象更加频繁，工商资本购买土地所有权又将导致粮食生产面临危机。此外，土地私有后，农村的基本设施建设将更加缺少资金投入，任何理性的经济人都不会牺牲自己的交易利益，配置社区公共物品。

第三，土地农民私人所有与农地土地规模经营的发展趋势背离。农村土地的规模经营是国家和地方政府的普遍做法，私有化后再进行土地规模经营更加困难。考察一下台湾地区土地所有权制度改革来侧面论证这一观点。第二次世界大战以后，为实现"耕者有其田"的土地制度，台湾20世纪五六十年代采用三种方式开始了土地制度改革，建立了土地私有制。第一种方式是对地主收取农民耕地租金的标准通过立法确定以减轻农民的负担，这一标准为三十七点五减租政策，并通过"私有地租佃管理条例"加以确定。第二种方式是六次公地有偿放领制度改革。公地占台湾地区总面积五成左右，因为公地采用放租形式耕种无法产生土地效率，所以台湾在1951年颁布规定将政府占有的11万耕地放领给农民，农民可分期偿还地价。第三种方式是私有耕地征收放领。对地主占有耕地数量进行限制，其他部分由政府征收后租给农民耕种，自耕农享有更多的土地所有权。在三种方式的递进式改革中，台湾地区农村土地占有相对平均化，限制、剥夺了地主部分土地所有权，提高了农民的生产力，但改革导致农业生产力低下，耕地面积小，增加了人力投入。耕地产出小，在城市郊区自耕农因为土地用途变更富裕起来，其他农户则开始荒芜土地，农村社会中青壮年劳力转移，地区发展不稳定，尽管政府对农民免天赋，搞补贴，但农村经济仍不见起色。[①] 这和当前我国农村土地改革的背景相似，因此在七八十年代，台湾地区颁布"农业发展条例"再次进行土地制度改革。通过共同经营将农民自愿联合起来，农民可以将土地委托给其他农户或农业服务组织经营，也可合作共同开发土地。政府采取了低息贷款，修改农业区域规划等方式扩大土地经营的规模，然而农民并不愿意丧失土地所有权，规模经营发展进展缓慢。当前，我们应该以台湾地区土地改革教训为例，土地私有化后再进行规模经营成本高效果也不理想。农民私人土地所有权将导致土地零碎化的格局，必然造成劳动力的闲置和劳动时间的浪费。因此，仅仅以提高土

---

① 于宗先、王金利：《台湾土地问题——社会问题的根源》，台湾联经出版事业股份有限公司2003年版，第75—76页。

地利用的效率为主要依据，主张以农民私人土地所有权，而后再进行土地规模经营的改革路径并不可行。

3. 土地复合所有权

马克思指出，资本主义的私有制是对个人所有制的第一个否定，但是随着生产力的发展，资本积累的不断增加，资本主义生产方式又实现了对自我的否定，这种否定的结果建立了个人所有制。这种个人所有制不是之前的个人劳动和分配方式上的私有制，而是在生产资料共同占有基础上形成的新的个人所有制。[①] 有学者用该理论为基础，提出我国土地这种生产资料的所有权是一种复合产权。

这种由经济学家所倡导的土地复合产权并无法律依据，复合指的是土地集体所有和农民私人所有的复合，这种理论设想不符合我国物权法体系所蕴含的制度理念，同一物上既存在国家所有权又存在农户的个人所有权，不符合所有权应遵循一物一权的原则。同时，也混淆了民法上的土地所有权与国际法上的领土主权的观念，因为土地的国家所有与土地的农民私人所有不是同一范畴的概念，还存在着对国家所有权和国家的行政管理权的误解。因此，土地复合所有制不具有可行性和可接受性。

从以上我国土地所有权制度改革的可行性可以看出，土地制度的国有化和私有化都不能解决目前我国农村土地制度所面临的困境，农地的国有化和私有化均不具有现实可操作性，都是对所有权制度的根本变革，这种突破短期内既不能让社会大众接受，政府也无法得到来自底层大众的政治支持，这是由社会主义的土地产权制度和政治体制所决定。因此，可以进行折中考量，体现土地制度改革的内在规律，不要将国家作为土地公有化和私有化的外部力量，而应该尊重农民自身的选择。解决农村现实问题的途径不是通过所有制的替换和变更，而是要从根本上发展农村经济，法律和政策对学界持续争论的土地私有化和土地国有化理论都做了否定，强调农地改革必须在尊重农地集体所有制的基础上进行，为当前学术界进行的农地改革指明了方向。土地股份合作制就是在这一前提下对集体所有制进行完善与改造的制度安排，该制度探索了

---

① 马克思：《资本论》（第1卷），人民出版社1994年版，第832页。

集体土地所有制的具体实现形式，在不触动原有土地产权制度根基的基础上，避开所有权之争，关注土地使用权的改革，通过"渐进式"改革的路径降低改革的成本，通过实现土地承包经营权彻底物权化和资本化来创新农村土地制度。同时股份合作制脱胎于我国小农分散经营的传统，我国又经历过合作经济的实践，探索股份合作经营制度具有实践经验的储备，属于帕累托改进。土地承包经营权制度的完善又能节约制度变迁的成本。现代物权法规制的中心，已经从之前贯彻所有权本位，转移到对物作为财产的利用上来，《物权法》的颁布，已经确立了土地承包经营权的用益物权性质。虽然土地承包经营权在主体制度、期限问题、转让制度和继承等方面还存在法律困境，但也表明了这一土地使用权制度还有优化的空间。

当前中央政策是鼓励包含入股在内的土地流转形式的，同时提出有条件的地方可以将土地折股量化确权到户，也可以引导农民以土地承包经营权入股组建土地股份合作组织。土地股份合作中农民可以对土地股份拥有所有权，农民拥有对土地股份所有权，并不会导致土地私有化。让农民拥有土地股份所有权，只是把农民对土地的承包权落到实处，并非是把土地实物所有权交给农民。集体仍拥有土地实物所有权，进一步深入分析私有和国有的分辨，我们还会发现在农地股份合作制中，农地股权归农民所有，这种产权安排比较符合我国的现实。土地股份合作应该防止土地私有化倾向，我国与20世纪90年代的俄罗斯土地私有化改造相比也可以得出两者有着本质的区别。由于国家性质的改变，俄罗斯的土地股份化是作为私有化的前提条件的，然而土地私有化过程并不顺利。在俄罗斯的土地改革中，土地股份是归农民所有的，土地的地段也通过法律加以明确，实质上实现了固定土地的私有化。[①] 后俄罗斯联邦宪法确立了土地私有制。改革初期，俄罗斯出台了两个关于土地私有化的法令，但是并没有开放对土地的自由流通，只允许部分土地自由买卖。虽然立法机关采用了相对保守的态度，颁布了土地改革的法令，但最终还是通过对集体和国营农场的改革，废除了土地国有制，确立了土地和其他自然资源的私有制度。这是利益的一次全面的重新分配，而不

---

① 丁军：《俄罗斯土地所有制的变迁与农业经济发展》，《当代思潮》2002年第3期。

是局部整顿，俄罗斯农地股份化是作为私有化的重要手段和阶段性任务来推行的。因此，我国的土地股份合作制与苏联解体后的俄罗斯农地股份私有化有着本质的区别，保持集体土地所有制的改革基础，故并不会导致土地的私有化。

(三) 土地股份合作制度在集体经济实现方式中的拓展空间

集体经济有多种实现方式，探讨集体经济着眼点在于考察以下几个方面的制度安排是否高效：资金募集的形式，生产资料的占有和使用方式，劳动成果的分配机制。核心是成员之间的财产关系和经济关系。因为经营方式的不同，各地集体经济的实现方式存在着很大的差异。

新中国诞生之后，集体经济的实现经历了以下历程：集体土地所有权的权能从集体占有集体经营，到集体所有家庭经营，到当代农户个人经营权的物权化过程，也显示了其财产性。农村集体经济组织充当了双层经营体制中统的角色，但家庭承包经营制度并没有赋予农民成员对集体土地以及其他资产的财产请求权，集体经济组织内部管理不规范，分配不公，这都导致了集体经济日益式微。特别是税费改革之后，乡镇政权已经失去了提供农村公共产品的财政收入，公共产品的提供不能像过去那样依靠村和政府，只能依靠农民自己通过集资等方式解决。但是集体经济并不是无用的，特别是在城镇化过程中，将其改造是必然的趋势，其中进行股份合作制改造本质上仍然是合作制，是坐实集体经济组织的当代选择，只有这样才能实现高水平的集体化，提高农业生产力水平。

土地股份合作制中，土地股份合作社向股东募集资本时，其中农民股东以土地承包经营权评估后作为入股资本，当然也不排除农民以货币资本入股。此外，股份合作社向社会吸收资本要素，实现了股权关系的开放性，破除了集体经济存在的保守性和封闭性。集体经济组织需要剥离其享有的土地所有权权能，减少与经营权的权能冲突，在利益博弈中减少乡村干部团体干预土地调整的惯性，通过农民自主流转实现规模化经营，土地股份合作规模化经营的基础是土地的流转，而不是集体的主导更不是全部采用集体经营。承包经营权的自由流转使得传统的集体经济由解体走向转型，之前的农村集体经济建立在土地利用的基础上，即物之占有使用权益，集体直接经营土地。社区土地股份合作就是一个例证，但是并没有真正提高土地的利用效率，解放劳动力。新的集体经济以市场经济为基础，在共同利益形成的基础上，农民个人自主行使土地流转权利，建立在土地资源社会化、市场配置和利用的基础之上，市场多元主体占有和利用土地资源，重新确立了集体所有制的界限，这一生产关系的变革必定实现农户和集体的共同富裕，还会带动农村的养老、教育、医保等其他事业。而在分配领域的固定保底收益，使集体内的入股农民都获得了租金收益，土地股份分红又实现了土地的资本化，农民享有的是明确的资产收益权，因而农民基于对提高土地分红的关心也会主动参与监督股份合作组织的土地经营行为。

第三章

土地股份合作制度的历史演进

恩格斯指出,思想进程是历史进程的反映,按照一定的规律进行修正,因此对思想进程的考察应该遵循一定的规律,要对其典型形式的发展进行比较考察。① 我国农村土地股份合作制的产生建立在一定的社会历史背景基础之上,具有典型的历史演进过程和路径依赖的特征,对土地股份合作思想的考察也应该找到实践中典型的模式进行比较,归纳出制度运行的显著特征。对土地股份合作制度变迁的考察和深入分析,有利于对我国土地股份合作模式的建立进行范式思考,审视制度实践模式发展背后的运行障碍,为土地股份合作法律制度的构建确立研究的方向,平衡股份合作制度中各主体的利益。

第一节 土地股份合作制度的产生

中华民国时期已经制定了合作社法,当时合作社立法参照了日本和德国的体例,然而由于地方农业生产合作社并不是建立在地权均等的基础上,所以合作社没有生产效率。② 新中国成立后到1952年,土地改革在全国大部分地区得以实现,土地为农民个体私人所有,为建立农业合作社创立了现实基础性条件。关于发展农业合作化通过了三次大的争论,以马克思主义合作制理论为指导,最终形成了政府指导型合作制思想。法律命题受政治力支配,党在合作化时期的法律毫无疑问也摆脱不了党的土地政策的影响,法权背后显示的是政治德性。土地股份合作体

---

① 《马克思恩格斯选集》(第2卷),人民出版社1972年版,第122页。
② 陈婉玲:《民国合作社法的孕育和影响》,华东政法大学,2008年。

现在中央的决议文件以及合作组织章程中,形成了股份合作的重要法源。包括1951年12月的《中共中央关于农业生产互助合作的决议(草案)》(以下简称《互助合作草案》)、1953年12月的《中国共产党中央委员会关于发展农业生产合作社的决议》(以下简称《合作社决议》)、1955年7月的《农业生产合作社示范章程草案》(以下简称《初级社草案》)以及1956年6月的《高级生产合作社示范章程》(以下简称《高级社章程》)。[①]

一 初级社的土地股份合作制度

《互助合作草案》中就已经提倡建立土地合作社,指出初级合作社就是以土地入股为特点的农业生产合作社,土地的使用权从所有权分离出来,从互助组改造产生的初级合作社是土地股份合作的雏形。虽然施行土地股份合作时期,没有认识到股份制对合作社的影响,但是当时的《民法总则草稿》已经确立了合作社的法人主体地位。

(一) 土地使用权入股

当时的土地入股没有改变农民私人的土地所有权制度,农民拥有价值化形态的土地所有权,是在对土地等生产要素采取了分类渐进过渡方式的思想指导下进行的。新中国刚成立,我国还是农业大国,农业生产条件差,无法抵御农业自然灾害。初级合作社是建立在土地私有基础上的农业生产合作社,土地这种生产资料实行私有、半私有,统一使用土地的原因在于农村生产力发展需要改良农具,深化分工。同时,土地合作社作为农业生产互助合作与农村供销合作和农村信用合作这三种形式写入了我国第一部《宪法》总纲中。农民的绝大部分土地入股,留下小部分土地解决吃菜问题,因此入股的土地由农民保留所有权,入股的客体为土地使用权。

合作社对土地的补偿主要采取产品分配过程中的土地报酬的形式。土地报酬实质是农民获得的收益权能,这是入股行使土地所有权处分权能的体现。关于在合作社内部购置其他生产资料的问题,完全根据社员的意愿,由民主议定的方式,组织资金,增购公有的生产工具和牲畜。

[①] 张千友:《新中国农业合作化思想研究》,西南财经大学出版社2014年版,第93—94页。

对农民入股的其他生产资料的补偿采取货币赎买等方式，合作社统一使用社员的土地、耕畜、农具等主要生产资料，从而确定了合作社对农民交来的土地和别的生产资料只是拥有使用权。可见，私有土地的联合入股使用是初级合作社的显著特征。初级合作社对土地和其他的生产资料享有了使用权，初级合作社决定土地的种植及管理，提高土地的使用效率。

（二）利益分配方式以固定报酬为主，土地和劳动按比例分红

农民以土地入股成立的土地合作社，允许其土地获得相应的报酬，这是由当时农民个体经济的特点决定的。合作社土地报酬的规定经历了一个不断修正的过程，可见在合作社分配制度上中央的严谨。《互助合作草案》中指出，"在土地合股的生产合作社中，关于收获量的分配，按土地和按劳动的比例，开始不宜规定得太死"。[①] 土地是作为生产要素的分配。马克思的劳动价值论指出土地不创造价值，因此初级合作社对土地报酬的规定进行了限制。土地报酬不得高于劳动报酬，初级合作社允许劳动报酬存在，但限制其数量。

《互助合作草案》对土地报酬在收入分配中的占比做出了规定，指出为了促进全体社员参加合作社的劳动，土地报酬必须低于劳动报酬，两者的比例可以采取由社员民主讨论的方式决定。这样设置的目的是为了调动劳动的积极性。在土地报酬的确定标准上，地方合作社进行了有益的探索，如东北地区在合作社施行章程中对土地收益采取固定报酬制。[②] 后土地固定报酬制在合作社示范章程中得以确立，可见当时政策对劳动报酬和合作社公共积累的重视。

土地固定报酬之外，合作社可以采取过渡的办法，从合作社收成中确定土地报酬的分成数，对土地报酬进行必要的限制，关于土地报酬和劳动报酬的比例，各合作社的做法不同。但总体上要求，在生产没有显著地增长之前，不应该降低土地报酬的数量或成数。在收入分配的顺序方面初级合作社分为两种：第一种是扣除合作社消耗和下年生产费、公积金和公益金、支付租种的土地租金，再分配社员的劳动报酬，多劳多

[①] 黄道霞、余展、王西玉：《建国以来农业合作史料汇编》，中共党史出版社1992年版，第53页。

[②] 史敬棠：《中国农业合作化运动史料》（下册），三联书店1959年版，第136页。

得；第二种是合作社履行完农业税、农产品等对国家的义务后，再按照前一种方法分配。

（三）组织属性上遵循了合作社的主要原则

合作社的主要原则包括自愿互利、退社自由和民主管理。作为法人组织，合作社对社员的入社和退社是自愿的，体现了组织的开放性。农民自主决定是否入社和退社，何时入社和退社。关于这一点在《互助合作草案》中就已经有明确的规定，土地入股的合作社，可以按照社员自愿的原则退股。不管是互助组时期，还是土地初级合作社时期都强调要遵循自愿互利的原则。农民的入社行为应当是自己理性的选择，在考虑自己的劳动能力和收入对比的情况下自愿做出的，任何人和任何组织都不能代替农民做出决定。《初级社草案》在第二条特别强调，对于还没有入社的农民，合作社可以做出示范和榜样的作用显示合作社的优越性，使农民认识到入社能够提高收入，减少风险，能够让农民不再贫穷。因此，农民的入社是自愿的。

关于退社自由选择权。《初级社草案》第十五条规定社员的进退自由。可见初级合作社中的社员享有退出权是法定的，也是最全面的，因为草案对农民退社的处置给予了妥善的规定和安排。社员可以带走入股时的生产资料、上交给合作社的股份基金以及其他任何形式的投资，保证了入社社员的利益不会因为入社行为而有所丧失。在退社上兼顾了合作社和农民双方利益的保护。在土地处置的制度安排上做了以下规定：土地无法带走的，农民可以要求置换土地，同等的土地和其他生产资料在入股后发生了价值变化的，农民则应该支付一定的对价以弥补合作社因资本投入而带来的损失。然而当时农民退社的情况却很少发生，合作社对农民具有很大的吸引力，仅1955年全国就产生了10万个初级合作社，原因在于土地和其他生产资料全部由合作社占有和支配，这是初级合作社最有效的安排，也从另一个方面体现了共有产权制度下农民与合作社的高度依赖关系。

民主治理原则。合作社是人的联合，合作社的每位成员都应能平等地参与决策表达意见，自治是民主管理的必然结果。社员民主商定合作社的重大事项，包括初级合作社的生产计划和分配方案等。1955年关于民法通则的草稿都明确指出，法人的范畴包括合作社。所以合作社就应该建立健全的法人组织机构进行内部治理，实现民主管理。初级社的法人治理结构是健全的，权力机关、执行机关和监督机关分别为社员大会、管理委员会和监察委员会。管委会主任对外代表合作社。

二　高级社的土地股份合作制度

初级社建立在土地私有的基础上，并不是集体性质的组织，尽管合作社获得了部分积累，但与农民生产资料总量相比比例还很小。关于初级社施行的时间，当时引发过争论。有学者就提出，如果农民不愿意参加初级合作社，允许他们考虑一个时期，因为初级合作社可能会实施相当长的时间。[①] 然而，在《初级社章程》颁布半年后，高级社就将社员私有的主要生产资料转为合作社集体所有。1956年1月通过的《1956年到1967年全国农业发展纲要（草案）》指出，在1958年基本上完成高级形式的农业合作化。[②]

（一）入股客体是土地所有权

在互助合作决议中已经提出可试办高级社，并确定了高级社的审批权限。1954年11月《中央农村工作部关于全国第四次互助合作会议的报告》中指出，试办高级社的批准权必须控制在省一级领导机关。1955年10月的七届六中全会通过的《关于农业合作化问题的决议》提出试办高级合作社应该具备的四个条件。《高级社章程》规定：社员的土地转为合作社集体所有。在《高级社章程》颁布之前就对高级合作社社员的土地不采取作价收买的办法做了解释说明。认为土地制度改革后农民手中的土地大体上是均分的，初级社也没有改变土地均分的现状，同时劳动报酬占比较高，土地报酬已经显著降低，因此高级社在建立过程中，可以不实行农民土地作价入社，可以取消土地报酬。[③]

从民法的视角分析，土地所有权此时通过法律的强制性规定发生了变动，合作社的财产所有权主体是集体，其依法当然地获得了土地所有权，此时的入股客体已经不是土地使用权，而是土地所有权。土地这一

[①] 杜润生：《中国农村制度变迁》，四川人民出版社2002年版，第3页。
[②] 中共中央文献研究室编：《建国以来重要文献选编》（第八册），中央文献出版社1993年版，第47页。
[③] 高化民：《农业合作化运动始末》，中国青年出版社1999年版，第277页。

不动产物权已经发生了变动,且物权变动的效力不是通过登记实现的,而是通过法律的直接规定具有了显著的公示效力。农民转让土地所有权后,再提出入社申请,集体所有权就建立起来了。

(二) 利益分配是按劳分配

1956年在合作社进一步升级过程中,政府提出了由初级社转为高级社应当坚持的几个处理原则,其中第一条处理原则就是社员的土地转为合作社公有,取消土地报酬。① 土地和农具也都不参与分配,由集体管理和使用。《高级社章程》第十四条规定了按劳分配。这一分配原则并不是要求所有的社员都要负担劳动,如果社员丧失了劳动能力,合作社会酌情安排劳动的内容,体现了高级合作社实行"各尽所能,按劳取酬"。值得提出的是,当时章程规定的对完全丧失劳动力的社员必要的时候给予适当的土地报酬,高级社在实践运作中并没有实现。

按劳分配是由劳动力付出的多少来作为年终分配的唯一标准,采取相当于定额工资的工分制。根据张五常的经济理论,在工资合约中,应该按照劳动的投入量和产出量来决定劳动力的价格。② 合作社中的劳动报酬却不考虑以上两个因素,以工分考核劳动,考核不确定,劳动付出与收入难以实现合理对应,因此社员在劳动中松散懈怠,集体也无力去阻止劳动者推卸责任的行为,社员已经丧失了劳动积极性。这种集体所有、集体经营的土地制度,再加上当时农产品独特的统一征购、统一派购制度,最终导致农民丧失了对生产资料的权利,收入也没有得到保障。

(三) 组织属性违背合作社主要原则

入社自愿并没有坚持。在合作社时期,政府决策层都一再强调自愿互利原则,然而这一原则在高级合作社并未得以实现。在初级社向高级社转化的过程中,出现了严重的强迫入社情形,尽管毛泽东《关于农业合作化的问题》中再次强调坚守农民自愿原则,实践中富裕的中农、农业中的部分手工工人等在合作社的收入减少,他们对初级社实行的土地入股还有很强的依恋情绪,对参加高级社的合作产生了抵制,若尊重他

---

① 中共中央文献研究室编:《建国以来重要文献选编》(第八册),中共文献出版社1993年版,第166页。

② 张五常:《经济解释》,商务印刷出版社2000年版,第57页。

们的意愿,他们可能会立即选择退社或向合作社申请拒绝参与向高级社的过渡。然而,高级合作社快速形成的过程中,没有考虑到不同农民的意愿,一味地强迫农民统一入社,恐吓不愿意入社的农民,自愿原则已经丧失实现的条件。

退社自由也背离。退社自由是合作社的基本原则,有利于彰显合作社自愿联合的本质。《高级社示范章程》对退社做出了规定,合作社在社员退社时返还土地和入股的其他资本,如股份基金等。在高级合作社的退社风潮中,农民已经出现了各种形式的退社行为,有口头申请、向上级部门告状的积极退社行为,也有不参与集体活动的消极退社行为,甚至出现不向合作社申请直接退社或者通过闹事等方式要求退社。退社的现象,一方面反映了部分社员不愿意参加合作社,另一方面是因为合作社本身导致社员收入减少。合作社内部管理混乱,地方政府未及时纠正,全国出现了退社风潮,急需中央对此出台政策解决。在《关于退社问题的报告》中,中央已经认识到不同的农民对合作社的态度出现差异,部分农民入社后收入反而下降,因此认为应该允许他们退出合作社。[1] 政策导向依然保持农民退社自由,但这一原则并未得到落实和执行,基层政府有的对退社做出了明确的时间限制,如只能在年度终结时提出,有的合作社对单干户采取打压政策,有的合作社故意增大农民退社的代价。发展到后期,中央及各省直接运用各种行政手段平息农民的退社现象,退社甚至被看作自发的资本主义,从而使得高级社中的农民已经很难行使退出权,退出已经变成了一种和政治制度、政治信仰联系起来的违规行为。

民主管理成为空谈。民主管理是合作社最基本性质之一,《高级社章程》第六条规定合作社实行民主管理,然而在高级合作社民主管理并未实现。高级合作社由全体农民参与,合作社的规模加大,但管理人员还不具备民主管理的能力,真正的民主管理很难实现。邓子恢认为,高级合作社存在的主要问题是集中太多。合作社统一经营中,一方面乡村干部的权力越来越大,另一方面民主管理不断削弱。民主管理程度低的一个根本原因是农民社员对合作社代表人的行为无法进行有效的监督,

---

[1] 国家农委办公厅编:《农业集体化重要文件汇编》,中国党史出版社1981年版,第648页。

所有权缺乏监督权的制约。

三 合作社时期土地股份合作制度评析

（一）初级社土地股份合作根源、法律优势及产权矛盾

1. 股份合作制度变迁的根源

制度收益大于制度成本时，制度就会发生变迁。因为初级社是在互助组的基础上发展起来的，因此我们应该回到对互助组困境的考察入手，分析初级社土地股份合作制度产生的背景。初级社解决了互助组的制度困境。发源于解放区的互助组在新中国成立之后，运行受到极大的挑战。首先，互助组运行成本太高。在互助组内部，农户合作收益成本高。不同的农户合作中在农业劳动方式、劳动对象、劳动时间及劳动交换关系等方面存在冲突，需要进行多次重复的协商才能达成一致，甚至经常产生纠纷；同时，农户在参与市场交易中，对市场信息认识性不够，在交易中要付出更多的时间成本和费用。其次，组织不稳定。生产资料的共用是互助合作的前提，但是土地改革完成后这一存在基础已经瓦解，新富农和中农经济实力增加，拥有的生产资料更加充分，家庭经营能力强，因此他们不愿意再选择参加互助组，而更愿意单干，劳动力不足时就雇佣其他人。他们的离组使得互助组只剩下贫农和中农，这部分农民因为缺乏必要的劳动工具和耕畜等生产资料而勉强在一起。若他们拥有单干的基础则也会离开互助组。这决定了互助合作的脆弱性和不稳定性。与之相对应的是，初级社降低了合作的交易成本，通过减少交易次数和协调成本，使得农户更愿意选择这种组织模式，所以初级社的规模就无形变大；组织规模大，就可以使用大型机械进行劳动，也更方便对合作者的劳动力进行分工，从而使初级合作社具备了统一经营的基础，也加剧了对农业新技术的应用，提高了农业生产力水平，那些即将瓦解的互助组就顺理成章地变成了初级合作社，遏制了当时农民分化的程度。

2. 土地股份合作的法律优势

初级社由互助组发展演变而来，体现了土地入股的思想，农民保留自己的土地所有权，土地股份合作适应了生产力的发展，个体经营制度瓦解。该制度降低农业发展成本，具有半社会主义的因素，在土地经营

上体现了农民私有土地的联合使用和经营。

土地所有权和收益权主体是农民。农民在土地入股后合作社占有土地，农民就丧失了对土地处分的权利，包括使用土地、处分土地和买卖及出租土地的权利被部分转移，即产权中部分使用权已经丧失。这种过渡性的产权安排使其具有部分集体经济的因素。在土地收入中，因为土地的收益与农民个人土地的质量直接相关，因此产权是明晰的，对土地所有者具有显著的激励作用。

农民享有退出权。农民将个体经营与合作经营效果进行比较后可以自主选择是否入社，及时退社。加入合作社后，农民认为自己收入比加入合作社之前有所减少，更愿意选择自己独立经营土地，则农民可以根据合作社章程的规定选择退出合作社。正因为农民关注土地股份合作社经营效率，因此更加关注行使所享有的决策否定权，从而在根本上对土地经营行为实现了有效监督。特别是那些具有较多土地和农具的农户，在内部表决权行使上，对合作社内影响其股份分红的重大事项有更多的表决权，因此能够监督合作社代理人的行为，享有完整的退出权。

3. 土地股份合作关系产权的矛盾

首先，初级社的产权是一种复合产权，联合的行动需支付一定的成本，这个成本是合作社社员应该共同承担的制度费用。因为社员入股后，收入的提高依赖合作社共同行动所带来的利润，而共同行动需要一定的成本，初级社经常进行规模的改良就是希望通过降低制度成本来实现社员利益的最大化，联合行动一般又会提高权利行使的费用，这也会引发社员之间对单干的效率高还是联合行动的效益高的争议，这就是关系产权内部的第一种矛盾。

其次，合作社社员与组织代理者之间追求的目标失衡。合作社社员一般只将获得更多的股份分红和劳动报酬作为唯一的目标，只有降低合作社运行成本才能提高自己的入社收入。因此，社员就会寻找委托人实现经济目标，合作社与委托人之间签订一定的契约，因为合作社社员可以在委托人不正当行使权力的情况下退出合作社或者替换委托人，所以委托人是代理合同中占劣势地位的一方，双方地位不均等，委托人就不以合作社的经济目标提高为行动标准，而片面去迎合社员的经济目标，这又产生了一种矛盾。

最后，合作社缺乏激励机制导致社员财产增值后利益均分化带来实质不公。个人利益与集体利益只有存在高度的相关性，集体中的个人才会有动力为了集体的共同利益进行交易。社员个人财产入股后由合作社统一经营，因为共同经营财产会增值，增值后的利益已经不是社员个人自由分享，而转由合作社所有的成员平均分享，社员的努力程度、劳动付出等追求个人利益、增加合作社收益的行为带来的是分配上的平均化，这实质上是一种分配的不公平，社员因此丧失了增加合作社收益的动力。

因为初级社保留了土地的私有制，在是否继续推行初级社的问题上出现了一次争议。争议的焦点是坚持保持农民土地的私有制继续推行初级社的土地股份合作，在土地上存在土地私有权在农村地区是否能长久存在。然而，争论不久，就将土地股份合作制变革为新的生产关系，建立土地的集体所有制。最终左的思想路线胜出，生产关系发生了新的变革，初级社转化为高级社，股份合作制度并未充分显示出其制度优越性。

（二）高级社土地股份合作制度变迁的强制性

高级社是在苏联集体农庄经营模式的影响下进行的，两者在制度安排上存在以下共性。第一，国家通过计划命令的方式直接干预合作社的经营管理。合作社要完成对国家的任务，首要的经济目标就是完成国家农业生产计划，这些计划包括上交公粮和农产品，因为要完成国家的征购指标，所以在粮食生产、农作物播种面积的比例制订上，合作社都没有自己的经营自主权，都需要按照国家的要求进行。第二，土地的所有权性质不同，但土地使用权性质是相同的。集体农庄的土地全部属于国家，而我国高级社土地所有权的主体是集体，除了房屋土地没有入社以外，其他所有的生产资料都属于合作社法人的财产。农具、耕畜等生产资料的使用权上，生产队享有的是使用权，这一点两者是相同的。第三，两者的分配机制相同，按照合作社的基本要求，都是在扣除国家征购任务、生产成本，预留公积金后，按照劳动日在社员之间平均分配。第四，两者的管理机构基本相同，多层次管理。高级社是社员代表大会，苏联集体农庄是庄员大会。两者都设立有日常管理机构，同时基层的管理工作都下设到基层的生产队。第五，规模大，包含的农户数逐步提高。苏联实行集体农庄时，农业生产力水平比我国高，小农经济是我国建立高级社的基础，苏联农庄设立的目的是过渡到全民所有制，所以农庄的规模从最初的十几户，20世纪60年代经过近四十年的发展已经扩大到近四百户，我国高级合作社所包含的户数平均数开始很小，为三十户左右，经过扩社并社整顿后60年代达到一百五十户左右。可见，两者建立的基础不同，但是规模都比较大。

高级社的土地股份合作超越了生产力发展的历史阶段，简单地将土地合作理解为完全的集体化，这种不考虑农民意愿，不符合生产力发展的制度安排阻碍了农业经济的发展。在合作社内部，一方面改变初级合作社土地私有的性质，剥夺了农民的土地所有权和收益权，否认了农民是土地财产所有者的性质，只片面强调农民作为劳动者的性质，完全忽视农民作为财产主体的身份，隔断了农民身份的双重性，集体不支付任何代价获得了土地所有权；另一方面，在分配领域也不能体现公平和公正，合作社的利润补贴了工业的发展，而没有真正返还给农民，变相地剥夺农民，因此农民就出现了退社的情绪，高速的合作化带有空想社会主义的性质。此外，合作社是一个经济组织而不是政治斗争的工具，高级社的建立是当时消灭农村资本主义的目标下进行的，在浓厚政治背景下产生的合作社没有将追求合作社社员利益作为经济目标，一味地追求合作社的发展速度和发展规模，甚至将合作社的发展与反对资本主义生产方式结合起来，因此受到部分农民的抵制。

第二节　土地股份合作制度的演变

伴随着人民公社制度的解体，20世纪80年代土地承包经营制度在我国逐步建立起来。在此基础上90年代为了满足工业化对土地的要求以及适度规模经营制度的建立，农村兴起了土地股份合作制，这一制度最早在广东南海兴起，继而上海、江苏、浙江、山东等地也悄然开始了土地股份合作制度的实践，形成了具有代表性的地区模式，体现了土地股份合作制度的生命力。

根据入股客体、股权设置、利润分配方式、组织属性等这些参考要素，本书将实践中的模式归类为社区全员型和农民自主流转型土地股份合作制两种。前者建立在土地所有权股份化基础上，或虽建立在土地承包权入股基础上，但入股后按照社区成员的数量和户籍内人口劳动贡献将土地配股给社区全体成员，或者将农民所有的土地全部入股到集体统一经营。后者是建立在农民入股自愿基础上的土地股份合作模式，产生的基础是土地承包经营权和集体土地使用权的入股，入股的基础是科学评估其土地使用权的价值。

一　社区全员型土地股份合作制

（一）南海模式

南海模式是广东珠三角土地股份合作制改革所形成的地区经验，罗村镇下柏管理区最早试行成功后推广到全市。当时南海借鉴了深圳万丰村在1985年进行的农村股份合作制改革的经验。南海的土地制度改革分为三个步骤，最终才选择了土地股份合作制流转模式。土地制度创新第一步是对家庭承包经营制度的改革，进行投包经营。村集体通过土地投包，实现土地支配权、使用权和收益权的"三权"分离，村集体将分散在农户手中的土地集中起来；投包经营作为土地流转的一种方式是建立在村级的土地市场基础上，村集体负责土地供应和招投标，制定土地投包租金底价；在合约制定上，村集体在土地流转中控制着土地的支配权。南海土地创新第二步是解决小块土地的效率问题进行土地规模经营试验，当时南海是中央确立的土地制度改革试验区，在试验的初期主要是粮食规模经营，但土地农业利用的绩效并不突出，因为在工业化和城市化大背景下，土地农业利用的比较效益下降，土地经营规模又退回到小农经济水平，在农产品价格低而农业投入资金又不断上涨情况下，土地规模经营农户退出，除了保留最初的鱼塘规模经营外，其他产业的规模经营不能产生效应。随后，南海进行了第三次土地流转的创新实行股份合作制。在以村为主体就地工业化的过程中，1992年该市有78%的劳动力转移出去，南海市将土地从生产要素转化为资本要素，通过土地股份合作制度，将农民的土地和集体其他公共资产股份化，以户口为依据承包给农户，农户再用承包权入股到村集体建立的股份合作社，集体在事实上掌握了土地的控制权，农户获得的是股份化后的承包权，股份合作组织获得土地使用权。[①] 制度改革初期，南海市全区 96% 的经济社都建立了股份合作组织，同时政府出台文件促进了股份合作社建设。为充分利用土地资源，南海市针对土地的用途将全区分为三部分：农田保护区用于发展地区农业生产；经济开发区便于引入社会资本，建立厂房或其他经营物业，以获得土地租金；商住区保证农民的住宅，从而实现了市内土地综合利用和统一城镇发展规划。

在股权设置方面，经济比较发达的村集体将股份分为基本股、承包股和劳动贡献股；大多数村集体以年龄为界限，向其成员配置股权。其中基本股是成员权股，体现公平的原则，所占的比例最低，因为承包股和劳动股在衡量的过程中，灵活性太强，不易评估，所以很多股份合作社直接按照组织内部人员数额配股。有的村设置了集体积累股和社员分配股，有的村后来取消集体股。经济落后的村还只设置人头股。在土地折股量化中形成了三种土地折价方法，分别为政府规定的土地征用价、以经营土地的效益折股、综合因素折股。在股份制改革中，土地股份合作特征突出，其合作性体现在股权来源除了土地这种生产要素之外，合作组织成员联合，即使是土地这一要素也能体现成员权性质，这也是人头股在股权配置中广为适用的原因。土地和资产都是按照成员属性为依据，土地承包经营权取得也是基于身份性，可见股权封闭，股东身份自然获得，难免流动性差。在分配制度上，主要按照股权分红，也有按照社员人数平均分配。在股权管理方面，实行"减人不减股"与"增人不增股"的办法，社区股份既要体现公平的原则，也要维持相对的稳定性，因此股权的转让和利用受到限制，不能抵押也不能退股。为平衡两者的矛盾，南海里水镇草场村实行"生不增，死不减"的做法，后南海将股权由"虚"变"实"，各镇街或村集体探索集体内股权流动的方法，根据本村实践实行"固化股权，出资购股，合理流动"等改革。农村土地股份合作组织内部建立了"三会"组织，按照现代企业制度实行民主治理。

可见南海市土地股份合作制度改革体现了对土地制度不断修正、完善的过程，在历经土地承包经营权投包经营、土地规模经营效益低下的

[①] 王景新：《中国农村土地制度的世纪变革》，中国经济出版社 2001 年版，第 39 页。

基础上，围绕土地利用和土地增值效益分享为中心，南海市克服了土地承包经营制的瓶颈障碍。因为有之前土地集中后进行社区股份合作经营的基础，因此改革的模式主要体现在土地的利用方面，以土地与资本的组合方式为媒介，在经济合作社的基础上，将包括土地在内的集体资产全部入股，由全体成员分享土地租金，制度改革的重点在于土地的利用方式和合作社股权的配置。

(二) 上海模式

上海农村土地股份合作制产生的背景是上海农村的"概念"发生剧变，郊区征地矛盾突出，土地流转的需求紧迫。股份合作的前提是土地所有权是集体的，农民以土地承包经营权入股有投入，按劳分配和按生产要素分配结合。运作模式通过农民、村集体和特定经济组织订立一系列契约来完成。首先是土地入股，由农民将土地承包经营入股给集体，体现了土地使用权的首次分离，由农民与集体双方之间签订入股合同；其次，拥有土地使用权的集体将农民土地和集体机动地一次性打包后，在市场寻求专门进行土地经营的企业协商使用权的转让。因此，两者签订的是土地使用权转让合同。此处企业是特定经济主体，包括土地信托投资公司、土地信用合作社等，与集体之间签订的股份合作合同充分体现了土地信托关系。前者将入股土地统一整理规划，发展适度规模经营在满足土地使用者用地需求的同时提高土地价值和产能。同时土地信托机构发挥机构优势，建立土地基金。土地信托机构不经营土地，通过管理经营基金，转移入股风险。后者保留土地的所有权，享有固定收益和增值收益。集体以保护农民资产利益为中心，在合作利益分配中坚守以下原则：保证农民股份合作所得最少不低于其直接经营土地所得；将上海地方经济发展和农民眼前利益结合综合考量，在发展上海地方经济的基础上保障农民长远的利益和社会保障的提高。股权流动方面，在股份合作签订的有效期间，农民的土地股权可以流转、继承、抵押和买卖。[1]

---

[1] 上海农村土地流转研究课题组：《上海农村集体土地股份合作制模式的研究》，《上海综合经济》2001年第7期。

二 农民自主流转型土地股份合作制

(一) 苏南模式

苏南模式产生的背景是非农产业发展迅速,绝大多数的农村劳动力都已转移到第二、第三产业。2012年苏州全市农民工资性收入为12564元,占全部纯收入的64.8%。农业收入为232元,占纯收入的1.2%。[①]这种情况下耕地撂荒情况严重,同时农民受土地社会最低保障的观念影响又不愿意放弃土地承包经营权,更希冀土地拆迁后能获得更高的土地收益。苏州市是较早引入"土地股份合作"制度的地区之一,制度改革始于2001年,在2005年就解决了土地股份合作社的工商登记问题,仅2002—2007年六年时间,该市就组建了175家土地股份合作社,至2010年底,土地股份合作社数量迅速增长至671家,半数以上的土地流转面积是通过经营权入股实现的。土地股份合作社的股权设置明确,包括集体股和个人股两个部分,集体股的来源是集体中未分包给农户的少量土地,同时集体还保有部分流动资金,将集体的资本入股后就形成集体的股份。农户以土地、资金、技术等入股。在土地股份作价中,有的土地股份合作社对入股土地不作价,但这种纯粹的土地股份合作社在实践中占的比例并不高,在土地股份合作股权结构逐渐复杂并多样化的情况下,合作社对入股土地进行作价折股,作价的标准由农民与股份合作社协商,以征地价或者农业产值测定价格为标准。

在收益分配制度上,改革初期实行保底与浮动两段结算的方法,保护入股农民利益,土地股份合作社对农地股的利益分配方式主要有三种:一是保底分红。即对农户入股的土地,不论经营盈亏,每年确定一个基本的标准,有的采取货币分红,有的则以稻米等实务计价分红。苏州保底分红的准指导价为每年不少于600元或相当于400斤稻谷的国家收购价。二是保底分红与浮动分红相结合。即约定在每年每股保底分红的基础上,再根据经营收益情况增加分红额的分配方式。三是保底分红与二次盈余分配相结合。即约定在每年每股保底分红的基础上,再根据

[①] 陈天元、张成强:《苏浙两省农地股份合作制实践模式的比较研究》,《浙江农业学报》2015年第3期。

合作社当年盈余情况确定二次分配方案。①

股份合作社按照现代公司治理原则，建立"三会"组织，"三会"组织按照合作社章程规定的权利义务和职责管理内部事务，保证土地股份合作社的规范运作。同时，上林村的土地股份合作社提出重大事项由社员代表大会通过全体社员民主投票的方式决策，村级领导干部不得担任董事长。

（二）山东模式

山东省土地股份合作制的演变，一直关注经营权的分离，其中土地股份合作社建立的基础是土地的确权和确股。早期研究样本是桓台县邢家镇邢家村地区的实践，改革的方向是建立股份占有的合作制，根本动因在于将土地通过流转引向市场，形成规模经营，改革从根本上稳定了土地承包关系，为赋予农民长期而有保障的土地使用权提供了一条思路和方向。邢家村410亩耕地，机动地为20.5亩，在土地确股的过程中，实现了承包经营权向土地股权的转化，预留的机动田作为增加人口的土地股份来源。收益分配方面，以每亩耕地前三年纯收入的平均数为基数，农民所得的土地使用权收益为纯收入的30%，收益折成实物小麦和玉米各50公斤，由转出土地者获得。在未取消农业税之前，农民的合理负担随股权走，而公粮、农业税则由土地所有者获得。内部治理中，股份合作社建立股东代表大会，但其并非由入股农户自主投票建立，而由村委会直接转化而来，股东大会和理事会的组成成员都是入股的农户，理事的产生具有典型的代表制的特点，四户股东中的一名作为理事参与合作社的管理，理事会是合作组织的日常管理机构，制订合作组织章程，召开股东大会，经营管理集中的土地，处理土地的转出、转入和股利分配，理事会作为决策管理机构，接受股东大会的监督。②可见，山东早期开展的土地股份合作，是在确股的基础上建立的，通过土地使用权和经营权的分离，实现了土地经营的适度集中，虽然改革受到当时土地流转法律制度的限制

---

① 陈建荣：《苏州农村土地股份合作社的实践与思考》，《上海农村经济》2014年第2期。

② 桓台县农村改革试验区办公室：《"股田制"试验与探索》，《山东省农业管理干部学院学报》1999年第1期。

并没有完全实现自由流转土地经营权,但对当前山东东平县进行的土地股份合作改革提供了借鉴价值。

东平县的土地股份合作制度改革在当前具有较强的代表意义。2013年东平县东史庄正式开始土地确权的改革,并确定为县首批土地确权试点村,主要采取"确权确股不确地"和"确权确地"两种方式,按土地亩数确权到农户。该村77个农户共348人的210.8亩土地采取"确权确股不确地"的模式将土地入股到盛德土地股份合作社。土地股份合作社与农户签订《农村土地承包经营权确权确股不确地声明书》,确保农民的土地承包权利,同时合作社给农户发放股权证,每亩地确定1股,入股土地年底按利润分红;剩余的土地,采取"确权确地"的方式,按实际地块亩数确权到户。同时合作社通过分权实现了对农民土地入股意愿的尊重和保护。第一种分权方式为经营权直接入股。如利升土地股份合作社,农民以一亩土地作为一股,共实现了736亩土地入股。后口头村的炬祥土地股份合作社包括了202亩承包地、涉及17户农户。① 第二种分权方式为经营权转租入股。入股主体的经营权是通过流转土地获得的。第一次流转土地的保底租金由土地原出租人获得,第二次流转才实现股份合作,由承租户用流转来的土地经营权入股合作社,获得分红收入。如后口头村炬祥土地股份合作社部分入股农户的土地既包括家庭承包土地,又包括从其他村民流转来的土地,监事长入股土地就包括6亩承包地和从其他农户租来的4亩土地。第三种分权方式为经营权置换入股,体现了股份合作社建立过程中对农户意愿的充分尊重。部分农户不希望土地全部入股,保留一部分土地的使用权,因此土地股份合作社在规模经营土地集中过程中,将其承包地与其他愿意参与土地股份合作农户的土地通过等量置换保留其土地经营权。② 土地股份合作制度改革严格按照法律对土地用途的限制规定,在保护农民土地经营权的基础上探索实践模式。合作社的原始股份包括土地股、集体资产股和资金股。合作社在收益分配中采取目标利润分配和超额利润分配相结合

---

① 徐勇主编,邓大才等:《东平崛起:土地股份合作中的现代集体经济成长》,中国社会科学出版社2015年版,第52—53页。

② 徐勇主编,邓大才等:《东平崛起:土地股份合作中的现代集体经济成长》,中国社会科学出版社2015年版,第268—269页。

的方式。在目标利润分配方面，合作社先扣除 20% 的风险金，剩余部分按照农民原始股占股份总数的比例进行分配，超额利润的部分则采用超额累进的方法分配给管理人员。土地股份合作组织也建立了自己的股东大会、董事会和监事会。

在当代土地承包经营权制度完善过程中，工业化、城市化背景下土地不断增值，人地矛盾也更加突出，在对土地承包经营权重新配置和界定的基础上，各地对土地股份合作社的股权设置和入股要素体现了一定的差异性，改革的动力在于提高土地利用效率，分配土地增值收益。在组织机构上，土地股份合作组织的建立比较完备，均设置了股东代表大会、理事会和监事会。各地土地股份合作组织的差异主要体现在股权设置和入股要素上。在股权设置方面，有的合作组织仅仅以农民的承包土地为主，有的土地股份合作社入股要素除了承包土地还包括资金、技术等其他生产要素；在合作社股权流动方面，以广东为代表的土地股份合作组织内部的股权带有"天赋地权"的福利色彩，股权转移受到高度限制，股份不能在外部流动，而上海的土地股份制度打破了封闭性的限制，体现出股权的开放性和流动性，可能是土地股份合作制度改革下一步的目标。在股权的管理方面，广东的土地股份合作组织股权一般都不能退股，但作为现金股的股份是可以退股的。在股权的收益分配方面，广东和苏南地区农民的股权能够分红和继承，上海的股权收益体现最大的开放性，土地股权可以继承、抵押和买卖。在土地股份合作组织工商登记方面，广东和上海经济发达地区的土地股份合作组织在相关的农经部门进行登记取得法人资格之外，其他合作社组织的登记尚不具有相关的法律依据。

三 两类土地股份合作制度的比较考察

土地股份合作制度作为农村土地流转制度和经营制度属于历史的范畴。只有对不同类型土地股份合作制度及其代表模式进行深入考察和解析，才能归纳出生产力发展中制度变迁体现的财产关系和利益关系的沿革，考察研究在土地所有权制度不变的前提下农民土地权益的保护。对不同土地股份合作类型进行评析目的是研究制度演进的规律，寻找土地经营效率提升和权利流转的理想模式，并预测当前土地股份合作实践可能遇到的问题。

(一) 社区全员型土地股份合作制度运行现状

1. 严重背离传统合作制基本原则

全体农户入股的土地股份合作社在土地流转的过程中行使的是集体土地所有权主体经营土地的职能，将集体土地与其他流动资产、固定资产等统一进行评估，折价入股，量化到所有农户，在土地股份合作中社区集体内的所有农户都享有股份分红权，地方财力也稳步增长。在股份合作主体中，集体不再自己经营土地，将土地一次性出租给投资者，集体获得了地租收益；对于参与投资的股份合作社来讲，降低了创业的启动资金，不用交纳高额的土地交易金和土地出让金。正因为股份合作制企业能够带来税收收入、解决地方剩余劳动力，成为各级政府在经济结构调整方面的政绩目标，因此地方政府更加愿意促成土地集中连片，介入农户的土地流转。地方基层组织也是如此，土地流转成本低，基层组织可以获得相应的股红。然而，土地统一入股后，集体对农民实行配置股份，这种情况下，农民也无法拒绝进入股份合作组织，因此社区土地股份组织主导土地流转的模式，忽视了农民的意愿。农业问题研究专家林毅夫在谈到这类土地股份合作模式时曾指出，这种制度安排剥夺了社员自由退出权，合作社社员无法"用脚投票"。南海土地股份合作制度已经实施二十多年，在初期进行股份合作制度推广过程中，全市农村中只有两个自然村没有推行股份合作制，可见制度构建中政府并没有广泛征求农民的意见，强行主导股份合作改革，退股自由也无从谈起。如果大面积的土地规模经营总是以失败或者违背农民个人土地流转的自由为结果，则有可能农民会选择回到土地承包经营制度建立初期的生产方式上去。股权带来的福利同时也使农民丧失了土地流转的自由，在南海土地股份合作制中，土地的股份化设置并不能充分体现承包权入股的流动性。同时，成员权并不是民法上的一项独立的权利，在土地股份合作制中体现为一种资格。无论土地经营的好坏，农民只能被动地观望并接受合作组织的分红水平。

在决策机制上的民主管理现象并未出现。社区型土地股份合作社在组织机构设置上类似于股份制公司，而不是按照合作社的模式组建社员（代表）大会、理事会和监事会，由村委会成员直接享有重大事项的决定权。此外，这些合作社的决策机制也与传统合作社一人一票为主的民主管理原则不同，南海市建立了户代表表决机制。合作社内部治理应实行一股一票，一股一权的原则，股份持有者享有选举权、被选举权、监督权等。由于成员权的历史性，部分土地股份合作社针对不同年龄的人设置了年龄股，同时在年龄股中又设置了差异化的退出机制和股票选举权，"部分村镇实行到60岁退休之后允许股权继承转让，即把社区内股份分为A股和B股，A股为劳动力持有，B股为退休劳动力持有，后者只享受分红，不参与股份制的运作，如选举权、监督权"。

2. 农民土地作价和集体资产作价标准不一

农民选择土地入股的一个重要参考指标就是土地流转的价格，但是如果政府和农民在确定土地流转费用上信息不对称，则农民土地使用权市场作价偏低就成为必然。我国农村土地市场存在两种性质的土地价格：一是土地的征用价，二是土地的市场价格。土地征用价已经通过法律确认，土地的市场价格是通用的估价方法。现有集体土地资产的作价评估都参用的是国家征用的地价标准，因为农村土地向城镇蜕变的唯一途径是国家征用。国家征收土地后给予的补偿是农地征用的价格，标准是农民土地的原农业用途的产值，显示了政府的定价垄断权。征地补偿的标准，在我国土地管理法中指出，按照被征收土地的原有用途给予补偿，实质政府是按照产值的倍数计算出赔偿的数额。这种赔偿标准关注的是当前的年收益，这种收益是农户个体经营的收益，是未进行土地股份合作之前的收益，由于农户经营效益低，组织化程度也不强，因此农地收益并没有进行市场化的评估。补偿标准并不科学的另一方面是因为土地年产值具有较大的不确定性，农产品的价格也会发生波动，最为重要的是这种评估方法丝毫不考虑对农地转为非农地的预期土地收益。农地资源在经过股份合作组织整理之后，价格上涨是必然的，况且农地资源日益紧缺，价格也会随着对土地需求的不断增加而上涨，对于这部分收益，农民不可能享受到。因此，政府所确定的这种基本价格，农民完全没有议价权，只能被动地接受。土地使用权的权能和市场供求关系决定着土地的市场价格，被征用地在交易市场上能够高价出售，特别是股份合作中土地农转非，价格水平完全不同，这种征用的合法规避，也是"南海模式"最终走向终结的根本原因。这就导致土地股份合作社在注册时农民股东所有的土地股权价值因为注册资本的低估而远远小于实际价值，与市场完全脱节。另外，除了主要的土地资产评估外，土地股份合作社中集体的其他资产如各种固定资产、现存公共积累金等是按净值计算出资入股，而不是按照现有的评估机制入股，这种双重标准导致农民的股份与集体股份在价值评估上产生不公，不利于公开、公平、公正的市场环境的确立，农民股所占比例较低，农民股东"话语权"就可能丧失。

3. 集体股的存废之争

集体股是否应该在社区土地股份合作组织中设立是一个长期争议但尚无定论的问题。因为集体有土地、公共积累和其他资产，所以集体股有存在的现实基础，在我国不同地区对社区股份合作社设立集体股有不同的立法规制，设立集体股的目的是因为集体股的股金分红可以用来支付社区必要的公共开支，提高股份合作社经济服务的质量，建立社区公共设施以满足社员的需求，但是这一职能的行使导致的是农民分红的减少。在社区型土地股份合作社中内部人控制现象更加明显，这种现象在集体股占优势的土地股份合作社中更加普遍。在人事管理权和经营决策权的制定过程中，集体股的行使代表不是农民集体，而是社区村委会，合作社的管理层和农民股东之间似乎也达成了这样一种默契，农户实际上放弃了对合作社的"监督权"，入社农户也难以参与并影响合作社的决策，这种内部人控制现象情况在集体股占较大比例的合作社极易出现。

在股利分红方面，在合作社中，农户真正看重的是股权分红而非劳动收入，若集体股份的分红仍主要用作公共支出，集体资源的使用出现"暗箱操作"，外溢将不可避免。社区股份合作组织通过集体股参与分红或者直接提取固定比例（51%）来获得社会公共开支，农民土地股权收益并非是按照股权比例直接从利润中获取，社区股份合作社的利润首先要支付合作社经营的成本，然后要支付提供社区公共服务的费用，按股分红的制度目标成为吸引农民入社的幌子，集体股和农民股无法在利润分配中取得同等的地位，土地股份合作组织中集体股的分红远远超过了农民的股金收入。集体股的股金收入部分被社区股份合作组织用于支付社区内的公共设施的设立等公益事业，承担了本应该由地方政府承担的职能。在南海土地股份合作制推行的第一个十年期间，社区土地股份合作组织变成了政府机构在农村的变相延伸，其支付的用于社区公益事业的费用和支付公共品的费用累计达到了 31.73 亿元，如果这些费用用于农民股权分红或者用于追加土地股份合作组织的投资，则合作社的发展更有后劲。① 虽然后来南海试图通过隔离股份合作社政治功能和经济管理功能，部分缓解了以上矛盾，但是缺陷并未从根本得到消解。产生以上现象的根源在于农民股东在经营管理和股利分红上缺少监督权和参与权，土地权益的分享与股权的公共福利产生了矛盾，集体股的收益到底应该由谁来行使，是村集体代表还是所有成员，所以产权主体虚位也是其弊端之一。股权福利化的行政色彩如何消除，也成为设立集体股应该考虑的问题。而出现上述后果的根源在于集体股的股份设置，因此我们十分有必要辩证地分析集体股份在社区土地股份合作社中的设置。

关于集体股的设置，各地实践并不相同。持赞成说的有较早进行股份制改革的深圳特区，特区要求股份合作公司应当设立集体股，由人民政府确立集体股的折股比例。贵州地区建立村集体控股或参股的社区股份合作社成为行政命令。② 不支持设立集体股的地区如苏州市，该市要求实行股权固化的新组建的社区股份合作不再设置集体股。③ 当然实践中，也有部分地区的行政法规规定可以设置集体股，但对集体股所占的股份比例进行限制。

集体股设置主体及目的。关于集体股设置主体，按照农业部《关于推进和完善乡镇企业股份合作制的通知》中对乡村集体股做了明确的规定，来源是集体所有权以及集体资产，可以推论出乡村股的权利主体就是农村各级集体经济组织。④ 所以，这里集体股设置主体当然包括土地股份合作组织这种新型的经济主体。关于集体股设置的目的，集体股份的设置基本是为了满足公共开支，这些开支主要用于维护社区公共设施，支付成员社会保障及其他公共事务的开支。如果不设立集体股份，是否就减少了制度成本呢？限制甚至取消集体股固然可以减少公共开支，避免出现内部人控制的机制弊端。但在这种情况下，包括土地在内

---

① 冯善书：《广东"土地入股"遭遇退股流》，《中国改革》2008 年第 8 期。
② 唐胜：《贵阳市所有行政村建起集体经济组织》，《贵阳日报》，2014 年 12 月 21 日。
③ 陆晓华：《新建社区股份合作社取消"集体股"》，《苏州日报》，2015 年 4 月 8 日 (A2)。
④ 马跃进：《论农村股份合作企业的股权结构》，《中国法学》1997 年第 3 期。

的集体所有资产均以股份的形式划分到分散的农户手中，农民集体将不可避免地出现缺乏组织管理的资金来源。若社区股份合作社从管理经费中支出这部分开支，这样的形式无非就是原来村集体管理组织的"变体"，"双重身份"的问题无法避免。如社区股份合作社属于二级核算的类型，经费来自于合作社的盈余，社区公共开支由集体组织向合作社申请，股份合作社审批经费，同时负责监督和审查经费的具体使用情况，这又带来制度成本过高的质疑。因此，集体股到底应该占多大比例，社区土地股份合作社中分散股东的股权如何保护，如何释放公共收入的刚性和解决内部人控制问题，现实中各地的做法大相径庭。为了限制集体股股权对农民股权的侵犯，一些社区股份合作社明确规定，集体股对重大事项不享有投票权，甚至要求集体股不承担清偿责任，这些均表明集体股和其他股是不同的，违背股权平等的原则，因此集体股份的设置进入了困境。在集体股存废之争中，我们应该在尊重历史的基础上，维护集体土地的增值，有学者提出授权集体成员民主议定来决定是否设立集体股的解决思路，但尚缺乏具体的路径设置。

4. 股权社区封闭性和福利性带来的矛盾

社区土地股份合作组织是一种土地资源所有者的联合体，从集体资产作价评估到股权配置，从股东资格的确认到股权收益分配，都是建立在社区成员权的基础上，农民由承包权到农民享有的股权都是来源于村集体成员的身份，因此股东局限于社区内部，具有明显的社区边界。此外，股权设置也较为简单，除了集体股就是农民合作股，股权固化和凝固现象突出，不具有流动性、资本性和社会性，股权也不能买卖、转让、继承、赠送和抵押。[1] 农民股权中的成员权股村集体人人有份，股权分散使得农户实质上持有很小的一部分，仅仅为一种收益权，土地这种生产要素难以自由流动。承包股根据农户承包土地的多少来确定，容易受到人为因素的影响。此外，股权设置简单限制了股份合作组织的融资渠道，资金、技术及其他人力资本很难流动到合作社，其又担负着巨大的资金负担，成为其难以社会化的瓶颈。股份制的引入始终未能突破原来村集体的地域范围，社区土地股份合作社一般成员为世代毗邻而居

---

[1] 朱守银、张照新：《南海市农村土地股份合作制改革试验研究》，《中国农村经济》2002年第6期。

的农民，社区的划分沿袭了原村的行政划分，所以在股份合作制改革中合作的根基就是这些村民。① 排斥外来资本的介入，是怕这样的设置会让更多的外来资本的股东侵害农民股东的权益，所以社区股份合作社的股权只能在内部流通。这种担忧并不能真正保障内部股东的收益，理由包括以下几个方面：第一，社区内股东的收益就是股份合作组织的股份分红收益，股份合作组织的股权价值越高，农民股东获取的利益就越高，即使是外来资本股的股东出资到股份合作社，这些股东也希望获得更高的股份分红，所以两者在入股利益获取上并无差异；第二，随着当前社区股份合作社的改革，股份合作社将主要承担经济职能，提高土地经营的利润、扩大经营的规模，原来的公益职能由政府或者其他组织承担，因此股份合作社也不会再一味地追求所谓的福利，作为经济主体盈利后提升股东收益是其最为重要的经营目标；第三，外部股东带来的不仅仅是雄厚的资金可用于扩大经营规模，还能为股份合作社引入先进的技术和现代管理模式，这正是封闭性社区股份合作组织急需改革的两个方面。

股权带来的福利性也会消融农民股东的自由，这种自由包括无法对福利提出异议，均等福利享有的前提是股份合作组织的经营状况良好，分红有提升，但是农民面对福利时好时坏的情况，没有主动的监督权。同时，福利权的享有也会付出一定的代价，限制农民股东的权利，这些权利涉及村公共事务的各个方面，比如计划生育政策的执行，村规民约的遵守，权利的行使实质上受到限制。此外，农民一般只关心分红数量，而不承担股权的风险和义务，农民甚至自动选择放弃了对股份合作组织的监督，滋生农民"食利者"阶级。

正因为上述股权设置的弊端，南海在 20 世纪末 21 世纪初进行了内部股权设置的改革，进行固化股权的尝试，也在实践中尝试对新进入的社区成员实行出资购股，允许土地股权可以在社区范围内流转，但除了人口变动之外，固化股权的改革并非完全成功。土地利用方式不变，非股民不会提出调整股权的要求；一旦合作社土地利用方式发生变化，非股民就要求收益共享。所以固化股权并非一劳永逸的做法。此外，"南

---

① 孔祥俊：《股份合作企业的法律机制》，《法学研究》1994 年第 1 期。

海模式"演变后也始终没有在实践中解决集体成员身份中出嫁女的股权配置问题。其中，南海市还出台了专门的文件，明确地列举出出嫁女继续维持原成员权资格的四个条件。在政府发出行政处理决定的司法权威下，一些村集体给出嫁女发放了股权证，但出嫁女成为村里的特殊群体，村民并不认同其股东身份。在股红分配的代表大会上，出嫁女要取得分红需要得到村民代表的同意，实际上也就意味着取得股权证的出嫁女未必就能享受到分红。

5. 与原有的村集体组织职能分配不清

我国《民法通则》第七十四条和《农业法》第十一条规定了农民集体经济组织或村委会经营管理集体土地。社区全员型土地股份合作社在土地合作中与外来企业或者股东签订了土地入股合同，这种越权行为不仅导致股份合作组织内部利益分配上的失衡，也会导致合作组织的治理不能与时俱进，长期以来存在的职能边界模糊现象再次出现，侵犯农户利益，更改土地入股价格等现象也在所难免。股份合作社在遇到合作社资金运作困难、合作社股利分配矛盾等治理问题时，一般应当求助于土地股份合作社自己的股东大会或董事会，提请召开股东大会修改合作社的盈利分红制度，而不是实践中的求助于村委会。因为村委会的性质在我国法律规定中是村民自治组织，不是经济实体。但再集体化后的社区股份合作组织是经济实体，依附于基层政权，因此项继权教授指出，再集体化后农村民主治理更加健全，然而这种干预模式与现代企业治理政企分开原则是背离的。

即便有的土地股份合作社行使了经济职能，由专门的职业经理人确定土地和集体资产的价值，在盈余分配和股金分红中由社员大会或股东代表大会行使这些经济职能，村集体不再行使经济职能，然而村经费的分账使用和管理并没有分开，职能的交叉依旧没有解决。但这也已经超越了《民法通则》《农业法》和《土地管理法》的规定，这些法律均规定村集体经济组织或村委会对集体土地的经营和管理的主体地位。村委会行使的集体经济方面的职能应当让渡给集体经济组织，即社区土地股份合作社。土地股份合作社替代了原村的集体管理组织，其功能更多地体现在用股权化的改造将集体产权明晰到分散的农户，同时用公司制的治理模式改变了村集体管理组织监督者虚位的现状，但也并未从实质上改变产权主体和行政组织职能重合的困境。即使是集体的土地股份合作社将农民承包的土地集中起来以后,保留自己的经济实体,不对集体组织和村民配股和分配,直接出租土地进行经营,也改变不了两块牌子、一套班子的历史惯性,合作社内的一些事务由董事会成员行使,董事会成员或董事长一般由村干部交叉兼职,因为村干部掌握了农村社区的社会资源,如2011年在北京市社区土地股份合作社中,村支书兼任董事长的比例达到55%。农民的民主决策管理权缺乏实现基础,丧失经营主体地位。[①] 这些缺乏专业经理人职业技能的村干部,并不能合理解决合作社内部事务,在两边交叉任职的人员也没有独立的计算报酬。此外,即使合作社在章程中规定用社员代表大会行使对合作社和原村集体管理组织的监督职能,但章程的规定都缺乏具体操作性,农民股东一方面可能根本没有意识到自己的表决权和监督权,另一方面已经进入城市的农民股东也无法直接行使社员代表大会赋予的权利,只能将权利委托给村干部或者少数股东,委托代理行为进一步加剧了少数人控制合作社决议。此外,实践中要根本解决村委会的职能转变,村委会是自治组织,行使的职能应该是村民之间的邻里纠纷,维持乡村治理的稳定性,这种社会管理职能的实现费用应该由地区政府财政支出或者通过政府建立专门的资金支付这类服务,而不应当由土地股份合作组织的利润支付。此外,它也不是市场主体,因此不应该由其全权负责集体资产的保值增值这一经济目标。社区土地股份合作社运行多年,村委会和股份合作社的账面始终没有分开,财务管理混乱,无力解决两者职能上的混淆。

(二) 农民自主流转型土地股份合作的优势

苏南和山东地区个体、私营经济较为发达,土地股份合作制度产生的背景是劳动就业人口迁徙制度带来的土地撂荒及工业化、城镇化背景下诱发的农户土地流转制度的创新,其最大的特色在于股权的载体是农民的土地使用权,即家庭承包经营权,合作社农民入社自愿、退社自由,提高了农业经营的规模化和机械化。苏南模式和山东模式的土地股份合作制,参与主体包括农户和单一企业,土地股份合作组织的入股要素有土地、资金和技术等生产要素。因为土地股份合作中农民的土地使

[①] 解安、周英:《土地股份合作制股权设置与实现研究——以京郊为例》,《河北学刊》2016年第7期。

用权入股与我国的农地流转制度保持着天然的联系,因此其发展也必须在当前对我国农地流转法律制度的研究中展开。

1. 合理定位入股性质,化解理论争议

分析自主流转型土地股份合作的运行实践,必须从土地承包经营权入股法律性质这一基础问题入手,关于土地承包经营权入股性质,理论中存在两种截然不同的观点。

物权流转说认为,入股后农民实现了支配承包经营权的交换价值,土地权利在入股后发生物权变动。[①] 物权变动后,土地的占有、使用的权能主体发生变更,股份合作社作为法人规制的范畴,法人享有自己独立的财产权利,出资行为带来的直接后果就是财产已经不属于出资前的自然人,既然土地是实务财产,则出资行为一定要转移物权变成股份合作社的责任财产。具体来说主要有以下几个理由:第一,合作社法人享有独立财产权。只有将出资的土地财产实现完全和彻底的物权化,农民完全丧失土地承包经营权,合作社法人才能不受原权利人的限制自由处分这一财产,法人财产权要求法人能够用其所有的财产对法人债务进行财产担保,承担法律责任。第二,将土地承包经营权物权流转的目的是为了保证合作社财产的稳定性,防止入股农民虚假出资,减少合作社责任财产。做出这一推论,主要是因为入股本身就是公司法中的概念,参照我国公司法关于虚假出资的规定,土地作为入股的标的,如果以租赁的形式出资给公司,公司并没有取得出资财产完整的权利,标的的权利属性不是绝对权,因此农民土地的出资属于虚假出资的情形。第三,出资是农户支配用益物权的行为。农户对承包经营权的处分权能不是事实上的完全处分,但可以享有部分处分权能,土地入股就是支配土地的权利体现,物权说恰恰印证了农民对土地的处分权能。

与物权流转说相对应,债权流转说认为,土地承包经营权入股性质和出租无异,是对其使用价值的支配。入股转移的是标的的经营权,土地的经营权可以作为一项独立的权利与承包权分离,入股体现了农民处分经营权的行为,是处分权的体现,同时农民原有的承包权能不变,经营权的转移体现了土地使用权的商品化。土地股份合作社获得的是经营

---

① 王利明:《物权法》,中国人民大学出版社2015年版,第249页。

权，是债权性质的权利，并且这种流转不需要进行登记，这种学说的支持理由是担心农民失地的危险。土地可以产生经营利润，流转可以带给农民收益，国家征收土地农民也能获得补偿，这些都是土地对农民的经济保障，国家现在还不能给农民提供与城市居民完全相同的保障，因此土地保障功能不能简单地取消，这不仅会增加财政压力，也会带来社会不稳定。以农地使用价值入股，使得农民有权通过约定适时调高农地出资额或者在土地股份合作社的固定保底收入，实现土地的增值收益，有权获得农地征地补偿款，促进农民土地财产权。

可见，物权流转说以保护农民的个人物权利益为重心，却忽视了对其他主体法益的保护。该话题语境的假设前提是农民可以放弃其承包地，在物权法中，农民只能在有稳定的非农职业或固定的非农收入的前提下，才能放弃土地承包经营权，立法的旨意在于农民只有生活有源才能解除土地承包合同，这显然是以农民法益为重心的立法规制。首先，如果等到农户有稳定的非农职业或固定的非农收入，这会不会导致土地股份合作社规模化经营方式无法形成，无法达成土地股份合作社增加农民收入的制度初衷。简短地讲就是因为农户土地收入有限，才需要通过股份合作制度提升农民的收入。其次，土地入股发生物权变动的前提下，股份合作社破产或解散时，农民土地物权并没有消失，农民可以再次获得物权，土地物权可以回到原承包农户或集体组织内部。因为农户自己可以购回承包经营权，其他主体也可以出资购回，这里的其他主体可以是集体组织也可以是集体组织内部的其他农户。但是物权说是否真正能够保护农民土地权益呢？实践中，通过回购物权并不具有可行性，操作困难。因为土地要素在股份合作社的整体经营中与其他生产要素进行组合后，市场价值得以提高，如果将农民作为市场交易的主体参与土地使用权的赎回，对其来讲增加了经济负担，不经济也不现实；如果农民没有资金回购，则农民就成为真正的失地贫困户，集体内其他主体也是如此，这无益于公平公正价值目标的实现。最后，物权流转说忽视了土地承包经营权入股组织选择上的差异。农民作为股东可以行使权利保护自己的权益，认为合作社经营上出现不经济或者内部治理不民主时，可以投票否决，也可以行使退出权，并不会丧失其原来的承包权，同时自治的属性也保障了经营的安全，这与入股到公司丧失物权后无力监督公司决策不同，实质上反映出股份合作社的农民可以自己降低入股经营风险，避免失地。

此外，债权流转说可以让农户分享农地增值收益，实现土地财产权，强化农地的社会保障权，也同样面临如下问题：首先，面临着农户土地出资后法人财产的独立性、出资的稳定性的诘问。债权流转说遭遇质疑的核心问题就是入股的农户如何承担责任的问题，而如何承担责任直接关系到合作社债权人的利益保护。其次，土地经营权分离出来后，经营权的性质如何界定，经营权和承包权的权利属性差别体现在哪些方面，经营权的再流转有无限制性条件，当土地股份合作社破产或解散时，对剩余期限的经营权，合作社是否就可以转租给其他的经济主体使用，从而实现经营权的使用价值。

可见入股性质的界定无论采用哪一种学说，都会面临实践难题。辨析土地承包经营权入股到股份合作社的性质时，不应拘泥于理论上的完整性，可从多个角度分析入股的性质。

第一，出资行为不发生物权变动有立法例，这里不应该做绝对化或片面化的理解。债权性质的使用权入股合作社存在着立法例，在一些特殊情况下，出资行为并不发生物权变动，在法国和美国的合作社法中具有人身属性的劳务都可以作为出资财产，所以集体成员身份性质的土地承包经营权也可以作为出资财产，股份合作社实现农民入社自由当然包括入社时自由地选择用何种形式的财产出资。

第二，土地股份合作社的法人地位是否必然受到入股定性的影响。农户转移了土地承包经营权的部分权能成为合作社的社员，股份合作社终止时退回承包地，并非由入股的性质决定的而是法律的政策性使然。土地股份合作社的责任财产方式是多元的，退回承包地外，股份合作社还有其他形式的财产，仍然具有土地的市场主体地位。况且退回承包地，又不是无偿的退回，可以设置特定的交易实现这一目的。股份合作社社员有退社的自由，本身就显示了股份合作社在经营中法人责任财产的总额可能会增加或减少，入股只是导致这一不确定性发生的情形之一，所以法人地位与入股性质的定性没有必然的关联。

第三，关于违反物权支配性的否定。物权支配性是权利人对物所享有的处分权能的体现，物的价值包括使用价值和交换价值，那么对物进行处置时也包括两个方面价值的支配，如果土地入股通过支配使用价值就可以实现制度目标的话，也就没有必要更加彻底地去支配交换价值实现土地流转。既然理论上对入股性质的争议，任何一方都不能完全克服实践和立法的缺陷成立，何不调整对其性质进行理论辨析的视野，从物权法权利性质、法律结构的规范分析中脱离出来，从土地股份合作制设立的目标和中国土地流转的现状出发审视入股的性质。党的十八届三中全会就是运用了经济学"三权"分离的理论，提出土地入股后主体获得了独立的农地经营权，从而既继承了对农民生存权和发展权双重关怀的立法理念，又兼顾土地股份合作中农民私人利益与公益、效率与安全的平衡。

2. 土地自主入股流转使承包经营权权能体系更加完整

权能是权利的微观结构，入股的基础权利是土地承包经营权，但该权利的权能在法律上还不充分，权能的拓展很有必要。从民事权利的角度出发，所有权是法律权利中最为完整的权利。在占有、使用、收益、处分中，处分权是最为重要的权利，是所有权四项权能的核心。农村土地承包经营权的历史渊源和制度目标都彰显出土地承包经营权的用益物权设计。总体上来讲目前土地承包经营权的权能还都体现在静态权能设计上，还没有像美国立法那样，在民事法律制度以外对其进行专门的立法规制。而自主入股流转制度设计将企业股东出资引入到合作制中，在以下几个方面拓展了其权能体系：

首先，自主入股流转实现了处分权能的完整性。对于土地承包权本身来讲，权利主体即农民应该享有处分权能，但是相对土地这一标的物来讲，因为农民不享有土地所有权，所以承包经营权的权利人并不享有充分的处分权能。土地承包经营权主体可以出租、转包权利给其他主体，内部成员可以互换承包权、可以有偿或无偿转让，可以入股到合作社等，这些流转方式均为土地承包经营权主体所享有的处分权能。法律均对其有明确的适用条件的限制。但当前自主入股流转突破之前流转期间的有限性、对象固定性、流转不规范等局限，农民享有更完整的土地处分权能。

其次，自主入股流转的地方实践和立法突破了法律对承包经营权抵押禁止。在承包权的抵押方面，立法的原意是禁止土地使用权金融化。

《物权法》规定了以其他方法获得的荒地可以抵押，《担保法》明确规定集体土地使用权不能抵押。可见对于家庭方式承包的土地抵押问题，法律均持否定的态度。然而担心农民失地后失去生活保障的立法本意并不能阻止实践中业已存在的抵押行为和地方立法尝试。重庆市在2010年率先出台地方法规推进土地承包经营权的抵押及登记工作。① 因此今后抵押权应成为立法改革的方向。同时针对承包经营权抵押禁止性规定可能导致的土地股份合作组织融资困难问题，均可以通过地方政府的财政补贴和其他专门的金融支持进行弥补。当前我国部分地区如江苏、昆山等地已经出台了具体的税收和融资优惠政策，这些地方政策的颁布实施已经突破了法律的限制性规定。

最后，自主入股流转突破了农民土地发展权立法的空白，使得农民分享到土地增值的收益。我国法律对土地发展权还未给予明确的规定，土地发展权的收益直接国有化导致农民得到的补偿款项不足。自主入股流转则克服了这一立法的障碍，农民土地股份收益使农民获得了实实在在的权利，固定保底收益能够优先受偿，盈余分配的比例又能与土地股份合作社通过协商确定，通过股东大会参与盈余方案的制订，因此农民土地发展权能够通过股份合作制得到切实保障。

3. 土地股份合作社治理能够流转土地股权

首先，土地股份合作社通过章程规定土地股权可以流转。土地承包经营权人出资后，在企业法人存续期间股东一般不得抽回出资，但是农民股东可以转让土地股份的形式退出股份合作社，对土地股权的转让并不必然导致土地承包经营权的收回，这实质上也关系到土地股权是否能独立于土地承包经营权而存在。如果农民不收回已经出资的土地使用权，仅仅通过权利转移的方式获得股权转让的对价，则合作社并没有因为农民股权的转让而丧失土地经营权，土地经营权的转让并没改变农民的承包权。

其次，土地股份合作社通过对优先股设置及表决权限定制度能够消除土地股权流转对农民股东的不利影响。在股份合作中农民股东股份是

---

① 出台的相关文件包括《关于加快推进农村金融服务改革创新的意见》，《重庆市人民政府关于办公厅关于开展农村土地承包经营权居民房屋和林权抵押贷款及农户小额信用贷款工作的实施意见》和《重庆市农村土地承包经营权抵押登记实施细则（试行）》。

确定的，在土地股份合作社内部股东间流转土地股权，土地使用权利发生转移。但合作社可以设置优先股，通过合作社章程对土地股权流转的比例做出限制，这种通过购买农民土地股权方式并不能使股东身份发生改变，也不会隔离土地承包经营权与原土地股东的身份。同时，通过将集体股和外来资本股作为优先股，但规定优先股在合作社股权比例，对其购买土地股权的比例进行限制，因此土地股权就不会集中在集体股和外来资本股的股东之中。此外，这些股东享有优先权的同时必然丧失部分表决权。因此，通过对其在股份合作社内部表决决议中表决权的丧失，也避免了流转土地股权后其间接侵害原土地股东的权利，影响农民股权收益。

最后，股份合作社终止时对土地股权流转的特殊保护。股份合作社终止经营涉及合作社对土地的处置。一般而言，破产企业承担责任都是以其出资财产总额为限，这样就存在如何通过制度设置避免农民彻底丧失土地使用权。土地股权的处置直接关系到农民股东和债权人的利益保护。土地处置中，土地股权转让的并非是土地承包经营权，股份合作社可以按照承包经营权的剩余期限和入股农民的意愿，自主约定对入股土地处置。解决股份合作社有限的开放性与土地股权不可避免的封闭性以及承包经营权事实上的保障性会产生冲突和矛盾。农民可以等额货币或者其他财产置换入股期限内的承包地经营权，从而保护自己的土地股权，这也符合政策始终侧重于农民土地权益的保护的宗旨，股权流转必须以土地承包经营权的保护和农民的自主意愿为底线。

(三) 结论：倡导农民自主流转型土地股份合作

在我国土地股份合作制度演进过程中，初级社土地股份合作使农民获得了土地报酬，同时保留土地所有权避免了农民失去土地。高级社股份合作否定了初级社的成果，取消了农民的土地报酬，使农民私人土地所有权直接变更为集体所有制，导致农民要求退社。这种剥夺农民土地权利的机制不符合马克思在《巴枯宁〈国家制度和无政府状态〉》中所论述的对农民土地所有权的改造路径。这种剥夺农民土地所有权，得罪农民的改革不科学，建立的土地集体所有制也不符合生产力发展要求。马克思指出，应当让农民自己通过经济的道路来实现私有制向集体所有制的过渡。① 南海模式和上海模式代表的社区全员型土地股份合作，集体起到了主导甚至是决定性的作用，股份化后的土地权利已经发生了变化，股份合作组织经营管理很难通过社员大会有效监督，农民权利分散也无法有效干预合作组织的经营决策，权利得不到保障。并且这种股份合作模式极易造成对土地用途的变更，南海模式就有十万亩土地用途直接发生变更。此外，股份合作不能体现农民入股的自愿性，土地集中后社区股份合作社取代了之前集体组织的经营资格，土地实现了再集体化，经营土地的基础从农民土地使用权入股逐步演变为一次性的土地集中，按照成员权配股所造成的产权矛盾再次出现，脱离市场化配置的股权也不能保障农民权益的持续享有。

因此应大力提倡建立农民自主流转型土地股份合作模式。这种土地股份合作制将土地田面权和田底权由不同的主体分享，地权市场的建立使农民自由流转土地，是农户或者农民自身起主导作用，获取土地流转的对价或投资收益，合作社通过自营或委托经营等方式发展农业规模经营。有人担忧这种新型的土地股份合作社会不会是建国初期初级合作社的简单重复，答案无疑是否定的。土地股份合作制尊重农民自主流转土地的意愿，是土地产权安排的现实选择。以农户土地承包经营权自由流动为主的股份合作制改革根植于社会主义农村集体所有制基础上，是家庭联产承包制的进一步创新和深化，是在我国农民家庭承包经营权权能缺失和土地流转不畅的现实国情下所进行的一种制度设计，也是当前农民在实践中创造出来的土地流转方式，早前的社区土地股份合作制的实践和发展范式，为当前的土地股份合作制度的顺利实施奠定了基础。此外，从合作经济演进逻辑分析，土地股份合作社是农民专业合作社的一种创新形式，它使农民之间的合作更为深化，之前土地承包经营权是合作的外部要素，但是入股后，承包经营权成为合作组织内部重要的生产要素，直接影响合作组织的资产和盈余分配。

第三节 土地股份合作制度历史演进的逻辑与启示

马克思语境里找不到关于制度的直接描述，他使用的是生产关系的

---

① 《马克思恩格斯选集》（第3卷），人民出版社2008年版，第287页。

概念。生产力决定生产关系，物质生产力与生产关系或财产关系的矛盾会导致社会变革的发生。马克思在《政治经济学评判序言》中详细论述了生产力和生产关系相互作用的理论，并在此基础上提出经济基础和上层建筑也会随之发生重大变革。这一理论是我们分析任何制度演进的基本框架。制度变迁遵循一定的内在规律，那就是旧的生产关系已经不符合生产力的发展。可见马克思认为制度变迁的动力是生产力的发展，但这不是唯一的动力，不能对此做机械地推论，更不能做经济的唯物论者。在制度变迁中还存在其他的影响因素，如生产关系等。土地制度的变迁也是如此，土地领域任何一项制度的改革都反映了生产力与生产关系的矛盾。奴隶主土地制度代替原始氏族共同制度，封建土地制度代替奴隶制度，资本主义土地私有制代替封建土地制度，无一不体现生产力发展和技术革命对土地生产关系的影响，同时生产关系的变革也会促进生产力的发展。

一 土地股份合作制度历史演进的逻辑

解析初级社土地股份合作制、高级社土地股份合作制、社区全员型土地股份合作制及当前农民自主流转型土地股份合作制，沿着制度的历史演进可得出以下结论：

第一，土地股份合作制度演进具有路径依赖的特征。土地股份合作制遵守了我国合作经济发展的基本原则，吸取了社区股份合作经济的历史经验，在土地流转制度创新中突破了土地承包经营权流转的制度障碍，在土地承包经营权确定和逐步物权化的过程中建立起来，因此具有路径依赖的特征。合作社时期我国就开始进行土地股份合作制度改革，实行土地家庭承包责任制度后，股份合作制度再次引入土地制度完善中，早期出现的股份合作制主要为社区型土地股份合作制，随着土地流转法律制度的完善，实践中自主流转型股份合作模式所占比例越来越多。社区全员型土地股份合作制运行多年，集体股设置存有争议、股权封闭性和福利性矛盾突出、内部治理上也一直没有解决政社合一的治理难题。此外以集体的名义将土地入股也违背了我国《宪法》第十条第四款关于集体土地不得被非法买卖或转让的法律规定，运行中所面临的问题均需要克服。农民自主流转的股份合作社在组织性质上和农民专业合作社相同，能够作为农民专业合作社法人主体进行登记，与其运行规制基本相似，同时股份合作社还按照现代企业治理模式进行内部治理，从立法成本上考虑其能适用合作社一般的法律规定。制度的演进轨迹未来走向如何需要进行持之以恒的跟踪研究。土地股份合作制度的每一次变革都影响着土地所有权或使用权关系的变动，既是对前一阶段土地股份合作有益经验的传承，也汲取了历史的教训，因此同时也是对其不适宜之处的否定和改进。社区型土地股份合作实践多年未予以分红，农民要求退社的现象比较普遍。农民自主流转型土地股份合作，汲取了20世纪社区股份合作制的成功经验，遵守传统合作制的主要原则，是围绕土地使用权的物权化和土地财产收益的提升进行的改革。目的是通过流转农民的土地使用权发展规模经营实现现代农业，所以应遵循土地流转制度的改革方向，尊重农民土地流转的意愿，将农民参与股份合作意愿的主动自觉放在首位，最终通过法律制度的完善，确认土地股份合作主体的地位，保护合作主体的权益。

第二，土地股份合作制度演进的轨迹为从社区全员型到农民自主流转型的回归。高级合作社土地股份合作入股客体为土地所有权，当前社区全员型的土地股份合作将集体土地股份化后一次性分配给社区内的农民，虽然能够明晰集体的土地等其他重要资产，改变集体土地所有权一直以来存在的主体虚置问题，明确农民对集体资产的产权，成员通过享有土地资产股份占有权实现财产权利的重大变革，最终获得了集体资产收益权。然而涉及土地集体所有权的股份制量化，是对集体土地产权变相实行了结构性重组，这种涉及土地所有权入股的股份合作制度不仅容易造成土地私有化，同时极易偏离传统合作制的原则。因此，入股客体在土地承包经营权物权化的过程中成为与合作制组织属性相互关联的一个重要因素。当前农民自主流转型土地股份合作和初级社土地股份合作具有一定的相似性，两者入股的客体均为农民的土地使用权，都能遵循合作制自愿互利、退社自由和民主管理的基本原则，入股后农民享有的土地产权是明晰的；所不同的是初级社农民享有土地所有权，而当前农民自主入股合作源于土地使用权流转制度的创新。在实施效果上，两者都是土地集中后提高土地经营效率，克服分散经营的弊端，因此可以说农民自主入股流转回归到初级社土地股份合作上的规模经营。

第三，土地股份合作制度演进宗旨为提高农民的土地报酬，避免农民失地。初级社农民能够获得土地固定报酬，合作社章程明确了土地固定报酬比例和土地报酬的分成数。农民自主流转型股份合作，入股农民能获得固定的保底收益，这一租金收益使农民的土地作为生产要素在入股后立法分享，和股份合作社是否盈利无必然联系，实质变为其经营成本。而盈余分红的高低则由股份合作社的经营效率决定。入股农民的劳动力得到解放，可以进城务工或到合作社劳动获得薪金收益。相比之下，高级合作社农民土地入股后转为集体所有，丧失了对土地的权利，因此才会要求退社。早前社区型土地股份合作股权固定后，社区内新增加的成员无法获得土地股权，农民没有退出合作社的自由，只能被动接受土地分红。

二　土地股份合作制度历史演进的启示

（一）土地股份合作与乡镇企业股份改制路径不同

乡镇企业改制下的股份合作制与当前土地流转中的股份合作制改革产生背景不同。20世纪80年代初期，股份合作制度在我国由农村渗透到城市，政府关注到当时温州地区的农民之间基于自愿联合产生的合股联营企业，做出在温州、淄博、阜阳三市建立农村试验区的政策决定，分别形成了围绕个体私营企业、联户企业和集体企业为主的股份合作制改革。股份合作制的产生有其独特的背景：一是我国农村家庭联产承包责任制导致农村家庭独资经营缺少资金急需追加生产要素，农村生产关系已经不能适应经济发展的需求，联户企业需要将资金、劳动力和土地等生产要素组合后联合生产。二是单一集体产权呈现出诸多的内在矛盾，集体所有制逐步蜕变成地缘组织所有制，很多农民置身于集体企业的生产经营之外，部分地区农民与集体经济逐步脱节，因此蕴含着我国农村在明晰集体资产产权、融通资金、磨合市场机制等方面的制度需求。三是股份合作制是深化国有中小型企业改革的现实选择之一，为城镇企业改革提供了有效的体制模式，成为当时乡镇企业再造优势的现实选择。马克思提出合作工厂对资本主义生产关系的扬弃是积极的，有以下原因，合作工厂中社员对资产有原始的所有权，劳动者只是占有和支配生产资料；同时合作工厂中工人既是资产所有者，又是劳动者，两者统一实现了资本的所有者与劳动者双重身份的合一，资本对劳动成果的占有不再具有资本主义的含义。因此，股份合作制具有公有制特征，保留了集体制度的基本特征。正因为如此，股份合作制在20世纪90年代被移植到城市国有企业和集体企业的改制中，当时大多数的乡镇企业都经过股份合作化的改造。然而改制对合作经济的范围认识不清，当时理论上认为合作经济都是集体经济的组成部分，强调合作制因素。保留合作制因素的途径主要是突出乡镇企业中职工现金股加入，突出企业内部个人产权的联合，对集体财产量化后的股份，职工并不享有所有权只有分红权。

我们首先需要澄清的是改革初期的股份合作制具有公有制的性质。当时乡镇股份合作制企业中，集体股是集体土地股经过股份化改制后形成的，成为乡村股保留下来。集体股的设置尊重了历史，大多数集体企业中存在一定的集体资产，因此集体股确实具有一定的比例。当时法规和政策都试图通过制度设置将股份合作制企业引导到集体化的方向，特别规定税后利润提取一部分公共积累作为衡量企业性质是否为集体企业的指标之一。然而2000年以后，股份合作企业发展速度减缓，大多数的股份合作企业都转化为股份制企业，集体股比重降低，管理者特别是"三会"人员持有企业绝大部分的股权，股权结构比例发生了重大的变化，政策改造集体经济的预设目标并没有实现。股份合作制试图平衡各方面利益，然而却只显示了过渡性的特征。[①] 股份合作制企业发展受到以下限制：一是集体股或企业股一股独大，个人股份在股份数量上所占的比重很少，此外，个人股份也享有分红权，没有建立个人股东退出机制，股份也不可转让和继承。这不利于职工能进能出的管理体制，同时分红这种集体福利导致职工不关心企业发展，不利于克服企业行为短期化和横向的经济联合。二是股份合作制企业被规定为有限责任，企业破产债权人受到很大的损失。在分红比例上，对股份合作企业分红比例的限制又制约了企业的集资功能；按当时农业部的规定，公共积累提取的份额占利润的20%—40%，公共积累在任何情况下，也不能分配给职工。如温州市规定，从企业税后利润中每年提取50%用于公共积累，其

---

① 杜润生：《谈股份合作制》，《上海农村经济》1994年第5期。

产权归乡村集体所有。① 这一部分是集体财产中不可分割的部分，用以解决退休职工的安置。三是随着市场经济的确立，不同所有制企业政策环境发展趋同，从产权关系来看，股份合作经济最终朝着产权明晰、分配直接、政企分离的方向演变。进一步分析其企业组织制度的演变方向，股份合作企业最终演变为合作社、股份制、合作制、集体经济四个不同的方向，也就是说实践中的股份合作企业并不是同一类型的企业形态，最终并未全部保留集体经济的组织属性。

当前在农村土地经营制度和土地制度创新层面，我们再次提出股份合作制土地流转模式，但这与20世纪乡镇企业改制背景下的股份合作制路径不同。土地股份合作制最终目的是实现土地承包经营权的自由处置，并没有触动农村土地的集体所有权，不会也不能颠覆集体土地所有权，即不能以土地股份合作社的法人财产权代替土地的集体所有权。如果我们用20世纪股份合作的高潮来指导当前的土地股份合作制度改革，就难免在理论和实践中误入偏差，认为只有取消股份合作制中的集体股才能让政府退出集体资产管理，这种做法不能用来指导当前的土地股份合作制度，这两次股份合作制改革存在着很大的区别，20世纪的股份合作制完成了对集体企业所有权的解构，是对集体产权的改制。但是我国当前进行的土地股份合作要避免对产权的根本改革，土地的私有制在我国是不可能存在的，绝不能动摇我国土地集体所有制度。

(二) 土地股份合作应避免形成圈地运动

允许外来资本加入土地股份合作组织，有人担心会导致新一轮的圈地运动，这也是土地入股一直备受热议的焦点问题，因此有必要进一步在土地流转制度改革背景下重新审视土地股份合作制流转模式能否化解新圈地运动形成的原因，从而消除这种理论预设。

英国的圈地运动有协议圈地和议会圈地两个阶段，经过15世纪后半期一直持续到19世纪中期，这一运动直接导致了英国农业革命，通过掠夺农民土地权利的方式，实现了资产阶级的原始积累，迎合了当时改进落后耕地方式对土地集中的需求，具有历史进步性。圈地运动中，

---

① 郭铁民、林善浪：《中国股份合作经济问题探索》，福建人民出版社1999年版，第20—24页。

农民的份地及公有地被资产阶级强占后直接变更为大牧场和农场，实质上体现了土地的资本化。马克思从原始积累的角度对圈地运动进行过辩证的评析，认为圈地运动虽然给农民带来了灾难，改革了传统的农业关系，却推动了英国经济社会发展，改革了农业的资本主义生产关系和特定地域的小农经济，为工业革命的发生创造了基础条件。[①]

圈占农田的现象从20世纪80年代开始已经在我国出现，随着大规模城市建设的加速推进，农民的耕地面积被征用或占有现象急速增加，出现了三次大面积圈地乱象，有学者称之为新圈地运动。[②]我国的圈地并不是为了推广农业技术，从而造成耕地面积减少、分化了农民阶层，导致出现了大量的失地农民，不利于城乡一体化建设，也没有从根本上改变农业经营方式。我国出现的阶段性新圈地运动，有以下特征：首先，土地集中剥夺土地承包经营权人的话语权。中国式圈地主要由地方政府主导，靠行政强制推行。英国圈地是在市场竞争的基础上产生的，早期圈地有基于农民私人之间的自由交易，晚期政府也以议会立法的方式参与其中，所以总体来看英国的圈地运动在协商和法制的方式下推动。[③]中国式圈地在大规模土地流转意向达成的过程中，农民被动地接受了集体和政府的强制性激进性地权流动，土地财政导致政府有找地和流转土地的动力，特别体现在土地农转非的过程中，政府垄断征地补偿议价权，补偿标准不合理，作为土地使用权人的农民缺乏话语权。即使是在农地集中后从事农业生产经营，集体也常常以土地所有人为实现规模经营，主动说服农民统一流转土地，土地的集中过程并不是农民与土地经营者民主协商达成意向的过程，农民无法自由流转土地。其次，圈地不是为了提高农业生产规模，提升农业技术，而是转化土地用途后提升土地价值。土地是企业进行投机的对象，当前许多企业转向投资不动产，实质将廉价购买的土地入股后以合资办厂的方式赚取土地出让价和市场价的差额。实质上是将农民土地的收益流向了土地集中的企业。土地经营应当是从事农业生产经营的单位而不应该是为赚取土地差价而向

[①]《马克思恩格斯选集》（第26卷），人民出版社1972年版，第263页。
[②] 查伟伟：《新圈地运动》，暨南大学，2010年。
[③] 黄少安：《"圈地运动"的历史进步性及其经济学解释》，《当代财经》2010年第12期。

政府要地的企业。最后,农民利益受损。因为政府和外来资本都想分享土地增值后的收益,农民土地承包经营权转让的补偿低,农民失去土地后在地方若不能实现充分就业,则农民大范围的失业就变成地方不稳定的因素。

土地股份合作制度能避免形成新的圈地运动。只要土地股份合作遵守农民自愿流转土地的原则,由农民自主决定以何种方式流转土地,是否加入土地股份合作社,则农民就可以承担其因为转让土地经营权而带来的无地可耕的后果,同时土地入股合同都有固定的期限,农民也不会永久失去土地使用权。土地股份合作制度形成过程中,最为重要的就是防止政府或基层政权过多的行政干预,充分保护农民土地物权,农民可以自主行使其土地权利,所以不能以可能形成圈地运动而否认土地股份合作制度的合理性。土地股份合作制度在形成过程中,可以限定土地股份合作社土地集中后的农业用途,防止股份合作组织圈地后通过土地用途转变而独享土地收益,这样也有利于保护耕地。其次,增加非农民股东的投机成本。外来资本股加入土地股份合作组织后,若土地股份合作社不能如期支付农民土地股东固定的保底收益,则非农民股东应该承担担保责任,从而使非农民股东承担更多的风险。此外,根据我国《土地管理法》的具体规定,若土地股份合作组织作为土地承包方连续两年因为圈地而出现弃耕或抛荒行为的,农民可以要求村集体收回承包的土地。因此,企业作为外来资本股加入股份合作组织若积极实施圈地行为是可以得到遏制的。同时,土地股份合作制度可以通过科学的制度设计,保障农民的权益。农民股东的土地股权具有一定的法律保障,农民可以自由行使退股权、自由转让土地股权,在土地股份合作社破产和解散时能够优先置换其土地股权。这都使得土地承包经营人在股份合作中享有主动性,而不是像在圈地运动中那样,只能被动流转土地,对土地经营者的行为无法行使其决策权和监督权。

第四章

中国土地股份合作现行立法的检讨

第一节 土地股份合作制度的立法基础

一 土地股份合作制度的法律基础

因为没有一部专门规范土地股份合作制度的部门法，所以我们只能从法律、行政法规、部门规章、地方性法规等法律渊源中，找到土地相关法律制度、股份合作相关制度以及关于土地股份合作组织的相关法律法规。将这些散见于各层次法渊的法律法规进行梳理，从法律制度构建层面充实理论界关于土地股份合作法律制度的探讨。

（一）土地股份合作经营性质确立的法规

土地股份合作制经营是我国集体所有制经营模式。《宪法》第六条对我国基本经济制度做了相关规定，指出我国经济制度的基础包括两个方面即全面所有制和集体所有制两种形式，这两种形式体现了公有制经济的主体地位，同时我国允许多种所有制经济共同发展。从该条法规可以得出农村的土地股份合作经营模式在经济属性上属于我国多种所有制形式，符合宪法关于经济制度发展的基本要求。同时，《宪法》第八条进一步对土地双层经营和集体所有制经济做了法律规定。该条规定，农村实行承包经营为基础，统分结合的双层经营体制。同时指出，各种形式的合作经济都是集体所有制经济。一方面，承认了家庭承包经营制的宪法依据，解决了人们对家庭联产承包责任制的争议和非难。另一方面，确定了合作经济的所有制性质。因为农村承包地属于集体所有，故以农地为基础的经营同样也属于集体所有制经济的范畴。在《宪法》

第十七条规定了集体经济组织的经济活动自主权。我们可以从这些宪法规定的脉络中梳理出我国的土地股份合作制度属于集体所有制经济的形式,通过股份合作制明晰了集体产权,保留了集体所有制的性质,在土地股份合作分配制度上,以按劳分配与按股分配相互结合的收益分配制度也具有法律依据。

土地股份合作可以纳入农民专业合作社规制范畴。农民专业合作社的立法对各地土地股份合作社的运行实践起到了十分重要的指导作用。在土地股份合作制度缺乏专门立法前提下,地方政府开始将土地股份合作社作为农民合作社的范畴加以规定,最具有代表性的是江苏省直接以农民专业合作社暂行条例规定的形式将农地股份合作社的立法纳入其中。《农业法》颁布至今共经历了三次大的修改,该法在农业生产经营体制的范畴中肯定了家庭承包经营权基础上的合作经济组织的地位,并应用了鼓励的字眼。该法第十一条指出国家鼓励农民在家庭承包经营的基础上自愿组成各类专业合作经济组织。这一立法技术经过延伸也可以得出土地股份合作组织同样属于合作经济的范畴,因为土地股份合作组织也是建立在家庭承包经营权基础之上的农民专业合作组织。

(二) 土地承包经营权入股的法规

土地入股中土地承包经营权的立法基础。《宪法》以及《民法通则》都没有经营权入股的直接规定,所以农地入股还是应当将土地承包经营权的立法作为基础。《民法通则》界定了土地所有权主体为农民集体,承包经营权主体为家庭。在第七十四条中界定了集体所有的土地属于村农民集体所有,这与我国宪法的规定是一致的,这里的农民集体是由一定范围的农民所构成的一个整体,是一种社区组织形式。《民法通则》还界定了集体土地经营、管理的主体为集体经济组织或村民委员会。虽然在部分地区农民集体经济组织已经不复存在或名存实亡,但是农民依然将自己视为集体的成员,因此可以说集体经济组织是农民集体的一种表现形式,可见《民法通则》确定了农民集体民事主体资格的地位,而且这一主体地位在《土地管理法》《物权法》中都有明确的界定。家庭和农村承包经营户是土地承包经营权的主体。这里的家庭已经超越了社会意义的内涵,外延进一步扩大为农户、农村承包经营户,按照承包合同规定成为土地权利主体。农户和承包经营户除了承担人类自身的生产之外，也承担着家庭的农业生产职能，具有民事主体的资格。恩格斯在《家庭、私有制和国家的起源》一书中指出生产本身包括两种，一种是生活资料及其工具的生产，一种是人类自身的生产。[①] 而这里的农户从事农地的分散经营，在从事农业生产时遵循承包合同的规定。在农村土地权能的限制上，《民法通则》指出土地不得买卖、出租、抵押或者以其他形式非法转让。这些限制性条文在我国农村土地承包法和物权法相关条文中也得以呈现，按照法律规定，土地承包经营权入股也应当受到以上限制。

　　土地入股的法源。首先，土地入股最主要的法律渊源是《农村土地承包法》。该法的第八条指出土地承包经营权的权能之一为入股权，入股后可以形成合作生产，从而在立法上明确了土地承包经营权可以入股实现流转，当然入股要签订书面的土地承包经营权入股合同。但是需要注意的是，对入股流转的限制只能是在集体经济组织内部的承包方之间进行，不能量化为股份入股到从事农业经营的公司或其他企业。同时，该法通过法条列举的方式界定了"土地"的范围，进而指出股份合作经营的土地的范围。在界定土地承包经营权入股的基础上，该法又进一步对"其他方式的承包"的土地入股进行了规定，可见入股范围的进一步扩大。该法第四十四条直接指出"四荒"土地可以股份合作经营，也就是说"四荒"土地可以入股，这在农村土地承包经营权流转管理办法中得到了再次确定。但是对家庭承包的土地和其他通过招标、拍卖、公开协商等方式承包的土地采用两分法的流转设置。后者可以成为入股土地的客体范畴。但是对于家庭承包的土地，并没有做出可以入股的法律规定，只能在集体经济组织内部进行流转。可见立法者对入股采取了慎重的态度。其次，《物权法》关于土地入股的规定。该法明确指出了土地承包经营权的流转方式，包括但不限于转包、互换、转让等方式。在实践中土地承包经营权的流转不断创新，先后发展出了土地股份合作社方式、股份公司方式、土地托管方式和土地经营权抵押方式等。土地入股必须在合法、自愿的前提下进行。该法的第一百三十三条指出，承包经营权可以入股，但是这里获得承包经营权的方式排除了农户

[①] 《马克思恩格斯选集》（第4卷），人民出版社1985年版，第2页。

基于身份的自然获得，而是其他组织或个人通过招标、拍卖、公开协商等获得。因此，物权法在入股土地的范畴上，也采用了农村土地承包法中两分法的区别设置，其他组织获得土地入股后可以经营农业的相关产业，如农业产业化中农产品的加工、运销等。[1] 入股成立的农民合作社属于农村集体经济组织和合作经济组织的一种形式，也具有法律依据。该法在第六十七条指出，包括土地的不动产出资到企业，出资人可以分享资产收益。最后，其他法律的规定。其中《土地管理法》在第十四条指出，土地承包人对农田合理利用，不能弃耕。切实保护耕地是农地保护的重心，也是一项基本国策，因此不能弃耕承包地成为一项法定义务，土地承包人必须遵守。《村民委员会组织法》对农民集体特别是村民委员会的地位和性质进行了规定。长期以来，农村土地股份合作组织与承包经营户和村委会之间具有天然的密切关联，在该法中将村民委员会界定为群众性自治组织。但是立法也出现了模糊性和前后不一致性，在法律地位上村委会是自治组织，即没有法律约束力。但承包经营方案这种关系村民生存和发展的重大事项依然要提请村委会讨论决定，因此有学者指出，土地集体所有成了乡村干部的小团体所有，有的甚至成为个别乡、村干部的个人所有。在土地股份合作组织的管理中，限制村委会的权力，保障村民的土地承包经营权尤为重要。

土地入股后股权收益的继承问题。产权的稳定关乎股份合作社经营的长期性和稳定性，土地入股收益能否继承和土地承包经营权能否继承一样在流转中受到关注。理论上来讲，土地股权收益能够用实物或者货币等来衡量，理应能够继承，而土地承包经营权的继承问题在《继承法》和《农村土地承包法》中均有相关规定。《继承法》第四条指出个人承包应得的收益可以继承。[2] 法理上基于土地承包经营权财产权的法律属性推论出土地承包经营权是可以继承的，并没有限定或者区分哪种承包经营权。在《关于贯彻执行继承法若干问题的意见》第四点指出，承包人死亡前未得的收益，作为遗产的组成部分，经过折价补偿后，可以由家庭承包经营户内的成员继承其价额。这一规定论证了土地股权收

---

[1] 最高人民法院物权法研究小组：《中华人民共和国物权法条文理解与适用》，人民法院出版社2007年版，第65页。

[2] 汪洋：《土地承包经营权继承问题研究》，《清华法学》2014年第4期。

益是能够继承的,权益的继承也避免了因为土地使用权继承带来的农地细碎化的弊端,符合我国的客观实际,实践中此类继承纠纷案件也日益受到重视。不过这一解释也遭遇这样的矛盾,承包利益继承后可能会导致土地被收回这一法律后果。承包人死亡可能会导致土地承包经营权的消灭,因为毕竟法律是以户为单位来确立承包经营权的。按照以上意见的精神,土地承包经营权又可由集体组织或者其他继续承包组织折价后将收益返还给继承人。基于当前土地资本产业化输出功能的转化,收益继承可能更易于被继承人所接受。土地股权收益作为个人承包应得的收益范围可以由土地承包经营权人的继承人继承,若土地股权已经发生了转让或者土地承包经营权人无法继承甚至不愿继承时,实践中可参照权利的价值规律进行折价继承,[1] 可直接将土地股权在股份合作社内部进行转让,购买土地股权所得的价款由土地承包经营权入股人的亲属继承。

(三) 行政法规、部门规章及地方性法规

农村土地股份合作经营模式首先是农村股份合作制经济的一种,所以《农民股份合作企业暂行规定》《关于推行和完善乡镇企业股份合作制的通知》以及部门规章及地方性法规也是土地股份合作经营制度的重要法源。

《农民股份合作企业暂行规定》对农民股份合作企业外延的规定包括了农民以土地入股的股份合作企业,指出三户以上的农民可以自愿进行股份合作生产。后农业部又颁布了《农民股份合作企业示范章程》其中涉及与农村土地股份合作的相关事项,是农村土地股份合作制度法源,明确指出劳动者或投资者可用土地使用权作为股份。《最高人民法院关于审理农业承包合同纠纷案件若干问题的规定(试行)》在第二十一条也要求人民法院准许承包经营权的标的物入股,前提是承包方履行承包合同所规定的义务。从以上规定可以看出,股份合作制最早是应用于乡镇企业改制,因为其产权制度改革的成功运行而后引入到土地领域。《关于稳定和完善土地承包关系的意见》提出了入股流转的方式,在承包方之间建立合作生产。《农村土地承包经营权流转管理办法》第

---

[1] 邹秀清:《土地承包经营权权能拓展与合理限制研究》,中国社会科学出版社2013年版,第154页。

三十五条规定，对土地承包经营权流转的各种方式，包括入股流转。此后土地股权和合作经营逐渐形成了固定的概念性表达，股权这一概念实质上是公司法中股东权利的简称，是公司赋予出资股东的权利，但事实上土地承包经营权出资的对象是合作社，不能出资设立股份公司，这里只是借用了公司法的名称表达，和公司法中的股权还是有一定的区别。

各地在土地股份制度运行中，出台了部分地方法规、暂行条例和实施意见，这些规定的颁布和实施具有开创性意义，直接解决了当时土地股份合作组织在运行中遇到的诸如法律主体地位不明、无法登记等制度障碍，推进了土地股份合作制度的实践，体现了民间法的先行地位，对统一土地股份合作立法具有一定的借鉴作用。1992年通过的《浙江省村经济合作社组织条例》，虽然没有涉及土地股份合作社的相关内容，但是规范的对象为以自然村设立的社区型合作社或其他综合性合作组织，对当前土地股份合作制度的建立也具有借鉴作用。2008年江苏扬州的《扬州市农村合作经济组织工商登记指导意见》，是地方首个在登记中将土地股份合作社视为同农民专业合作社同等法律地位的文件，解决了土地股份合作社工商登记中民事主体资格不明的实践发展难题。2009年浙江省《农村土地承包经营权作价出资农民专业合作社登记暂行办法》中土地承包经营权流转到合作社的立法探索方面走在前列，扩大了入股的土地范围，指出既包括家庭承包的土地也包括其他方式承包的农地。进行地方立法的还有苏州市《关于积极探索农村土地股份合作制改革的实施意见》、浙江湖州《关于推进农村土地股份合作制改革的实施意见》、山东青州《关于推进土地股份合作建设工作实施意见》等。其中2009年《江苏省农民专业合作社条例》创造性地把农地股份合作社定义为农民专业合作社，同时规定股份合作社须到工商行政管理部门登记以取得法人资格。

从以上对土地股份合作立法渊源的梳理中我们可以看出，各法律法规都逐渐承认了土地入股流转方式，但是相关规定过于简洁和概括。地方法规的规定填补了实践运行无法可依的缺陷，法律规制的重点集中在土地股份合作社登记程序、贷款补贴程序等这些实践环节，还缺乏对土地股份合作全面立法的基础和条件。

二 土地股份合作制度的政策基础

在促进农村发展，满足农户需求的目标下，1982年以后五年的中央政策最大贡献是突破原有的公社体制，创造性地建立了统分结合的双层经营体制，并制定股份合作经济发展的政策。2004年开始中央又连续十三年发布关注三农的"中央一号文件"，土地产权在"两权"分离的基础上转变为所有权、承包权和经营权的"三权"分离，逐步厘清了土地权利中三者之间的关系。此外，党相关会议的决定也对土地股份合作制度的实践具有重要指导意义。土地股份合作制度作为土地流转的一种方式，在出现初期并未获得法律和政策上的明确许可，是我们党在实践中逐步认同和确立的，对土地股份合作制度规制沿革的考察，可以深刻地揭示出我国对土地股份合作制度通过政策进行"文件治理"的过程，从中我们可以归纳出政策在法律制度建设中的必要性，也可以考察股份合作这一早已存在的经营制度在农村的发展历程。

改革开放初期的"中央一号文件"均允许股份合作制这种企业组织形式的发展。1983年"中央一号文件"允许股金分红，1984年"中央一号文件"《关于1984年农村工作的通知》鼓励集体和农民将资金集中起来兴办各种企业。再到1985年"中央一号文件"提出在农民合作经济组织中可实现"股份式合作"，股份式合作把分散的生产要素结合起来，不改变入股人的财产所有权值得提倡，同时指出应当保护农民在股份合作制中的财产权，坚持股份合作制的自愿互利原则。这一阶段"中央一号文件"对股份合作制经济的规范还处于摸索阶段，对这种产生于民间的农民自发兴起的经济组织形式尚没有取得共识。正是基于"中央一号文件"的政策允许，从1986年开始关于股份合作制经济的调查组开始成立，国务院也开始在温州市、淄博市、安徽地区建立了乡镇企业制度改革试验区，后改革试验区出台了有关股份合作制改革的政策，在试验区改革实践和政策出台的基础上，《农民股份合作企业暂行规定》才制定出来，最终促进全国各地进行股份合作企业的建立和发展。

稳定土地经营权、发展适度规模经营阶段的政策导向，主要体现在2004年到2007年的"中央一号文件"之中。从2004年以来"中央一号文件"规制的重点是保持土地承包经营权的稳定性。①围绕着土地流转和适度规模经营制度,"中央一号文件"根据农村实践逐步进行了政策引导,对土地承包经营权流转规定的内容越来越详细,这一阶段规定了土地承包经营权流转的原则即依法、自愿和有偿,适度规模经营已经在"中央一号文件"中反复出现。2005年"中央一号文件"指出,尊重和保障外出务工农民的土地承包权和经营自主权。②各地实践不能片面追求土地的集中。2006年"中央一号文件"在建设社会主义新农村的国家战略中,提出通过专业合作经济组织发展多种形式的适度规模经营。③首次提出了农业中适度规模经营的战略思想。2007年以发展现代农业为战略任务,中央认识到现代农业作为技术密集型产业,需要转变资源配置的形态,由市场需求决定农业效益。在土地制度中要流转土地,加快征地制度改革。同时,要积极推进有关农民专业合作组织的立法工作。④国家对土地适度规模经营是持支持态度的,土地承包权延长不变的政策有利于在保护农民土地权利基础上发展土地适度规模经营。

土地经营权流转市场的建立,主要体现在2008—2013年的"中央一号文件"之中。2008年"中央一号文件"指出,健全土地承包经营权流转市场,特别是规范土地流转合同,加强中介组织在土地流转中的服务功能。⑤2009年"中央一号文件"对实践中的土地流转乱象提出了基本的原则,特别提出土地流转中要确保农田保护政策,不得损害承包方的利益。同时提出加强对农民土地流转服务的管理。⑥农民土地流转服务的对象主要为农民集体内部,如确立有土地流转需求的农民的意愿,有针对性为流转双方提供法律服务,帮助农民到专业机构评估土地

---

① 参见2004年"中央一号文件"第七部分第16条,2005年"中央一号文件"第二部分第5条,2006年"中央一号文件"第六部分第26条,2007年"中央一号文件"第七部分第2条,2008年"中央一号文件"第六部分第1条,2009年"中央一号文件"第四部分第17条和第18条,2010年"中央一号文件"第四部分第18条,2012年"中央一号文件"第一部分第5条,2013年"中央一号文件"第三部分第1条,2014年第四部分第17条,2015年第四部分第22条,2016年第五部分第26条。
② 参见2005年"中央一号文件"第二部分第5条。
③ 参见2006年"中央一号文件"第六部分第26条。
④ 参见2007年"中央一号文件"第七部分第2条。
⑤ 参见2008年"中央一号文件"第六部分第1条。
⑥ 参见2009年"中央一号文件"第四部分第18条。

承包经营权的价格、督促流转双方签订规范的合同等。2010年"中央一号文件"提出土地管理制度应走向专业化和法制化。① 因为土地流转实践中的纠纷和矛盾日益增多，因此文件要求建立土地承包经营权纠纷的调解与仲裁制度，减少微观层面的行政干预，同时更加注重发展规模经营。2012年和2013年的"中央一号文件"指出，修改土地管理法，引导土地流转，发展多种形式的适度规模经营。② 2012年概括性地提出土地流转的目标是建立多种形式的适度规模经营，但是并没有界定多种形式的外延，因此只是一个概念。而2013年在土地流转中直接提出要创新经营模式，农业经营的主体即土地流转的方向已经进一步明确包括专业大户、家庭农场、农民专业合作社。土地流转方向的确立为土地制度的下一步改革即"三权"分离土地权利的确立和下一阶段的土地确权创造了条件。

土地确权制度的逐步完善是2013年到2016年"中央一号文件"土地制度改革的重要内容，为建立土地股份合作制度奠定了基础条件。在历年强调承包经营权登记的基础上，土地确权工作逐步纳入土地政策调整的视野，明确了确权的时间、方式、经费来源。③ 2013年"中央一号文件"制定了土地确权和颁证在五年之内完成。2014年"中央一号文件"提出在土地承包经营权确权过程中，农民之间可以自主协商确权的方式，此项工作经费由中央和地方共同划拨。2015年"中央一号文件"提出在承包经营权确权试点过程的推行中，首要的目标是农民能够确切知晓承包地的范围，而对于实践中存在的确权确股的土地范围应该谨慎确定。2016年"中央一号文件"提出各省都要做好土地承包经营权的确权及登记工作。

"三权"分离下建立土地股份合作经营制度，是2014—2016年"中央一号文件"的政策突破。2013年7月习总书记在湖北考察时首次提出要研究所有权、承包权和经营权三者之间的关系，此后土地经营权

---

① 参见2010年"中央一号文件"第四部分第18条。
② 参见2012年"中央一号文件"第一部分第5条和2013年"中央一号文件"第三部分第1条。
③ 参见2013年"中央一号文件"第五部分第1条，2014年"中央一号文件"第四部分第17条，2015年"中央一号文件"第四部分第22条，2016年"中央一号文件"第五部分第26条。

就在农村工作会议上多次出现,最终在 2014 年"中央一号文件"中正式确立。2014 年"中央一号文件"再次提出了农业现代化对土地适度规模经营的要求,政策上要引导建立土地股份合作社,同时将土地股份合作社纳入到农民专业合作社的范围。[①] 这是政策上首次提出土地承包权和土地经营权,对土地产权的制度改革确立了继续实行权能分离的政策,是对土地承包经营权权能的细分,为农民释放了更多的土地红利。"三权"分离权能的界定成为物权法学术界讨论的一个热点问题,也被认为是中国土地制度和农村制度变迁再次创新,具有重大的历史意义。同时"中央一号文件"将股份合作这种新型的土地经营模式直接列为农民专业合作社的一种新型经济形式。2014 年农业部专门发布了加强对土地经营权流转的意见。在此基础上,2015 年"中央一号文件"继续深化"三权"分置的权利界限思想,在土地经营权赋权基础上提出在发展多种形式适度规模经营中,确定入股的对象为合作社和龙头企业。[②] 适度规模经营的载体明确地提出为土地股份合作社,政策予以肯定和引导。2016 年"中央一号文件"在继续确立适度规模经营形式多样化的基础上,明确提出了土地股份合作的收益分配方式。[③] 同时更加注重保护农民在产业发展环节增值收益的分享,并且直接提出股份合作企业中不仅要采取保底收益保障农民的基本收入,而且要实行按股分红,将股份合作社企业收益和农民收益联结起来。这一政策的规定,将土地股份合作收益分配制度的规定明确化,体现了中央对土地股份合作制度规定更加具体,是党对农民分享土地财产权利的需求在政策上的进一步回应。

政策也包括政府出台的其他文件,这些文件体现出政府对土地股份合作制的政策是从扶持、鼓励到培植的态度。1993 年党的十四届三中全会明确把股份合作制作为中小企业改制的有效形式;随着农业工业化的发展,家庭作为生产经营的载体已经显示出较大的局限性,土地的价值与均田承包发生了矛盾,股份合作制度产生。对于股份合作制这种企业制度创新的新形式最早的规范文件出自温州 1987 年《关于农村股份合作制企业暂行规定》,可见这一制度来源于温州民间的实践,从家庭

---

① 参见 2014 年"中央一号文件"第五部分第 21 条和第 22 条。
② 参见 2015 年"中央一号文件"第四部分第 21 条。
③ 参见 2016 年"中央一号文件"第三部分第 16 条。

工业挂靠集体企业的挂户经营阶段过渡到建立股份合作制的企业形式。一直到1994年《中共中央关于农业和农村工作若干重大问题的决定》才正式从国家层面给予正面的肯定。1994年农业部提出要改革乡镇集体企业，其中在产权制度方面，对股份合作制进行回归，这一回归体现的是从原来的农民之间小范围的股份合作联营到集体企业股份合作进行改制的回归，其中最具有代表性的就是深圳"宝安模式"。1998年决定更加强调股份合作制应该保持集体经济的形式。2008年决定指出农民的土地承包经营权可以进行股份合作。2001年《关于做好农户承包地使用权流转工作的通知》提出土地承包经营权流转的前提是确保家庭承包经营制度稳定，延长土地承包期限30年不变的政策。2014年《关于引导农村土地经营权有序流转发展农业适度规模经营的意见》提倡土地流转方式更加多元化，直接提出了土地经营权的入股流转。在土地承包经营流转法律制度日益成熟的情况下，土地股份合作制流转方式也得到了管理层的大力关注，但土地股份合作必须在遵守坚持家庭承包经营制度的前提下进行，这一制度并不会动摇我国农村的基本经营制度和土地所有制度。

从以上"中央一号文件"和其他相关政策文件的规定中我们可以看出政策层面对土地股份合作制度的规制是当前农村人地分离的必然要求，为发展适度规模经营提供了基础条件，是对土地间接占有还是直接占有分离的体现，土地股份合作的规制内容越来越具体，政策的规定体现出三条主线：

第一，适度规模经营阶段下，土地股份合作制逐渐成为农业经营体制的创新形式，并得到重点关注。土地流转和适度规模经营的目标始终作为政策调整的重心，其中防止流转中对农民意愿的强迫是政策一直强调的核心，而对规模经营则显示了政策规制的谨慎，并没有要求地方全部大规模进行土地规模经营，而是强调在有条件的地方开展。这里有条件的地方一是强调不同的省份经济发展水平不同因此不要统一开展规模经营，同时同一个城市和地区因为产业经济基础不同，离城市中心距离的远近等也要区别性地开展适度规模经营，允许模式不同，可以开展试点后再逐步推广。直到2010年"中央一号文件"才直接提出在依法自愿有偿原则下，发展多种形式的适度规模经营。2014年"中央一号文件"直接指出鼓励实践中已经出现的股份合作社。2015年"中央一号文件"中强调发展土地经营权入股的合作社。2016年"中央一号文件"直接强调,要发挥多种形式农业适度规模经营的引领作用。可以看出,中央对土地股份合作的政策更加明朗化,从"有条件的地方可以发展"到"鼓励发展股份合作"再到"发挥引领作用"的逐步过渡。我国土地经营制度从新中国成立初期的家庭分散经营到集体统一经营,从集体统一经营又到家庭分散经营,现在国家鼓励发展土地股份合作制的适度规模经营,可见土地分散经营与土地规模经营之间可以并存,甚至在某些条件下也可以互相转化,正如马恩在《评艾米尔·德·日拉丹"社会主义和捐税"》中提出,"农业就必然经常地作循环运动,即从集中到分散,又从分散到集中"。① 同时,土地的适度规模经营也没有否认家庭经营的基础地位,从最初土地集中到种植专业户、家庭农场,再集中到专业合作社和土地股份合作社,明确提出建立土地股份合作制度。土地承包经营权合乎理论逻辑和实践要求的改革方向是将土地承包经营权完全物权化,土地股份合作体现了农民对承包经营权的自由处分和自主经营。

第二,土地股份合作要遵守土地流转的原则,需要规范的土地流转市场作为平台。只有创建公平、明晰的土地交易市场环境,土地价值才能通过市场反映出来,农民和股份合作其他主体才能按照规则参与交易。在尊重农民自愿的前提下,土地财产权益才能在农业现代化过程中呈现出来。适度规模经营涉及土地要素与其他生产要素的组合,包括资本、劳动力、农业科技及企业现代治理经验等。因此,从全国来看,土地流转实行规模经营不能实行一个标准,应该根据区域内经济和自然环境的差异,因地制宜,尊重不同农户的意愿。从政策文件中可以看出国家对土地股份合作的鼓励越来越清晰,土地股份合作组织要发挥引领作用,解放农村的剩余劳动生产力,成为城乡一体化的切入点。

第三,土地股份合作在经济制度上是合作经济的一种形式,与我国农村集体经济的转型相互关联,完善土地股份合作制度要求修改合作社法。土地股份合作要实现土地流转的预期目标,同时又要提高农民收

---

① 丁泽霁:《关于农业规模经营的几个理论问题》,《中国农村经济》1990年第2期。

入,增强农民集体的福利。现有的政策充分考虑到农民土地权利从资源到土地资本的转化,将来源于20世纪90年代的乡镇实践的股份合作制度再次引入土地经营制度中,引导农民建立土地股份合作社。同时土地股份合作制建立在自愿结合或契约基础之上,与股份制企业按资分配不同,是新型的合作经济。农民专业合作社立法中虽然没有出现股份合作的内容,但在实践中土地使用权的出资额已经明确为合作社的股份,合作社引入了股份合作的分配模式,既保护了合作社成员出资财产权,也通过股权分红这种方式增强了合作社的凝聚力。此外,地方出台的关于合作社的实施条例,也确立了土地股份合作社的法人地位。可见,土地股份合作制的立法与农民专业合作社的立法也休戚相关。

三 土地股份合作法律规定与政策间的关系

土地是国家和市场相互角力的场域。农地政策在本质上是国家基于农地发展和农村经济发展的需要调控和管理农村土地的方式之一,农地的公法私法性质相互交融,决定了政策文件在治理方式上具有明显的优越性,同时农地政策也可以在法治理念和制度安排下实现。在土地股份合作法律制度中,法律和政策形成了互动的治理格局。

土地股份合作就是在"三权"分离的语境中提出的,其后学术界特别是物权法学术界对其进行了权利的分析和判断,其中土地承包权和土地经营权的属性尚有争议。中央政策虽然没有关于三权的明确界定,但是现有的政策术语已经彰显出部分特征,经营权和承包权的分离体现了农村生产关系变更的新形式,这种权利变更的新趋势需要我们在法律制度构建中予以体现,法学界应该对权利关系做出回应,特别是承包权和经营权边界的研究仍然是一个空白。政策用语应该转化为法学学术用语进行规范,甚至一些矛盾的地方还需要进一步的论证。如土地承包经营权流转的权利内容,包括入股流转,已经通过政策文件得以确认,但2015年《关于引导农村产权流转交易市场健康发展的意见》又明确提出能够流转和交易的农村产权不包括集体土地所有权和家庭土地承包权。也就是说土地股份合作中,股份合作企业作为土地流转的受让方获得的只有土地经营权,实质上排除了承包权的流转。虽然承包权也只是土地使用权,没有涉及集体土地所有权的流转,但是在这一重大文件中也受到了限制。土地承包权属于物权性质毫无疑问，派生的土地经营权体现了农民经营自由，农民行使土地经营权，可以选择由家庭经营或不经营，也可以通过动态流转实现经营主体的变更。流转经营权后，土地承包权人即农民股东享有的是部分收益权能和最终处分权，其他权能全部让渡给了经营土地的股份合作组织。因为经营权流转导致了物权权利内容和权利内容体系发生变化，但并没有使家庭承包权物权性质发生根本的转变。在土地入股中，土地股权权能不完整，土地股份合作社对入股的承包地享有使用权，股份合作社解散时土地退还给原来的农户，此时农户的土地承包权与经营权回到入股前的圆满状态，从这里也可以看出土地股份合作组织的土地经营权具有一定的相对性和不稳定性。

由于立法者选择立法政策和开展立法活动受制于信息约束，我国改革开放事业本身面临着知识、经验和信息的严重匮乏，作为转型中的国家又导致可靠而有效的知识、经验和信息的短缺，再加上国家幅员辽阔所带来的地方信息的高度分散性和信息搜集成本的高昂，立法信息不充分（匮乏）成为制约全国人大常委会立法工作的最大约束条件。[1] 在这种情况下，土地股份合作作为土地流转的新生事物，文件治理和法律治理共存的局面具有必然性。正是因为法律原则性强，凸显出土地承包经营政策在对特定行为进行规范时的灵活性和超前性。"三权"分离的土地入股政策先于法律的规定正是这一特征的具体体现，政策成了土地股份合作制度改革的重要依据。正如美国法学家拉斯韦尔和麦克杜格尔从政策的观点研究法律现象的路径出发认为"当今人类的紧迫需要是把法律作为一种政策工具予以有意识的、从容的、谨慎的动用"[2]。因此，法律和政策之间并不是相互对立的关系，两者具有相互的关联性甚至是互动性。只要土地政策能够尊重土地股份合作主体权利，构建合理和高效的经济秩序，则政策就具有价值。当前土地股份合作政策在制定过程中，应该加强对主体参与的考量。土地股份合作的主要主体为农民和土地股份合作组织，因此要保证政策的公正性，必须改变当前将合作主体作为政策制定客体的地位，应该发挥其主动性，参与到股份合作制度的

---

[1] 黄文艺：《信息不充分条件下的立法策略——从信息约束角度对全国人大常委会立法政策的解读》，《中国法学》2009年第3期。

[2] 葛洪义：《法理学》，中国政法大学出版社1999年版，第157—160、161页。

制定实践中，继而在政策试验的基础上，等待时机成熟再行立法。当前转型时期的特点决定了当前土地制度的立法应该采取谨慎的态度，既降低了立法成本，又能发挥土地法律政策的灵活性。① 随着围绕土地承包经营权流转的基础上土地入股政策导向产生，土地流转一级市场上土地权利的研究已经进入法律研究视野，而土地流转二级市场中土地经营权的再流转如抵押、担保将更深入反映土地产权权能，也应该成为研究的课题。江苏等地土地股份合作制度地方规范的产生和土地股份合作制度运行的日益成熟，可以考虑进行土地股份合作制度方面完整的立法设计。

第二节 土地股份合作法律规范的特征

相对于其他制度规范，土地股份合作法律制度和法律政策的研究还相当薄弱，制度的分散性，政策的概括性，理论上的争议等都对土地股份合作制度法律规范的构建形成技术挑战。因此，在梳理立法现状的基础上，需对土地股份合作制度在立法技术、规制内容和体系框架层面进行深入分析，只有这样才能有针对性地修改法律规范，为土地股份合作制度的有序发展提供法律支持。克利福德·吉尔茨（Clifford Geertz）指出，在将地方性知识和地方特色转化为法律的过程中，要将本地认识和本地想象联系在一起考察。②

一 土地股份合作法律规范的立法技术特征

从法律规范的立法技术分析，关于土地股份合作的法律制度，体现了土地立法的历史传统特征。在股份合作制中，农民土地经济效益的提升没有必要刻意回避市场经济的规律，有学者认为股份合作制度中的合作因素隐含着政治预想，甚至认为是意识形态的产物。③ 这种说法有失偏颇，法律制度变迁不能脱离生产力发展和经济制度的现实，股份合作

---

① 苏永钦：《民法典的时代意义》，苏永钦：《民事立法与公私法的接轨》，北京大学出版社 2005 年版，第 59 页。
② [美] 克利福德·吉尔茨：《地方性知识：事实与法律的比较透视》，邓正来译；梁治平编：《法律的文化解释》，生活·读书·新知三联书店 1998 年版，第 73—171 页。
③ 胡盛明：《西方合作社与中国农村股份合作制企业》，中国社会科学院研究生院，2000 年。

制并非仅仅是一种政治安全的考量，制度理性设计背后折射的是中国传统土地制度立法对土地承包经营权的保护从稳定性的制度设计到为土地利益增值建立利益分享机制的改革试验，以及两者之间的平衡度更离不开对特定历史和地域背景中的考察，因为农村基层所有问题的根源始终没有绕开地权制度的法律和政治架构。[1] 同时在股份合作制度构建的过程中，党的政策发挥了至关重要的引导作用。因此，土地股份合作流转政策是土地股份合作法律制度的立法基础，也体现了土地法律规范形成的方式。承包地经营权范围在法律规范中需要清晰的界定，故对土地股份合作组织的农业经营形式和经营权也需要界定，地方实践先行，政策进行规制和回应。然而这项土地制度并没有在法律制度层面进行充分的论证和周密的设立。从立法规范实效性出发，虽然来自实践和政策指导的法律制度彰显出较强的实用性，但是政策的规范因为笼统而缺乏操作性，随着土地股份合作制度改革的不断深化，土地入股政策之间甚至出现了不一致的地方，因此制度在操作效果上就大打折扣。

土地股份合作制度的规范从总体来看，呈现出法律渊源错综复杂、规范逻辑有疵、法理不周等特点。制定法层面的法律规定较少，全国性的法律法规缺失。当前没有一部专门规定土地股份合作制度的法律和法规。虽然地方性法规和规范性文件能够因地制宜地解决土地股份合作部分制度的缺失，在立法上确定了股份合作制度创新的正当性，但是这些规范在法律体系中的位阶相对较低，适用范围和法律效力只能局限在特定区域内制度运行的特定方面。制度的不确定性在中国经济转型时期一方面为土地制度创新营造回旋余地，另一方面成为体制运行的润滑剂。然而这些详细的地方规范在具体操作层面上可能会存在某些需要修改的漏洞，在法律效力上也大打折扣。

二 土地股份合作法律规范体系特征

因为土地股份合作制度是在土地承包经营权流转制度的基础上发展起来的，因此土地股份合作法律规范在制度体系中呈现出如下特点。

第一，土地股份合作法律制度属于土地流转法律制度。我国土地股

---

[1] ［荷］何·皮特：《谁是中国土地的拥有者——制度变迁、产权和社会冲突》，林韵然译，社会科学文献出版社2014年版，第31页。

份合作发展的前提是土地的家庭联产承包责任制,土地流转是实现农民土地产权价值的重要手段,在现有体制框架下要想提高农地价值,只能在土地的交换价值上做文章。股份合作制度作为农村土地流转的一种创新模式,在其运作推行过程中,不能一味地强调土地集中,而应体现土地股份合作未来可能出现的市场化趋势,国家层面对土地承包经营权流转的管制措施的针对性也会越发清晰,土地股份合作制度应遵守土地流转的"三不"底线,不能成为另类的变种。

第二,动态的经营权入股最终形成了土地股份合作,因此土地股权制度和土地承包经营权制度的法律规范高度相关。虽然农民也能以资金和技术等其他资产入股,但土地股份合作中农民没有土地承包经营权也就不可能拥有土地合作组织的土地股权。农民通过土地经营权入股后获得的保底和分红收益均体现了土地承包经营权的收益权能,因此可以说承包经营权构成了农民土地股权的边界。土地股份合作中的土地使用者也应尽量保护土地的价值,详细界定土地股权在土地流转二级市场中的权能体系。土地股份合作组织中的农民成员基本是特定区域的集体经济组织的社员,因此土地股份合作法律规范应包含土地股权享有者所承担的法律义务。虽然立法能够对农民股东做倾斜性保护,股份合作中还包括其他股东、债权人和股份合作组织,因此农民股东和非农民股东利益平衡,土地股份合作组织作为经营主体的权利和债权人利益保护的法律制度也应该有所体现。

第三,土地股份合作法律制度是我国股份合作制企业立法和合作社法律体系的重要组成部分。土地股份合作社是股份合作制企业组织形式,因此在土地股份合作法律制度规范中应该遵循合作制企业法律制度的一般原则和基本规定,通过制度保障土地股份合作社法人财产权和独立的经营资格,平衡土地股份合作主体之间的利益冲突。同时,作为一种特殊的合作社,土地股份合作社制度也应该通过合作社章程的设立和内部治理的完善,在借鉴国外合作社股份制改革立法经验的基础上,保障股份合作制度能在合作社法律体系的规制内发展。

三 土地股份合作法律规范内容特征

土地股份合作的立法既然是实践的产物,因此需要针对实践运行中的问题进行规制。在我国土地股份合作法律和政策变迁的过程中，虽然政策的制定可以反复试错，但土地政策一旦确立，我们就应该确保通过法律的完善和政策之间进行对应和调整，避免造成土地权属的混乱。土地股份合作制度并非土地制度上有意的制度模糊，只有确立法律规制的应然内容才能避免改革中出现的利益冲突。

  确立土地股份合作制度立法内容的过程，就是在解决家庭承包经营权入股流转内部运行障碍的基础上，将其与合作制进行融合。首先，需要解决土地股权的设定，保障农民土地入股实践的顺利运行，土地股份化操作性强，通过土地股权比例的限定和完善土地承包经营权评估作价机制，才能解决入股这一技术难题。借用公司法优先股理论，借鉴国外土地股份合作社的股权设置，在合作制的法律框架内，探讨土地承包经营权股和集体股及外来募集股之间的关系，设置优先股的法律宗旨为平衡利益冲突并合乎法律规定。因为土地股权的资本性，因此其流转转让制度也应该有所涉及，保障股份化后的土地承包经营权制度和股权制度相互契合。其次，在土地股份合作分配制度中，应当确立土地股份合作收益分配的原则，明确收益分配的影响因素，在合作社法的规定下解释政策所确立的固定保底收益和盈余分红的法律依据。而土地股份分红比例的确定也应保证股份合作组织经营秩序的稳定，在法律规范中应明确是由股份合作社章程自主规定还是应该由法律制定参考标准。同时，在土地股份合作运行制度中，股份合作组织终止经营因为涉及合作主体之间及债权人之间的利益冲突，所以应该成为法律制度规定的重点，破产和清算时土地处置以及债权人利益的保护制度应该进行深入研究。前者力图突破经营权的返还和土地返还的差异，尊重农民的意愿进行区别处理，通过制度设计解决农民股东和非农民股东之间的利益平衡，后者则应将制度设计的重心放在农民土地股东与债权人利益冲突的解决。最后，还应当注意土地股份合作制度作为合作社制度的一部分，国家应该通过立法确立财政税收补助制度，地方根据财力探索相应的补贴制度，完善农民社会保障制度、限制农用地转化为非农建设用地等进一步推进土地股份合作制度的运行。

第三节 土地股份合作制度的立法缺陷

一 立法的滞后性与实践脱节

相对于股份合作制丰富的规范性文件，农村土地股份合作制尚无专门立法，已严重滞后于土地入股流转实践。我国土地承包经营权股权化立法有力地促进了农村经济的发展，《农民专业合作社》法律的制定和农村土地股份合作制度有相互交叉的领域，但基于农村土地承包权入股实践难度把握较大，立法上只是对土地承包经营权入股进行原则性规定，对农民土地承包经营权入股设置的制度障碍和限制较多，与现实需求相比，现行制度安排尚不能及时有效应对，立法的滞后性不能满足农民日益浓厚的股份合作改革的诉求。

土地入股法律上进行了严格的限制条件已经背离了土地股份合作的实践。在《中华人民共和国物权法条文说明、立法理由及相关规定》中明确提出了入股的界限，第一个限制是关于入股主体的限制，该规定指出物权法所称的土地承包经营权中的入股流转方式，只是在集体经济组织内部成员之间进行，排除了公司或其他企业入股形成的企业组织形式；第二个限制是农户入股不是作为赚取经营回报的投资，而是组织在一起，从事农业合作生产，收益按照股份分配。《承包法》在土地承包经营权的转让中也要求转让给从事农业生产经营的农户。关于农户作为受让主体的规定，限制了土地使用权继受主体的范围，并且受让者也不能在土地使用中进行"农转非"。土地用途改变的监管应当发生在土地流转之后，而不应该成为限制土地入股流转的理由。因为改变土地用途所带来的巨大的利益增值，土地使用主体都可能进行农地用途改变的尝试。

对土地入股组织模式的选择从有限责任公司到股份合作社转变的政策规定也滞后于实践。重庆出现的以土地承包经营权入股组成公司，实现了土地权益从股权化到资本化的过渡，改革持续一年后被中央紧急叫停，体现了在入股流转组织模式选择上从入股到有限责任公司到合作社的重大改变。事实上土地入股建立公司在我国广东、浙江等地的实践中已经进行过改革的试验，之前的试验与重庆改革试验的不同之处是后者的改革更为彻底，直接将土地经过工商登记为公司的资本。从2005年重庆建立首家股田制公司后，此类农业公司运行状况良好，至2008年该市已经通过入股成立了十四家农业公司，其中在部分公司中，农民的分红收入已经超过自己经营土地的收入，印证了农民对入股流转土地经营权的认同。因此，实践中可能存在的风险不能作为遏制民间入股需求和实践操作的限制理由。

对土地股份合作进行政府扶持的法律政策规定滞后。土地股份合作组织作为商事主体并非是一种营利性法人，但实践中存在一定的福利性，因此需要政策建立财政和税收方面的扶持制度，否则难以吸引更多的企业参与股份合作。我国除了重庆市和苏州市制定了对其扶持的规定外，大部分省市都缺乏专门的规定。此外，土地股份合作在实施过程中技术性强，在土地股权设置中的土地规划和地权明晰、地价地租的确定、资金技术股和其他股权的衡量等等都需要专业人员实施，否则可能在运行中损害股份合作主体利益。这些也需要政府的宏观指导。

对土地股份合作运行机制也没有专门的法律规范滞后于实践。各地股份合作组织虽然建立了完善的组织架构，但土地股份设置和分红比例的确定、农民股东退社制度和土地股权流转制度等因属于股份合作组织自治事项导致地区差异显著。这些需要法律有针对性地进行补充立法。

二　法律法规相互矛盾

《物权法》《土地承包法》等有关土地承包经营权制度的规定并不完善，特别是不能充分彰显其用益物权的属性，流转需要经过发包人的同意等限制条款已经受到学者的非议，国家为保障农民经营的自主性对入股进行了多方面的限制，导致本来就不足的入股法律配置存有多种矛盾。

矛盾之一，土地承包经营权作为基础性土地权利当属用益物权，理应由农民自由处分，自由决定其流转，否则就不符合我国土地制度改革的方向。农民的入股不应该受到"只允许其他方式的承包取得的土地承包经营权"的限制。入股需"经发包方同意"的限制性条款，使得土地承包经营权在制度层面上的物权化效果大打折扣，其财产价值受到身份属性的限制。因为在民事立法中，需经对方当事人同意的规则是债法所使用的一般规则，因此对其限制在妥适性上需进一步考察。此外，《物权法》肯定了部分土地承包经营权可以入股，同时又排除了家庭取得的承包经营权入股，这与用益物权的基本理论即排他性特征相互冲突。

矛盾之二，入股后的土地经营权并不能作为合作组织的法人财产，股份合作组织不能享有完整的处置权。因此从土地资本的角度分析，入股后资产增值意义的效果并不明显，目前实践中大量的农户入股还只是自愿合作，合作存在于农户与农户之间。股份合作范围的狭隘性使土地产权并没有完全实现资本化。农民因入股所造成的抵押经营风险，以及入股后村干部的操纵等，这种法制立法技术上的考量和结果预设不应成为对土地承包经营权自由入股的限制理由。土地入股转让土地经营权属于宪法上关于土地使用权自由转让的基本权利，所以入股这种权利的行使应该不受到随意的限制，宪法是我国的根本法，土地承包法不能超越宪法的立法旨意对其进行限制。此外不能自由处置入股的土地财产，立法的本意是为了使土地成为农民的生存保障，然而土地承包经营权的社会保障性不应由农民自行来承担，应该由国家和政府保护农民能够享有同城市居民相当的社会保障。社会保障的对象应该包括广大农民，社会保障的义务主体应该为国家和政府，国家有义务使农民获得基本的社会保障权。因此，用土地的社会保障性限制土地承包经营权的入股转让实质上颠倒了权利义务主体的地位。

矛盾之三，作为发包方的集体经济组织法律资格确认上的困扰，主体形态与现行民法科学无法衔接。传统民法学上除了自然人和法人之外，不存在其他民事主体。《民法通则》第二十七条规定了集体经济组织成员为承包经营户，该法条首次以民事基本法的形式提出了农村承包经营户的概念，但将农村承包经营户限定为从事商品经营的主体仍有商榷之处。农户作为承包合同的一方当事人，人数上并没有严格的限制，体现的是成员权，作为一种家庭劳动组织对外承担责任的方式是无限责任。用权利的内容来界定农户，体现了民事立法的科学性。同时，《民法通则》第七十四条则从所有权的角度来界定集体土地所有权。在土地制度改革中，土地承包经营权与集体土地所有权两者所享有的地权一直是制度改革的重点。集体组织可以自主决定一些经济活动。《土地管理法》规定土地是由农民集体享有,《民法通则》第七十四条指出财产集体所有的性质,可以推论出土地作为公有财产,是一种基于身份关系的共同共有;农村土地所有权的主体是一个具有法律人格的集体组织。因此,土地产权主体只能是集体组织,集体经济组织或者村委会成为这一民事主体资格的应然代表。民事主体独立性的四要件包括:第一,民事主体是否具有独立的意思表达能力;第二,是否能够以民事主体的名义从事民事活动;第三,财产是否具有相对的独立性;第四,责任的独立性。在《物权法》中,集体土地的所有权主体是农民集体,村集体经济组织代表以及村民委员会。但村委会和集体经济组织的法人资格在民事立法上无明确的确认,两者在功能角色上的模糊与冲突,导致法律适用和规制上的一系列问题,如在治理结构和经济职能上是适用公司企业法还是社会团体法?两者的人员重合、职能交叉成为土地股份合作制的治理难题,不利于经济行为的开展,阻碍了行为的确立,带来交易隐患。土地股份合作社作为一种集体经济组织,因为只要集体土地存在,集体财产权处置问题就不可避免与全体农户承包地财产权产生冲突。

三 法律政策未体现区域差异

土地股份合作是农民在理性选择的基础上对土地这种资源进行市场配置的结果,在各地政府的引导下,土地股份合作在适度规模经营上取得了显著的成绩。然而分析地方政府行为可以发现,事实上地方政府用地方公共资源建立农业企业,支持工商资本进入农业生产领域,对土地承包经营权实行一次性流转,甚至为了减少土地开发的成本,减少农户对土地征用的利益诉求,地方政府甚至一度产生了土地适度规模经营的冲动。这突出的表现在作为村委会这一最基层的组织中。村委会按照我国《村民委员会组织法》的规定,管理属于农民集体所有的土地,成为集体土地所有权主体的代言人,这造成众多小型的土地股份合作社得不到长足的发展,适度规模经营的形成并不能速成,以行政手段强制农户入股的方式必然会影响农民的土地权益,如何防止城市工商资本侵犯小农户土地权益,平衡土地股份合作组织各股东之间的权益,是各地政府在制定政策中首先要解决的难题,也理应成为今后的政策取向。

此外，土地股份合作实践各地不同，地方政府在土地股份合作制度的构建中应发挥独特的职能，发挥引导与协调作用，除允许土地入股之外，更应当履行土地的协调登记、服务和监督职责。根据地方差异，出台差异化的金融扶持政策，甚至根据情况培育土地股份合作组织的发起人。提出土地股份合作的改革范式，采取建立低收入者的救济体系、完善社会保障等措施，在制度立法系统化的同时考虑地区的差异性。

第五章

土地股份合作的制度构建

第一节 土地股份合作制度构建的原则

马克思主义认为，人是价值的主体，而满足他们需要的外界物是价值的客体，价值是一个表示关系的范畴，作为价值主体的人和作为客体的物之间的需要与满足关系就是价值关系。而任何值得被称为法律的制度，必须关注某些超越特定社会结构和经济结构相对性的基本价值。[①] 股份合作中，合作主体对土地共同享有利益，其中关键问题是利益的分配，不同主体之间的利益可能存在此消彼长的关系，因此制度构建的目标就是平衡各参与主体的利益，追求公平、秩序、自由、正义、效率等法律价值目标，只有体现这些原则的法律制度才是善法。

一 尊重农民意愿和主体地位原则

马克思指出，未来的社会不仅生产力高度发达，而且人的发展也是自由的，这一自由是指个人的发展不受物和其他人的限制。[②] 发展权是一项人权，真正实现发展权是社会和谐和历史发展的最终目标，发展权尤其是经济发展权对其他人权有最终制约作用。当前农民工和城镇职工收入悬殊，农民对土地的依赖程度降低，农户在解决温饱之后对土地增值提出了更多的要求。生存问题已经不再是农村需要解决的首要问题，农民对土地有新的诉求，这一诉求来源要增加收入和城市的居民享有同

[①] [美] E.博登海默：《法理学：法律哲学与法律方法》，邓正来译，中国政法大学出版社1999年版，第 V 页。

[②] 《马克思恩格斯选集》（第19卷），人民出版社1963年版，第130页。

等的待遇。① 因此，土地股份合作法律制度的构建应该首先关注农民的发展权，体现农民的意愿，将农民对土地的权利转化为实在的经济效益。

农民在土地承包关系中基于身份与土地绑定在一起，这是由中国农业经济特征、产权保护制度和社会政治制度所决定的，农民无法形成一种职业，加之身份的稳定性，人口压力造成小农经济的长期存在，经营式农业始终在夹缝中生存，无法形成资本投资的动机。此外，投资农业的商人阶层依附于传统的官僚阶层，导致财产权得不到正式规则如法律的正式保护，从另一个方面导致规模经营投资难以形成。正是因为如此，农民身份长期维持，农民职业特征无法显现，农民的利益受到土地财产价值无法激励的约束，只能相对贫困化。然而，农民身份与土地的稳定性正逐渐打破，土地和农民的社会关系结构发生了变化，农民对土地承包经营权的利益已经转向对发展权的诉求后，农地入股的立法理念也应当更新，从强调解除对地的用益物权限制的视野深化到对人的发展权的终极关怀。农民已经高度分化的情况下，不管农民是农户，还是已经成为半个进城户，不管其对土地有怎样的诉求，农民都应可以自由处置自己的土地，通过土地收益权提升自己的生存质量，保证农民在城乡之间能够自由地流动，避免因为失去在城市发展的潜力而丧失进入社会的资格，这也是发展权的应有之义。②

土地股份合作法律制度的构建应该始终坚持农民的主体地位。农村土地股份合作组织以农村集体经济成员为主体，在地缘上具有一定的封闭性，这是与土地承包经营权的身份性相互关联的。此外，土地股份合作组织在股权设置和红利分配时应考虑目前土地所承担的社会保障功能，对农民土地的非生产性收益进行补偿，将土地的生产功能和土地的社会保障功能相互分离，使社会保障功能显化，保障土地权益。土地股份合作实践并不完全排斥外来股份，甚至有将外来股设置为优先权的情况，但对于通过资金入股或者股份认购而取得的土地股份合作组织的主体资格，原则上应该进行成员数量和持股比例的有限限定，以不得超过

---

① 刘俊：《土地承包经营权性质探讨》，《现代法学》2007年第2期。
② 汪习根：《发展权法理探析》，《法学研究》1999年第4期。

农民股东人数和农民所持有的土地股份为限。

  土地股份合作法律制度的构建应该充分尊重农民入社自愿和退社自由。国际合作社联盟《关于合作社特征的声明》中在第七项指出自愿和开放社员的原则，包括入社上有自由选择权，而且退社自由。没有退社自由，自愿联合就不彻底。权利的核心理念就是尊重当事人的意思，农民入股的影响因素包括个人特征、家庭特征和思想观念这些内部因素，也包括土地产权制度的政策导向，社会保障制度的完善程度及组织行为等外部因素。作为一种诱制的无经验可循的新的农地利用制度安排，受到各方面的观望和质疑，在部分土地股份合作成立之初，农民入股并非自愿，可能在村集体或者土地股份合作社的强迫下入股，地方以农地流转的行政干预代替农民的自愿选择，忽视了农民的自愿原则。同时，土地股份合作组织在管理中存在农民意愿的虚化，虽然农民作为股东已经可以参与股东大会，但部分村干部担任合作组织董事长等重要职务，造成决策权的异化，体现农民意愿的决策难以形成。加之，土地股份的收益本身具有一定的市场风险，农民的自愿就尤为重要，否则背离了合作的初衷。市场交易的基本原则是契约风险由作为入股的农民自行承担，然而这会增加农民入股的风险，提高农民合同履约的成本，违背合作的初衷，因此在入股中需要公共权力的保护，提供降低成本和入股风险的制度安排。经营权的可流转性和可交易性，并不是指可以忽略当地市场其他生产要素的市场投入，盲目地无限地单一扩张土地经营规模，因此入股中运用公共权力成为必然。深圳市政府在2004年将市域内全部农民变为城市居民，原特区之外属于农村集体的土地全部变更为"国有"，农民并不认同政府以城市居民的社会保障换取其地权的行为，"种房保地"维护自己的土地利益，在土地上建筑大量的高层楼房对抗政府试图廉价取得他们的土地，这种不尊重农民意愿的改革实践被有的学者直接否定。[①] 土地股份合作制若不考虑地区经济发展的客观实际，就业市场和社会保障体系的完善程度，忽视地权中农民的主观意愿，都无法顺利开展，因此入股或退股理应成为流转主体对市场理性判断后做出的决策。

[①] 孙宪忠：《中国农民"带地入城"的理论思考和实践调查》，《苏州大学学报》2014年第3期。

土地股份合作制中，农民通过入股获得了增值收益权，这种收益权的获得来源于农地经营权分割后形成新的土地产权，分化了承包权人身性质的权利，新的土地产权突出承包经营权中财产性质的权利特征。因此，需要在承认经营权可交易性的基础上，进一步为其扫除立法障碍，构建农户共享改革发展成果的利益分配机制。土地股份合作通过农地入股，让农民也能共享改革发展成果，提升农民的生活质量，体现宪法规定的公民的发展权。当然，我们从未否定过农地的社会保障功能，有学者指出土地对农民有六大功效，其中就业和生活保障是最基础的功效，甚至在一定程度上稳定了农村社会秩序。只有坚守以上原则，才能在股份合作中体现对农民发展权的保护。此外，农民发展权与农民就业权也具有相关性，任何试图打破农民身份和土地依附性的土地产权制度安排，若没有充分的农民就业权和完善的社会保障做后盾，这种产权制度安排可能会引发动荡。达到这样的制度均衡，在法律上需要保证农民享有充分的劳动权利。

二 土地股份合作社内部自治原则

股份合作社是自治组织，独立于政府部门和私营企业，国际合作社联盟确立了合作社自主和自立的原则，要求合作社自主处理与政府或者其他经济主体的关系，保持合作社经济自主性和社员参与合作社事务的自主性。[①] 土地股份合作社作为合作组织的一种亚状态，是参与市场行为的经济主体，因此可以独立处理合作社的事务，不受政府和村委会的干预，独立自主的决定合作社内部事务和经营自主权，实践中部分股份合作社财务不独立，受到村集体经济组织的监督，实质上破坏了该组织的自治。

农村土地股份合作社的自治并非不受国家管制和司法干预。利用国家管制的力量，解决农村土地股份合作组织自治的外部市场失灵问题，利用司法的干预和介入解决农村土地股份合作组织内部治理的失败，是合作社自治的应有之义。土地股份合作制度中的国家管制主要是对土地产权制度、土地用途制度进行一系列的制度安排。农村土地股份合作组

---

① 管爱国、符纯华：《现代世界合作社经济》，中国农业出版社2000年版，第2—6页。

织作为一个掌握巨大社会财富的经济组织，必须有明晰的产权。农村土地股份合作组织法应肩负起明晰产权的职责，在家庭承包关系基础上重新界定集体、入股的农民、工商企业之间的产权，分析各主体参与股份合作的动机，分析其在股份合作组织中的土地权能，对集体在保留土地所有权不变的权利主体、权利客体和内容进行明确的界定，也是土地承包经营权转化为土地股权后首先面临的制度基础，集体股的客观存在性，以及行使其权利的集体经济组织也面临着现代转型。然而这些都不能忽视土地股份合作社作为民事主体资格的独立性，特别是土地经营权有其独立地位后，就不能再受到其他权利主体的侵犯。国家立法在保护各产权主体产权利益的过程就是明晰产权的过程。作为商事主体，土地股份合作社面临破产或解散后终止合作时有发生，此时农民股东与非农民股东利益可能产生冲突，债权人利益的保护也尤为重要，甚至影响到合作社所在社区的经济秩序和社会稳定，就要通过法律维持利益的平衡。国家对土地制度管制的主要手段就是立法，物权法和土地管理法作为位阶层次较高的法律，对各地股份合作组织的土地股权制度建设具有重要的意义。《土地管理法》对耕地的使用做出了限制性的规定，不能闲置和弃耕，否则将终止土地使用权。这一规定同样适用于我国土地股份合作社，合作社若连续两年弃耕抛荒，就应该终止土地入股合同。也就是说土地股份合作组织作为商事主体的弃耕行为，在实际中表现为囤地行为，导致农民股东股权收益缺失，甚至会丧失土地股东的资格。这一断论体现出以下逻辑：一是农民因入股行为丧失了对土地的直接支配权，不能直接继续耕种自己的承包地，土地经营权暂时灭失；二是土地股份合作社的自治，体现为经营的自由，然而经营权行使中的弃耕行为违反了国家法律的耕地保护制度；三是土地经营权转让导致经营权原始主体无法对现有主体主动进行监督和终止不作为行为，只能依靠政府收回土地股份合作社的土地使用权，或者由作为集体的原发包单位代理恢复农民经营权利，收回发包耕地。土地管理法的这项规定，出台的初衷是管理和保护我国的耕地，但却使农户因他人的不作为而遭受一定的损失。基于私法规范必须服从公法规范的法理，土地股份合作的自治也必须遵守国家对土地用途的管制，农民股东未能获得的预期利益，只能通过土地入股保险机构或者其他保障措施得以弥补。可见，土地股份合作组织的自治是有边界的。

三 统一立法与尊重地方规范相结合的原则

在土地制度建立的过程中，可以看到，土地使用关系的诸多规范既来自经济发展的自发形成，又需要国家通过强制规范加以规定。[①] 良好地权秩序的形成，需要农民实践的推动，更需要政府根据股份合作实践进行立法的修改和突破，条件成熟的情况下制定统一的立法，同时我们也应当尊重农民以及地方的立法创新，尊重民间法。

作为实践先行的土地股份合作制度更是如此，对土地股份合作制度法律规范的分析可以看出，地方法规的立法甚至弥补了土地股份合作模式、土地股份合作主体登记制度等方面国家统一立法的空白，在尊重我国土地统一立法的基础上，消除了农村土地制度的僵化性和局限性，兼顾到各利益主体的法益。我国土地股份合作各地登记主体各异正是地方法规对土地股份合作组织主体立法缺失的补充，而利益分配机制的多样化又体现了农民和土地股份合作组织的实践探索，因此土地股份合作的立法绝不仅仅是立法者的事情，各股份合作的主体均能在法律许可的范围内进行制度创新。民间规则在我国民事法律关系中发挥了重要作用，现代法律制度建立的首要目标就是将民间已实施多年的规则通过国家制定法的形式予以完善，土地制度的立法正是如此，"中国最重要的、最成功的制度和法律变革在很大程度上是由中国人民，特别是农民兴起的"[②]。土地制度的立法也应该总结民间土地股份合作相关的法规，对实践中广泛运用的规范进行辩证思维，在尊重地区差异性的基础上，通过法律政策和法律规定的方式予以确定和推广使用。

四 因地制宜、适度干预的原则

因地制宜的原则。股份合作制在农业产业化经营中展示了制度优势，但农业自然禀赋地区差异很大，土地股份合作的顺利运行需要一定的内外部条件，也面临过高的制度运行成本和各种风险，为避免土地股份合作重蹈当年合作社的覆辙，政府不能一哄而上，一刀切，片面追求

[①] 陈健：《中国土地使用权制度》，机械工业出版社2003年版，第63页。
[②] 苏力：《法治及其本土资源》，中国政法大学出版社1996年版，第33页。

土地的规模经营，地方政府应该在考察各个参与主体利益的基础上，正视土地股份制可能带来的风险，在制定相应配套制度的基础上，辩证性地分析土地股份合作制度，实行行政引导和市场推动相结合，农民可以集体讨论、听证、表决，政府通过政策引导和典型示范，规范土地股份合作的程序。同时，政府应该区分不同的地区逐步进行试点：城郊村地少人多，承包土地尚未以实物形态确权到户的，可组建土地股份合作社，明确土地股权，或同社区集体资产股份制改革相结合，用土地资源股明确农民的土地股权和收益权；对未按照规定确权的机动地以及已转为集体非农建设用地但尚未征用的原农民承包土地、村级集体建设留用地、宅基地置换后增加土地留作的集体非农建设用地等，要通过土地股份合作来明确农户的股权和农地收益；而那些已经通过租赁等其他方式流转的农业生产基地可通过内股外租的形式将土地作价直接入股，参与企业经营，保障农民获得长期的土地收益。

在农地股份合作制度创新中，政府既是制度环境的供给者，又是制度变迁逐利的局中人，基于土地的特殊属性，国家和地方政府的作用不容忽视。在土地股份合作制度发展的过程中，特别是土地股份组织设立初期，要发挥政府的积极作用以缩短制度创新的时滞，而在土地股份合作组织规范运营中，应遵循国际合作社罗虚代尔原则，让股份合作社作为独立的经营主体自主经营和自主管理，政府不再进行行政干预。政府要为土地股份合作提供制度保障，保障股份合作主体的利益，通过农民社会保障制度的完善免除农民失地的顾虑，通过财政金融扶持政策降低合作主体入股的风险，通过土地承包经营权的确权制度的试行保障合作组织的产权利益。

第二节 土地股份合作的股权制度

股权制度本是传统公司法的讨论范畴，因为土地股份合作社中股权来源较之传统合作社更为多元，同时鉴于土地承包经营权的特殊性，所以应对土地股份合作主体的股权进行研究。在股权的设置方面，首先要澄清的是在组建过程中，农民土地股权的确立问题，包括土地入股时的作价与评估，股份类别的确立及股权配置相关问题。其中，股权类别和股权结构如何设置往往是对土地股份合作社经济利益分配和表决权分享考量的结果。同时，股权设置也应当考虑优先股的问题，是将农民的土地承包经营权设置为优先股，还是考虑将集体股或者外来股设置为优先股，股权设置当然还包括农民土地股权转让制度。这些都直接关系到合作组织内部的股权架构和合作社利益分配方式的选择，甚至关系到股份合作社决议中表决权的正确行使。

一 土地承包经营权入股作价

土地股权估价的主体如何确立，股价的标准能否由规范的土地产权市场确定产生，这些都切实地关系到入股农民的根本利益，不管是入股到公司还是入股到土地股份合作社，对土地都必须进行评估，同时评估作价已经不仅仅是法律问题，还涉及一定的技术难度。随着我国可用土地的日益减少，土地升值的空间很大，土地已经不仅仅是生产资料，早已成为农民能够获得物质收益的主要资产，因此农民强烈要求对土地重新评估作价以实现土地发展权利。但是我国并没有完善的立法对非货币财产出资进行规制，在2007年重庆试行土地入股公司之前，我国也没有立法规范承包经营权的作价问题，当时重庆地区入股作价的规范只规定了评估机构为会计师事务所，无具体的操作标准，因此实践中的估计不是参照一定的市场价格，有参照地价作价的，也有按照地上农作物的收入作为参照物估计的，评估体系不完善，缺乏系统性。如果土地承包权流转中的评估缺乏公平和公正，则入股流转必然受到一定的影响，土地经营权的效益也无法通过市场配置显现出来，为保障入股农户的权益，保证土地股份合作制流转的顺利进行，同时也兼顾保障土地股份合作组织债权人利益，应该建立科学的土地承包经营权评估定价体系，确定入股市场机制的参照物。

（一）理论基础：马克思地价理论

土地股份合作社要获得土地使用权就要向农民或集体支付一定的对价，如何确立土地股权的价格，对于土地股份合作各方都极为重要，我国的地租地价制度是社会主义市场经济建设尤其是土地经济中一个重要的实践问题，更是土地法研究必不可少的内容。马克思认为土地价格就是地租的资本化，因此我们在入股作价中可以马克思的地租地价理论作为指导，不管是土地由于自然属性带来的地租，还是土地作为资本产生的利息和折旧都是土地所有者所享有的土地收益的组成部分，这些因素共同构成了土地价格。因为本书第一章已经分析了马克思的地租理论，且地租理论和地价理论相互补充，因此这里重点补充论述马克思的土地价格理论。

土地价格与土地商品的价值。如果土地中不含有任何物化的劳动，则此时的土地不是劳动产品，因此也就没有任何的价值。马克思在研究地价理论时，首先分析了土地成为商品的前提条件。土地商品与其他商品不同，土地商品价格的背后并没有价值，因为它没有体现人类的劳动，体现了一定的不合理性和虚幻性。在土地价格形成中，现实的生产关系隐藏在这种虚幻的土地价格之中。地租收益不仅仅由终极所有权人获取，也能够由其他主体分享，其中前者的地租收益体现为土地价格，但是购买土地商品的交易相对人，支付了相应的货币资本。他只有在购买前确认今后也能获得部分地租，才不会将货币资本存入银行，因为银行利息低于他可能获得的地租收入。因此，土地价格对商品交易的双方来讲都是地租的资本化形式。

土地价格与土地成本价格。马克思用土地成本价格的组成来阐述不同产权主体在价格生成中的作用。马克思认为，地价是工厂主的成本价格，[①] 则地租也能用产品的成本来解释。因为土地作为生产要素不论是在土地所有者价值实现过程中，还是对购买土地的货币资本家来说，都必须通过在产品成本中得以转化后实现。未开垦的土地是自然的恩赐，不是我们这里所分析的土地商品，只有经过开发利用的土地体现着劳动对土地的物化，才形成土地的价值，土地资本就是土地劳动。在土地所有权转让和土地使用权转让中，土地资本和物化劳动也就同时转让，租地农场主的固定资本是土地价格的一部分，土地价格的另外一部分则是土地自然属性基础上产生的价格。正是因为土地投资能够给土地使用者带来利益，所以土地有偿使用就成为必然。

马克思的土地价格理论对解决我国当前土地入股作价难题具有重要的意义。土地股份合作社获取土地经营权，和土地股东共同分享土

---

① 马克思：《资本论》（第3卷），人民出版社1975年版，第729页。

地收益，这一收益是资本化后的土地价格。土地经营权人在经营土地过程中，支付的土地价格转化为商业主体的成本，在吸引其他投资者投入农业生产和经营之后，盈余分配中首先要支付给土地股东的"保底收益"实质上就是股份合作组织租用土地的资本，也是农民土地股东转移土地经营权的对价；同时土地股份合作组织获得的收益越高，土地价格才会越高，如果该收入只够支付土地股东的收益、雇佣工人的劳动力价格及其他费用，则股份合作组织不会租用土地，因为土地并不会给他带来其他的收入。所以在股份合作组织中，土地收益最终决定了土地的价格。

(二) 影响土地承包经营权入股作价的因素

农村土地价格受自然环境、经济社会因素、土地用途和供需状况的影响，因此在探讨土地股份合作中土地股权的评估前必须考虑这些因素存在的客观性。

首先，自然环境的影响因素包括很多，马克思在土地级差地租理论中提出了土地肥力和地理因素对地租会产生影响，此外还包括气候条件以及土地集中的可行性等。不同的土地等级会对土地经营者产生不同的经营收益，这是决定土地适度规模经营的基础条件，土地等级只有便于土地集中才能实现农业机械化。地理因素反映了特定区域土地的自然条件及其他环境状况，也影响地块投资后的用途，因此在土地定价中对土地价格影响的权重较大。

其次，土地入股价格还会受到区域经济发展水平，农业基础设施的普及率，当地人口构成情况等因素的影响。城市郊区的土地与山区的土地价值截然不同，不同的区域因为地域差异土地股份组织出现的先后顺序和发展规模也不相同，因此包括地方政府政策的供给，土地开发市场的发达程度等等都会直接影响土地的价格。农业基础设施的普及率体现了地块从事农业生产的机械化程度与地价呈正相关关系。人口构成情况包括土地所属区域人口数量总数、人口密集程度甚至包括人口的素质。因为土地价格受到供求关系的影响，则人口数量越大对土地的需求也会相应地增加，土地可能会出现供不应求的状态，所以一般来讲，两者呈现出正相关的关系。而人口密度也体现了人口数量，合理范围内的人口密度也会增加土地价格。其他关于人口的因素如土地所有地人口文化程度、素质等等对地价的影响虽然没有前两者大,但也会间接影响特定土地价格的高低。

最后,土地流转后的用途和供需状况的影响。土地用途直接决定了土地的收益,因此对土地的价格具有非常重要的影响。不同的土地,经营者投入的资本量就不同,对土地的预期收益也不同,因此商业用地流转后的收益远远高于荒地流转的收益。同时鉴于农作物投入高但受自然环境影响不确定风险高,因此土地流转后若经营农作物则收益远远低于统一规划的产业化经营。此外,土地市场供求决定土地价格。在我国城乡一体化的趋势下,要实现城乡在资金、资源等要素的共享发展机制,就必须提高对土地的供应水平,便于城市扩大后对土地重新规划,因此城市郊区的土地因为受到规划的影响而地价猛涨,反过来这种供求严重失衡的现状又使得农民对土地流转更加谨慎,加剧土地配置的失衡。

(三) 评估方法和评估主体

1. 评估办法

成本法、市场法和收益法这三种方法是土地流转实践中作为资产评估作价最常用的方法。对三种评估方法进行初步的比较后可以得出,当前土地入股的评估实践中应尽量使用收益法。

成本法在评估方法中很难利用。因为土地承包经营权主体获得权利是基于出生获得的成员权,并未付出相应的成本或对价,所以成本并无具体的衡量标准,也无法与其他可以量化的财产进行比较,况且土地本身源于自然的馈赠,土地使用权人并不是土地终极所有权人,受到土地承包合同的限制,这些都会增加土地的开发成本和取得费用,使得土地评估中使用成本法评估无参照标准,体现不出土地的市场价值。此外,市场法也不可取。这里是指土地使用者希望支付的地价是土地交易的最低价格,因此市场法的核心是确定土地交易的最低价格,寻找参照物,这一参照物所反映的土地使用权的价格,必须是能够充分反映交易市场的,经过相当长时期内由众多交易数量所反映出来的交易价格。所以如果土地都是在公开市场上进行交易,则地价便于确定。但是统一的参照物很难确定,况且不同地区的土地价格相差很大,农村的土地与城镇的土地价格也有相当大的区别,不同的流转方式也形成了不同的市场价格,用什么指标确定土地价格,况且土地的价格受流转后经营方式的影响甚大，因此市场法的使用不具有现实的操作基础。

鉴于土地承包经营权本身的特殊性、农用地的收益性，土地承包经营权的入股量化一般采用土地收益法。农户入股是获得经济效益的方式，若不流转土地，土地收益包括出售农产品收益，而农产品是有透明的市场价格的，承包年限又由承包合同确定，这些农民预期可以获得的收益减去土地的投入成本就构成了入股农民承包经营权的纯收益。未来的收益可以折算，参照物又是确定的，因此收益法具有可操作性。土地资产评估价值体现为未来土地收益现值累加之和。在股权流转的过程中，不同的土地股权在作价最初可能就产生出不同的价值。在评估土地的收益时，按照该土地的农业收益进行量化，定期上调。土地价格是以土地使用权出让、转让为前提，土地使用者取得土地使用权和相应年限内土地收益的购买价格。国土资源部在农用地评估中建立了农用地基准地价体系，可以作为土地承包经营权的定价准则。在农用地价值评估中，采取先定级的方法，土地按照所定等级和土地的综合因素（包括土地性质、化学成分、光照条件等）进行划分，借鉴土地征收农业税时统一划定的标准进行评级定价。此外，不能仅仅以农地的纯收入作为标准，将土地承包经营权作价入股，同时应该考虑农地生产力、设备和技术等因素，否则也会影响土地股权。有的地区在确定入股价格时，采用所在地区农地近三年平均亩净收益乘以农民在承包合同所规定期限中的剩余承包期的计算方法，[1] 这一做法在江苏等地实践中被广泛应用。但收益法也需要正确地加以使用，在收益法中有两个变量。首先，关于平均亩净收益这一标准确立的合理性。以农民在土地上的收益为标准，相对于股份合作组织所享有的规模经营的收益，显然农民所获得的自然耕作基础上的土地收益明显过低，因此有待修正。其次，关于剩余承包期。剩余承包期实质划定了农民股东收益的时段。因为在农民与集体签订的土地承包合同中，有明确的承包期限，因此农民入股的期限也可以预测。承包期限届满时若需要调整土地，农民股东此时就需要与土地股份合作社继续签订合同，决定是否转让土地的使用权。

与集体股中集体组织的强势、企业股股东多元化相比，土地承包经

---

[1] 吴义茂：《农地入股中农民股东与债权人的利益冲突与平衡》，《华中农业大学学报》（社会科学版）2013年第6期。

营权的估价中农民股东相对弱势，因此政府应当发挥监督作用，在定价机制的确定上有所作为，保证在土地市场交易中承包方能够参与土地使用权的定价过程，只有土地股份合作主体都享有话语权，才能形成相对透明的地价机制，根据市场交易结果科学地调整定价的参照标准。

2. 评估主体的确定

农村土地承包经营权的评估具有很强的技术性，应该由具有一定资质的专业机构和人员来承担，实践中有的地方由会计师事务所承担，有注册资产评估师承担的，也有专门的土地股价师来承担的。只要专业机构和人员按照当地的法规进行评估，且入股的双方当事人接受则评估就能实现。一方面土地股价师一般是参照《城镇土地股价规程》进行估价，但是该规程的使用客体是建设用地，因此土地股价师很少涉及土地承包经营权的估价，恐怕也无力承担；另一方面，注册资产评估师的业务范围更为广泛，执业的标准是《资产评估准则》，所以在土地承包经营权作价中可以参照其思路和方法。

从机构角度来讲，我国缺乏专门涉及土地承包经营权评估的机构，而由流转交易中心暂时进行土地作价。土地市场价格缺乏，土地流转本身经常无序发展，因此我国还是应该培育新型的评估机构。按照土地评估方法建立科学的指标体系是评估机构的主要职能，参照指标不应单一，过去就出现仅仅以征地补偿标准为指标来评估农民土地股权的。此外应该特别注意的是，评估机构的职能不包括主动促使土地规模化经营，价值评估中不要过度地强调土地经济属性，更应该兼顾土地自然属性，参考土地股份合作组织对土地的用途来确定预期收益，对于其评估失职行为，应该建立专门的监督机构，监督机构应当与评估机构同级，及时停止评估机构有失公允的行为，合理评估土地价值。

3. 土地入股作价出资后的公示

为了维持土地股份合作组织资产的稳定性，保证债权人的债权得以有效实现，土地承包经营权在土地入股后应当在出资制度中予以公示并告知其他非土地股股东。土地承包经营权入股后，一方面，可能受到集体土地行政调整制度的限制，显示出不稳定性；另一方面，土地股股东基于退社自由原则，可以随时申请退出股份合作组织，也显示出土地出资财产的不稳定；甚至农民股东可能退出集体经济组织，在此情况下，入股的土地承包经营权按照土地承包法的规定可能会被农民股东所在的集体收回，也有可能需要在其他股东之间进行转让和流转，这时必定会影响土地股份合作组织财产的稳定。鉴于以上原因，实践中其他股东和债权人有对土地入股出资额度和农民股东数量进行特别公示的诉求，浙江省的立法已经有相关的规定，值得借鉴，可以在合作社营业执照中予以特别说明，也可以在合作组织设立过程中的全体出资人会议上进行特别标注。

二 股份合作制中优先股的设置

我国公司法和农民专业合作社法并没有优先股的规定，因此本书所讲的优先股仅限于学理上的探讨，同时优先股并非公司法的独特制度，国外合作社与合作社法有设置优先股的立法先例。参加农村土地股份合作的成员一般包括农户、社区集体经济组织以及少量的企业等，我国没有建立规范的农地评估制度，现有的农地股权设置中，股东数量上农民股东占多数，股份额度上集体股和农户股占主体。在公司法中，优先股制度是发行公司为满足投资者多样化的投资需求而设计的制度，因此相对于普通股而言，优先股是一种特别股，可以优先分配利润，优先股的股东可以获得固定的股息红利、降低投资风险又可摆脱经营管理的麻烦，在土地入股中应充分考虑各类股东的利益，分析优先股制度在股份合作社中的应用。在制度构建中，我们应该进一步深入研究土地股份合作制中优先股设置制度的可行性，分析土地股份合作制中不同股份设置为优先股在理论和现实中可能遭遇的矛盾，以期建立更科学的优先股设置制度。

(一) 优先股设置的假设

第一种假设将土地承包经营权股设置为优先股的思路。土地承包经营权股已经享有保底收入，和公司法关于对优先股享有的固定股息红利具有一定的相似性，因此有学者在对比两者的基础上，套用公司法的规定，指出农民土地股权在分配方式上已经成为事实上的优先股，因此在表决权的行使上理应受到一定的限制。对非农民股东的表决权进行相应的保护，一方面是因为农民和企业股的股东相比欠缺理性地分析市场风险的能力，当前我国也并没有培育专门的职业农民，因此农民股东也缺乏处理公司事务的专业能力,故农民股东丧失表决权就成为必然。这一假设的前提是建立在将盈余分配中的保底收入等同于公司法上的固定股息红利基础上,法律逻辑有待进一步探讨。

第二种假设是把集体经济组织即农民集体股视为优先股。集体可能以部分未确权的土地或者集体的资产入股构成合作组织的集体股,设立集体股的初衷是平衡农民股东与基层集体经济组织之间的关系,当然集体股丧失表决权,一方面避免了集体经济组织在合作社治理中的不理性,妨碍合作组织的民主管理,干预合作社的股东代表大会形成科学的经营决策。这在社区股份合作组织中体现得尤为明显,在淡化集体股的股权设置大趋势下,将其设置为优先股,也有利于村民自治。

第三种假设是将募集的外来资本股设置为优先股的思路。持该观点的学者都是从合作经济组织的股权治理角度展开的,目的是防止合作社向股份制异化,维持合作社惠顾者的互助性和自主性,在此我们不妨也进行对比分析。农民股份合作社的外来资本股,包括以资金、技术等入股的自然人和法人,设置的目的是为了解决股份合作社资本短缺的问题。

(二) 土地承包经营权股不宜设置为优先股

优先股的设置必须在股份合作制现实的股权关系中进行考察,设立优先股制度的目的是避免合作组织大股东侵犯小股东的利益,制度设想是否符合法律原则,这些都需要从利益分配、表决权行使和出资比例限制上加以分析。

1. 在利益分配、表决权行使和出资比例限制上的矛盾

第一,在利益分配中引发的矛盾。首先,利益分配来源不同引发的矛盾。优先股是与普通股相比的股份,股东享有一定优先权利的股份。这一优先的权利主要体现在年度分配利润时优先分配公司的利润,在公司终止清算时优先分配公司的剩余财产。从分配利润的角度分析,我国学界通常认为只要公司存在可资分配的利润,即应依事先确定的特定比例向特定种类的股东,一般指优先股股东支付。可见优先股优先分配的对象是可资分配的公司利润。在土地承包经营权入股的股份合作组织中,备受关注的利润分配方式是固定保底收益加上浮动分红或者"二次返利",这两者的来源是否都是土地股份合作组织的可分配盈余呢?只

有从实践考察中才能进行对比分析。在孙中华等对江苏省农村土地股份合作社发展情况的调研报告中对盈余分配情况做了分析。事实上，合作社在对股份进行分红之前，已经支付了土地承包经营权股的固定保底收入，虽然数目不同，如跃进合作社和金龙合作社分别为1500元和800元，可见这里提到的保底收益并非土地股份合作社的可分配盈余，只有二次分配或浮动分红的来源才是合作社的可分配盈余。其次，利益分配的顺序不同引发的矛盾。"无盈不分，无利不分，多盈多分"是各国公司法普遍遵守的公司利润分配的基本原则。[①] 公司法甚至以强行规范的形式规定公司税后利润的分配程序，分别为弥补亏损、提取法定公积金、提取任意公积金、依法分配利润。可见，依法分配利润排在最后，优先股中在可分配盈余中的优先是相对于普通股而言的，但排在以前年度亏损的弥补以及公积金、公益金的提取之后。相比之下，土地股份合作制中土地承包经营权的固定保底收益，不仅优先于只能分享可分配盈余的优先股，而且优先于这里所讲的亏损的弥补、公积金和公益金的提取，这一利润分配方式是由土地承包经营权兼具社会保障性质的特点决定的。最后，在土地股份合作社终止时，土地承包经营权入股中固定保底收益如果尚未支付的情况下，可以与普通债务并列获偿并列入破产债权，但是优先股股息却不能列入破产债权。公司法理论认为，公司即使在清算前的年度没有盈余，仍然要将累积未支付的优先股股利包括在清算优先权中，因为优先股股利的累计不以公司有盈余为前提。因此，应当注意的是，这里所强调的累计尚未支付的优先股股利的清偿是滞后于普通债务的，这里的优先是指优先于公司的普通股。但在土地股份合作社破产时，未支付的固定保底收入相当于租赁土地所获得的租金可以与普通债务并列获偿，视为合作社的破产债权，相比之下公司的优先股股息却不能列入破产债权。

第二，在表决权行使中引发的矛盾。土地承包经营权入股的土地股份合作社都普遍采用"一人一票"的民主管理方式，充分保障合作社成员对股权设置、利润分配、章程制定等各项事务享有知情权、决策权、参与权和监督权。如在股份经济的表决权上一般都是一户一票，虽

---

① 石少侠：《公司法学》，中国政法大学出版社2012年版，第209页。

然不同户的土地数量以及土地的位置、肥力都不一样。① 此外，我们还应从不同的视角分析农民土地股东作为优先股设置的可行性，这种设置是建立在农民股东与市场上一般股东相比不具有管理能力的前提假设之下，对非农民股东可以在公司表决权方面进行区别对待。优先股股息没有得到支付的情况下，优先股股东的一般表决权并不会丧失，对重大事项自始至终都享有表决权。如果将农民股东的土地承包经营权股设置为优先股，则土地承包经营权股对重大事项在任何情况下都享有表决权。股息支付的情况下，农民股东享有一人一票的表决权，股息未支付的情况下，也享有表决权。这就不仅仅是限制土地承包经营权的优先权，反而是扩大了优先股的使用范围，这就与最初设置土地承包经营权股为优先股的初衷不符合。

  第三，在出资比例限制中引发的矛盾。在公司法中，各国对优先股占股本总额的比例进行了限制，并且在法律的修订中不断地调整，如法国的3/4，意大利的1/2，日本的1/2。在土地承包经营权入股的土地股份合作社中，如果合作社采用"内股外租"的方式，农民的土地承包经营权股成为单一股份，如果将此作为优先股，那么这样的出资比例就超过了国际上优先股的比例限制。但是是否在合作社中就不能设置优先股呢？国外的立法例给出了明确的答案。自20世纪80年代到90年代以来，传统合作社由于产权模糊，成员异质性增强，发展日益低效，股份合作社募集到了资本，在内部治理中采用了普通股和优先股的分类方法，允许合作社设置优先股，但必须对优先股的发行范围、类型及数额限制做出明确的规定。加拿大2011年颁布的《魁北克合作社法》规定：合作社的资本包括普通股、优先股和参加优先股。我国公司法和合作社法均没有优先股制度的设定，但是土地股份合作社已经有优先股设置的实践，如蓬莱市南王山谷葡萄生产合作社就直接将农民土地承包经营权股份设置为优先股，并指出优先股股息分红率为2.88%，这对农民来讲具有重大的社会保障作用。此外，为减少农民的疑虑，优先股的股息每三年调整一次，使得入股农民更加关心合作社的经营。②

---

 ① 高山平：《土地股权化》，《安徽农业科学》2005年第5期。
 ② 初培胜、刘学军：《发展土地股份合作社 开辟农民致富新道路》，《中国农民合作社》2013年第5期。

2. 优先股分析框架下土地承包经营权股的重新定位

土地承包经营权股虽然与优先股理论有诸多不适宜之处，故而我们没有必要将土地股份合作社的保底收益和公司法关于对优先股享有的固定股息红利等同起来。固定保底收益可被看作农民将土地出租给土地股份合作社所获得的租金收入，这样农民也没有因此丧失其在股份合作组织内部的表决权和话语权，也可以保护其承包关系。"保底收益+浮动分红"的利益分配方式，是被土地入股实践证明了的分配方式，也遵循了农民自愿的原则，体现了农民股东对土地发展权的当代诉求。法律的制定是一个动态和修正的过程，当前将土地股权设置为优先股虽然有实践的探索，但时机还不成熟，等承包经营权完全物权化和土地不再充当农民社会保障功能时，再考虑将其设置为优先股。[1] 可以转变思维方式，将土地承包经营权入股适用农民专业合作社法关于农民出资的规定，将入股中的出租属性视为土地承包经营权股东即农民基于特殊的身份与股份合作社之间的惠顾，股份合作社支付给农民的是土地使用权转让的对价，这样就不存在上面分析所遭遇的理论尴尬，也从另一个方面论证了农民入股的最佳组织方式是合作社而不是公司。股份合作社终止清算过程中，若土地股东的固定保底收益未得到足额支付，应该将其视为已经发生的交易，这样农民的固定保底收益就不必视为合作社的一般债权，名正言顺地将土地承包经营权优先于普通债务而获得清偿，保护了农民股东的土地权益。

（三）集体股和外来募集股可设置为优先股

为了吸引外部投资、壮大经济力量，可将其他生产要素如资金、技术、管理等吸纳到农村土地股份合作社，拓展融资渠道，推动合作社的组建，因此土地股份合作社中就出现了集体股和外来股，能够将其设置为优先股。将其设置为优先股不会影响到土地承包经营权股获得稳定收入，因为土地承包经营权股一般都能够获得固定保底收益。该设想已经体现在深圳经济特区的立法文件中，在《深圳经济特区股份合作公司条例》第六十六条中已经明确指出税后利润的分配中排在第四序位的是募集股和集体股的股利，排在第五序位的是合作股股利，可见在股利分配

---

[1] 高海：《土地承包经营权入股合作社法律制度研究》，法律出版社2014年版，第165页。

中，集体股和募集的外来股在利润分配中已经享有优先权。虽然该条例是允许集体所有的土地折股，但在理论辨析中，我们也可以借鉴到土地承包经营权入股的土地股份合作社股权设置中，以期对制度设计预留一定的空间。下面将从优先股的类别、设置优先股后的表决权以及累计未支付优先股股息与社员责任协调三个方面进行逐步分析将集体股和外来股设置为优先股的制度设想的可行性。

在优先股的设置类型上的分析。第一，将两者设置为利润分配优先股。土地股份合作社不是资合性质的公司，本质上保留了合作社人合性，资本报酬是有限的，也理应受到一定的限制。集体股和外来募集的股份在合作社分配中已经获得了固定的股息红利，无须因其丧失表决权再对其做其他弥补。这在某种程度上是对土地承包经营权股东即农民的权益保护，因为在农民股东的固定保底收益都不是基于优先股的设置背景下，其他股份在合作社终止清算中对剩余财产的分配享有优先的权利，有违公平和正义。如果两者再优先享有剩余财产的分配，则对农民股东的特别保护没有实质意义，在剩余财产的分配上，两者应该和土地承包经营权股一样，分配顺位上不应该再有特别权。第二，将两者设置为累计参加优先股。农业是弱质产业，很难吸引外来工商资本的加入，农业公司加入股份合作社一般是以知识产权、农业器械、资金等入社，在经济收益低、回报需求时间较长的情况下，如果不允许其未支付的优先股股份累计，则会造成盈余分配中新的不公平。此外对于集体股来讲，本身就是农民全体成员享有，累计优先股的设置也有助于集体资产的保值增值，但这里要对两者优先分配盈余的比例进行一定的限制，亦规定集体股和外来资本股获得的优先权股息和参与普通股分配的红利累计不得超过可分配盈余的40%。因为按照《农民专业合作社法》的规定，土地承包经营权股分配的比例已经占有可分配盈余的60%以上，则其他优先股的返还总额就不能高于可分配盈余的40%。

在表决权行使上的分析。土地股份合作社在合作社章程中应明确列举出集体股和外来募集股拥有表决权的情形，因为既然设置为优先股就不应当像普通股那样享受完整的表决权，对于其表决权包括但不限于以下所列举出的情形：一是合作社合并、分立、解散、清算等重大事项，这些事项直接影响到合作社的组成；二是影响到两者优先股股息分配的重大事项，包括享有优先股的股东人数有所增加、优先股股息支付不完全且达到一定的年限。对于前面所列举的第二种情形"达到一定年限"，有学者指出应当设置为三年，并列举出以下理由：延长为三年有利于限制集体股和外来募集股的一般表决权，同时在限制表决权的同时并不会导致利益失衡，这是复活两者表决权的方式，因为其优先股股息并未得到支付，并且两者在合作社章程约定的情形下，集体股和外来募集股还可以享有一定的附加表决权。[1] 此外，这样可以保障集体股和外来资本股作为优先股的知情权和监督权，因为公司经营始终关系到每位股东的利益。在商事立法中，优先股条款可由公司章程决定或者由特别股东大会决议决定。保障方式就是设置优先股持有者会议，可以将每种类型的优先股持有者单独成立一个特别会议，分别表决并形成决议，优先股持有者特别会议在法定人数及多数决的比例方面比普通的股东大会适用更为严格的规则。这些表决事项就是前面所列举的特别事项。

集体股和外来募集股作为优先股在合作社终止时承担的责任，与土地承包经营权股东承担的责任不同。不同责任承担方式的法律依据来源于土地承包经营权的特殊性。因为土地股份合作组织终止以后，对于尚未支付所有款项当然包括优先股的股息，非农户股东承担的是出资范围内的有限责任，这是不是已经违背了合作社章程社员共担风险的要求？合作社自治事项应该包括非农户股东的责任承担方式，有章程规定的应当按照章程规定承担责任。合作社终止时，农户出资的承包经营权已经按照法律规定返还给原承包农户，对于未支付的优先股股息，农户并非无任何责任，因为土地承包经营权可以作价，所以农户此时就可以用自己入股时作价的份额作为其他资产承担责任。但进一步分析就会发现，如果个别农户此时并无承担保证责任的其他财产（这种情形在农村应时有发生），该如何处理呢？此时，集体股和外来募集的股份就应当以清算财产为限帮助农户股东先行垫付，再由该类社员即农户股东对为其承担垫付责任的非农户股东承担清偿责任，是一种解决方式。但此种承担责任的方式也有商榷之处：一是个别农户无承担保证责任的其他财产的

---

[1] 高海：《土地承包经营权入股合作社法律制度研究》，法律出版社 2014 年版，第 168 页。

情形持续时间较长，应该由谁对为其承担垫付责任的非农户股东承担清偿责任？二是若非农户股东无力为其承担垫付责任，保证责任的设立就失去了其应有的意义，谁应该对合作社终止时累计未支付的优先股股息承担责任呢？有待于进一步进行理论探讨。

三　农民土地股权的转让

土地股份合作社的股东主要包括农民土地股股东、集体股股东及外来资本募集股东。其中非农民股股东转让股权不受限制没有争议，但是土地承包经营权入股的农民土地股权转让，基于我国土地流转的限制性规定是否应受到一定的限制是理论争议的焦点。

土地股权转让的并非是土地承包经营权。土地承包经营权是物权，土地股权是财产权，所以两者的转让基础不同，土地承包经营权转让应该受到我国物权法的限制性规定，主要是因为其与农民身份的天然联系。但是土地股权属于农民基于出资而形成的财产权利，土地股权转让交易过程中，受让人取得土地股权的同时，农民股东通过股权转让实现了退出权，所以土地股权是可以转让的。转让土地股权的农民并没有丧失其土地承包权，体现了土地股份合作退社自由的原则，同时股权的转让没有影响土地股份合作社的法人财产权。

土地股权转让中受让人身份限制的考察。受让人身份限制体现在两个方面，若受让人是农户，则是否必须是本集体经济组织的成员；若受让人是非农户，其享受的股权又如何定性。重庆土地股田制公司当时是限制农户向非农户转让土地股权的，但是该限制源于土地承包经营权转让制度的不合理规定，未必符合当前土地经济关系。当时土地股田制公司提出了向非农户转让土地承包经营权的例外特殊的情形，也就是说并非完全排除非农户用其他出资形式置换土地股权。首先，关于是否必须为农民集体的成员转让，有学者认为合作社具有一定的人合性，获得土地股权就成为股份合作社的成员，受让人必须是从事农业经营相关活动的成员。本文认为这不符合我国土地入股的初衷，土地入股是为了实现土地财产权，在当前人和地高度对应关系已经不复存在的情况下，要求受让人必须为农民集体成员，可能导致股权不能转让。所以，受让人可以是本集体的农户，也可以是非农户，土地股份合作社可以将此作为自治事项在合作社章程中予以规定。其次,若受让人并不是从事农业生产和经营管理的非农户,其股权基础并非土地承包经营权,实质上属于外来资本基于股权交易而获得了土地股权。所以此时受让人基于非农民股东的身份获得的股权与外来资本股的股东权益相似,但不能将其设置为优先股。

土地股权转让顺序的考察。首先,土地股权的转让过程是否需要遵循承包法土地流转规定,本集体组织成员享有优先购买权,这一限制性规定使得优先购买权成为一项法定权利。土地股份合作社中农民土地股权的转让双方在意思自治基础上进行股权交易不能违反法律的强制性规定,所以土地股权转让交易中,若集体组织成员和其他个人和组织都愿意购入土地股权,则同等条件下前者优先。其次,土地股份合作社成员是否享有优先购买权。优先购买权制度的设立主要是维护股东间的人合性。在适用优先购买权的企业组织形式中,合作企业的人合性最强,合伙人转让在合伙企业中的财产,要全体合伙人同意,并且其他合伙人享有优先购买权。有限责任公司股东人数较少具有一定的人身信赖关系,公司运营中股东之间的合作和利益权重极为重要,但是股权转让中人合性的维持体现在优先权制度设置中要求附带一定的条件,即同等条件下公司股东才享有优先购买权。立法价值已经体现对第三人利益和公司整体利益的保护。股份合作社制度产生的最大贡献就是突破了合作社只能向合作社内部募集资本的局限性,在股份合作社中设立资本股,持有资本股的股东并不是股份合作社的社员,所持有的股份可以出售和转让。可见股份合作社在强调人合性的基础上也强调募集资金的重要性。土地股份合作社源于一定社区农民的土地入股,无疑具有一定的人合性,同时在适度规模经营的过程中,强调土地与其他生产要素的结合,因此只要符合法定条件,愿意承担企业运营的责任,企业和个人都能出资入股。股份合作社的社员不能以成员的身份限制,不能在股权转让中排斥外来股的加入,况且社员在资金方面并不具有显著的优势。所以土地股份合作社土地股权转让的过程中,内部社员不应享有优先购买权。当然,股份合作社可以通过章程限定非农民股东的人数。

第三节 土地股份合作的收益分配

每一既定社会的经济关系首先表现为利益,法律应当是社会共同的，由一定物质生产所产生的利益和需要的表现。① 由于土地股份合作中入股要素的特殊性以及土地股份合作企业内部运行机制的繁杂性，基于企业自治的原则，一般只能依照土地股份合作社章程以及合作社中股东大会来协商决定土地股份合作企业收益分配制度。和传统的农民专业合作社（按惠顾额返还）的收益分配机制相对固定不同，实践中固定保底收益加浮动分红（有些地方称为收益保底加盈余分红）的收益分配制度被广泛地应用，但相比较其他收益分配机制，实践的普遍选择是否能够通过"理论证成"，在没有明确法律依据的前提下，有必要从理论和实践的角度来分析土地股份合作组织的收益分配法律制度。分析该制度的理论基础和基本原则，比较各种不同的收益分配机制，股份合作制中农民获得的是入股收益，股份合作社土地投资者和土地经营者通过适度规模经营获得了土地增值效益，投资回报收益。两者在盈余分配中所占的比重是否合理，收益分配的顺序如何安排，这些都应有明确的法律回应。

一　收益分配的理论基础

股份合作收益分配制度的法理分析将从两个方面展开：剩余索取权和地权转股权。

（一）剩余索取权理论

剩余索取权是指特定利益主体对企业剩余收益即企业净收入扣除必要的生产资料成本补偿并支付合同收入后的索取权。② 剩余索取权获得的前提是生产要素主体对盈余分配的请求权，产权理论甚至把剩余控制权看作产权的本质，认为股东是最主要的剩余索取权人，是企业经营者对企业利润的合法索取权。剩余索取权的应然配置是合理性和合法性的配置，是财产权中一项重要的权利。在现实分配过程中，仅仅考虑剩余索取权的配置还不够，剩余索取权分配是实现个人收入的必要条件，但不是充分条件，剩余索取权的实现还要依赖剩余控制权。剩余控制权是

---

① 马克思：《对民主主义者莱茵区域委员会的审批》，《马克思恩格斯全集》第六卷，人民出版社1961年版，第292页。

② 许艳芳：《企业收益分配研究——从剩余索取权的角度出发》，中国财政经济出版社2004年版，第23页。

合约中没有说明的事情的决策权，这两方面构成了企业契约的两个方面，前者关注的是如何分割收益，后者关注的是做大收益。在合作社内部治理相关的研究中，有学者甚至提出阻碍合作社发展问题的根源在于剩余索取权与剩余控制权的分离，而传统的合作社的出路就在于在产权问题上的变革。

农民土地财产自由的概念下的剩余索取权，是农民收入权的一种主要形式。农民入股后对盈余分配有一个稳定的预期，一般不愿意承担过大的经营风险，所以固定保底收益在股份合作社分配利润前已经由农民享有，事实上是合作社的经营成本，以地入股农户的固定收益并不包含在农民的剩余索取权的范围之内。在土地股份合作组织参与主体中，其他入股主体的资本作为企业的生产要素承担了更多的风险，因此他们希望获得更多的股份分红收益。相对于农民股东多和投资分散相比，其他投资主体的股份相对集中，在理事会和监事会中占有更多的席位，获得了更多的剩余控制权。因此，农民缺乏行使剩余索取权的独立自主性，在合作社中入股大户、能人、企业法人投资者行使剩余控制权，农民剩余索取权导致产权的残缺和不安全。股份合作制度中，入股者投入了土地、资金、社会资本等，在尊重产权属性的基础上确定了股份份额分配，满足了资本所有者在入股之初预期的收益，实现了资本所有权的权利。合作制实行风险共担，拥有合同索取权的利益主体在合作制企业经营过程中获得对企业的控制权，即承担风险和责任，但是不同的合作制参与主体承担风险的大小不同，实现剩余索取权的预期不同，因此参与股份合作制经营的主动性不同。土地股份合作社与其他合作制企业不同的是，农民股东的身份性，农民股东的剩余索取权此时是农民参与土地分配的主要前提条件，在农民与合作组织平等的条件下，入股农民的剩余索取权形成以户为单位的家庭承包经营的经济社会权利，土地物权和财产权形成依赖于其他主体，与先天参与经营管理的入股主体相比，农民股东并没有获得自然控制权。

（二）地权转股权理论

保障农民的财产权首要的就是保护农民的土地产权。不管土地公有还是私有，土地占有者的产权是"实在的"，比如英国的永业权和租业权、俄罗斯的土地私有化改革、越南在坚持公有制下的赋权式改革，都保证了农民排他性的土地使用权、独享性的收益权和自由的转让权。从农民意愿的角度分析，中国农民大多数希望土地永久使用。因此，也只有做实土地财产权，农民才能放心。国务院发展研究中心《推进社会主义新农村建设研究》课题组的调查发现，61.9%的被调查村认为农村土地应该归农民永久使用，有29.4%的村认为归个人所有最有利。在2004年安徽对全省15个市、60个县（区）、219个乡（镇）共2070个农户进行的调查中，赞成土地私有化的有28.7%。因此，在农民的心中，农民的土地财产权就转变为农民永久使用权，[①] 农民土地权利应该做实土地财产权。然而农民的土地产权却存在着以下突出的问题：土地集体所有，但主体不清，特别是集体所有实际上是多级所有，集体经济组织或村委会、村民小组作为集体土地所有权的代表，但其法律地位也不明确，农民并不清楚自己实质享有的土地权利。承包经营权股份化后，农民土地产权有了明确的边界，通过参与合作组织，实现了权利虚置到权利具体的转化，个人持有的股份也明确化了，土地产权从而得到明晰的界定。此外，农户将土地承包经营权入股到股份合作社，必须以农业集约化经营为前提，将土地一次性以股份的形式配置给农民的做法更是如此。

地权转股权中农民股东身份的转换。在合作组织日益开放情况下，农村土地股份合作社虽然吸收了少量企业投资者，但从股东数量上看，农户个人仍然在人数上占多数，从农民股东所占有的股份数额上看，大部分的股份合作组织中集体股和农民股也占有主体地位。即使农民股东在股份合作组织内部务工成为股份合作企业劳动者，入股行为也使其成为合作社财产所有者主体。

地权转股权中农民的入股形态。从入股的生产要素分析，农民的投资形态已经单纯从土地扩大到资金、设备、技术等其他能够用货币估价并可以依法转让的非货币财产。从入股数额分析，股份持有量可以等额也可以不等额。同时，部分地区如山东省和辽宁省的法律规范也已经对农民入股的资产评估进行了扩充解释。山东省对入股形态并没有特别的限制，能够用货币估价的财产及其他可以依法转让的非货币财产均可以

---

① 刘正山：《大国地权：中国五千年土地制度变革史》，华中科技大学出版社2014年版，第334页。

作为农民专业合作社的入股财产，但提出由合作社全体成员决定非货币财产的评估办法。辽宁省规定由农民专业合作社组成的评估组评估或者委托专门机构评估。关于土地承包权股的评估问题，在土地股份设置中已经有详细的理论探讨，这里仅仅是从立法的角度分析地权转股权具有法律依据，土地股份合作社的入股范围已经从土地承包经营权扩展到其他形式。当然，土地承包经营权入股中，土地股权的边界就是农户的承包经营权，受到承包经营权承包剩余期限的限制。最后，土地经营权和土地股权是相对独立存在的。按照公司资本理论，财产入股后公司取得出资财产的所有权，股东的财产权转化为股权，股东丧失对入股财产的权利。但在农村土地股份合作社中，农民入股后对土地的承包经营权并未消失，农民只是转让了土地经营权。

土地收益权是农民土地股权的核心权能。农民对土地股权享有占有权、收益权、抵押权、担保权和退出权。土地股权权能主要表现为收益权，股份占有权体现了农民对土地股份合作组织的股份权，实质体现的是农民对承包地及集体土地的股份权。而股份占有的直接体现是股份的收益权，与入股前的土地经营收益相比，股份收益如何发挥比较优势才能切实增强农民的收益。因此，对现行股份收益制度的比较分析，就成为土地股份收益权的核心，股权的生存保障功能和利益分享，风险共担如何分配，就成为土地股份合作收益分配制度的关键。土地股权抵押时，农民以土地股权为抵押物，由第三方价值评估机构对农民股份以一定年限的收益为基础做合理的价值评估，因此收益权能够成为抵押权的基础。同理，土地股权担保权的顺利实施也必须以一定年限的股份收益为基础和前提。在土地股权各项权能的分析中，股份收益权是股份抵押权和股份担保权的前提和基础，也是股份占有权的直接体现。因此，股份收益权是土地股权的核心，分析土地股份合作社的分配制度也必然围绕着土地股权的收益分配制度展开。

二 收益分配的基本原则

（一）法定优先原则

法定优先是指法律能将所有与之冲突的意思表达归于无效。[①] 土地

---

① ［德］奥托·迈耶：《德国行政法》，商务印书馆2002年版，第70页。

股份合作收益分配中所遵循的法律是农民专业合作社关于盈余分配的法定比例。我国虽然没有统一的土地股份合作法律，但江苏省农民专业合作社条例首次界定了农地股份合作社，并指出在分配利润时应当按照入股农户承包地经营权出资额将60%的可分配盈余返还给社员。2016年"中央一号文件"也肯定了股份合作中采用保底收益与浮动分红相结合的分配方式。所以如果地方法规和其他文件对股份合作收益分配制度有统一规定的，应该予以适用。

法律及政策对分配比例进行的原则性规定并不必然排除各地对收益分配进行的变通和创新。江苏省大多数的土地股份合作组织都采用保底收益和浮动分红的分配方式，如苏州吴中上林村土地股份合作社在保底收益上进行创新，确立了保底收益的标准为每股600元。山东徐庄土地股份合作社股金分配参照股权系数进行。① 这些合作社的盈余分配参照的并不是合作社的原则性规定，既按照保底收益的基本要求，同时在二次分配过程中，也吸收了现代企业按照资本要素进行分配的机制。

（二）村民自治原则

经济的发展和农民自主性的提高造就了农民自愿基础上的自我治理，从而使得在我国有着悠久历史的村民自治原则备受关注。农民主体比企业的职工主体有更民主和自治的传统。村民自治包括四个主要的方面，体现由村民依法办理自己的事务，村里的事务有农民广泛参与，形成了一种乡规民约，这种乡规民约具有地方章程意义的法规，是民主的基础。在村民委员会和合作社组织分离之后，村民自治原则就体现为农民合作组织自主管理合作社内部事务的原则，在章程的制定、合作社运行等各个环节均体现了农民之间的协商。盈余分配机制作为合作社重要的制度建设必然也要体现村民的自治，当然这里的自治就由原来的村民进而演化为合作社中土地股东中的农民。

合作社内部管理的村民自治原则也体现在股份合作社的盈余分配机制的协商中。在保底收益的自治方面，昆山市天福农地股份专业合作社通过入股农民股东来约定收益分配方案，合作社与入股农户在多次协商的基础上，确定每亩土地的保底收益为600元，体现了合作社

---

① 中共中央党校经济学调研组：《土地合作社：一种新的农地经营模式——徐庄土地合作社的调查与思考》，《理论前沿》2009年第2期。

自治中的村民自治。在湖北龙岗土地股份合作社中采用"租金保底、盈余分红"的办法,在保底租金的选择上农民实现了自主选择权,选择用实务或现金实现自己的保底收入。此外,合作社章程还规定,三金两费的比例也由社员大会确定,因此可以看出其收益分配上实现了入股村民的自治。山东南堂村土地股份合作将企业利润分为营业利润和超额利润,营业利润的分配土地租金为200元,土地风险金占20%,其余的部分由股份合作社的三种原始股东按照股份分配,超额利润的分配由社员大会决定。

(三) 公平与效率原则

土地股份合作收益分配制度中首先应该体现公平的原则。合作组织成员在收益中受到了公正和平等的对待。在股份合作中,不同股权股息的确定、各种股权在股份中的投资比例等都要经社员大会讨论决定。大多数基层土地股份合作社对土地股份的界定是按照农民集体成员资格来展开,农民集体内部各成员均有股份,体现了公平的原则,农民股东的土地股收入最少也不能低于现在直接经营土地的所得,在对土地收益分成中应该保持农民所得的增长比例,这有利于化解农村用地矛盾,体现社会和谐。此外,在入社和退社上尊重农民自愿原则,体现社员平等、民主的原则。利益分配的过程也是各产权主体风险共担的过程,土地股份合作组织如果没有收入或者收入不足以支付固定收益,可使用提留的公积金、风险金来满足土地入股者的固定收益,这样就不会因为支付固定保底收益而阻碍土地股份合作组织的发展。在确保农民收益的基础上,协调各产权主体的利益,体现了入股农户与企业利益共享的公平原则,此外土地股份合作社中农民个人股和集体股享有同等的表决权和选举权,按劳分配与按股分红的收益原则也体现各主体利益的独立和平等。所以,分配公平体现了主体对所获报酬的公平,当然这种公平是一种相对公平,收益分配的多少应该与出资者生产要素对股份合作组织收益提高的贡献成正比。

提高效益是土地股份合作社的经济目标,合作社因其固有的合作性和封闭性必须最大限度地获取经济效益,协调各利益主体的利益。由于土地资源的有限性和稀缺性及我国城乡二元经济体制的国情,土地股份合作制必须注重收益分配的效益,在保障农民基本生活与就业的基础上，将有限的土地资源利益最大化，提高土地这一生产要素的效率，促进农村经济发展和各经济主体利益最大化，提高农业技术发展水平和土地的增值效益。成立于2002年的苏州吴中胥口镇土地股份合作社根据土地的收益多少进行分红，2002—2011年十年来，土地的保底收入稳定上升，从最初的550元提高到950元。金星村土地股份合作社保持相对固定的分红数额，增值的部分被转移到合作社进行投资。

三 收益分配机制的选择和完善

（一）影响土地股份合作组织收益分配的因素

入股农民的收益和合作社的收益是影响盈余收益分配的主要因素，两者对盈余分配的影响程度不同，前者是根本因素，后者是重要的影响因素。

1. 农民收入对土地股份合作分配机制的显著影响

随着城市化和工业化发展和农村市场经济发展，中国农民阶层变化出现了"四个减少"的发展趋势，即农村人口持续减少、总就业人口中从事第一产业人口持续减少、农村劳动力中务农劳动力持续减少、农村务农劳动力中务农的劳动时间持续减少，伴随着农民阶层变化的是，农民的利益最容易受到侵害。因此，农民对缩小城乡收入差距提出了新的诉求，对自己的土地财产增值提出了更高的要求，组建农民自己的互助合作组织是保护农民利益的重要途径。要发挥土地的财产功能，赋予农民更多财产权利，必须赋予农民充分而有保障的土地承包经营权。所以围绕农民土地为中心的改革，从根本上说都是为了提高农民的收入。

第一，保障农民基本收入是农地保障功能的根本体现。不管农民如何分化，都不能简单地低估土地对农民收益的贡献，土地是进城农民的精神寄托，是兼业农户的收入补贴，也是所有农民养老的最后保障，因此农民即使进城获得了大量的货币收入，依然不会直接放弃土地承包经营权，当然在心理上也难以认同其入股后面临的经营风险。农民将土地承包经营权入股组建土地股份合作制企业后，土地股份合作的盈余分配机制仍要体现土地的社会保障功能，让农民转让承包经营权后能够获得一份稳定的收入，这份收入不能低于农民自己经营土地的收益，或者至少保证全家的口粮需求。因此，土地股份合作组织务必在盈余分配机制上确定农民长期而又稳定的土地收益权，体现股份合作的保障功能。实践中，土地股份合作经营所采取的保底分红或固定收益，都是保证农民的收入不会因为土地股份合作社经营的不确定而减少，农民的固定收益在企业的经营利润中优先支付，免除了农民失去土地经营后的隐忧，减轻了在土地股份合作经营中农民所承担的风险，特别是经济欠发达地区土地承包经营收入甚至还发挥着主要保障功能的情况下，在合作经营中更应当注意保障农民的入股收入。

第二，提高农民收益是土地股份合作组织持续运营的前提。土地使用权的资本化除了土地股份合作制外，还有土地信托、土地租赁以及土地证券化。土地经营权的资本化不是农地资本化，在贴现经营权收益的过程中，农民之所以选择土地股份合作制模式，而不是选择其他方式，缘于该制度在权利资本化和商品化的过程中，给农民带来的土地增值收益较为显著，实现了农民收益的长效增收，也为土地股份合作组织的持续经营提供了生产要素。土地物权化之后，经营权资本化的尝试是土地产权制度改革的当代需求，该制度不仅使农民获得增值收益的权利，从微观层面分析还使农民的国民收入分配权得以实现，土地股份合作制的产权改革能够使农民分享改革红利从目标导向走向现实保障。土地股份合作组织只有持续保障农民收益，农民才能安心地离开承包经营地，进入城市的劳动力要素市场，自由选择加入城市社会保障体系，否则农民很容易选择退出土地股份合作组织。

第三，股份合作盈余分配机制对农民的收入有显著影响。土地股份合作盈余分配机制在实践中有不同的尝试，主要有"盈利分红，收益不保底""收益保底，盈利不分红""既收益保底、又盈利分红"，可见区分不同利润分配方式的关键就是农民的收入。"盈余分红，收益不保底"参照公司对股东的利润分配方式，农民需要承担股份合作组织经营的风险，仅仅享有股份分红。"收益保底，盈利不分红"又使农民无法获得土地增值带来的收益，仅仅享有保底的收益，保底收益实质上是股份合作组织支付的租金，盈利已经由其他股东分享，此时土地资本效益并没有由农民分享，这和土地流转的其他方式并无根本差异。而两者兼顾的利益分配方式是实践选择的结果，农民既享有固定的保底收益，又能够参与二次分配，两段结算的方式显著提高了农民的收入。

2. 土地股份合作组织利益是影响盈余分配机制的重要因素

土地股份合作组织的首要目标是盈利，衡量土地股份合作经济效益的首要指标也是合作组织的盈余，只有土地股份合作组织实现了盈利，农民才能持续分享土地增值收益，土地股份合作组织通过控制成本和增加收益的两种方式增加可分配利润，但在追求合作组织利益还是平衡股东利益中会出现矛盾。此外，容易出现内部人控制现象。合作社的章程中确定了分配的比例、内容和顺序。股份合作社按照公司治理的模式在章程上设立了股东大会、董事会和监事会制度，但是农民股东对盈余分配机制的监督并不到位，一方面是因为农民股东权利意识淡薄，股东利益诉求多样化并且极其分散，股东代表大会中难以对利益分配制度的制定进行有效监督；另一方面，"三会"中的绝大多数由村干部交叉兼任，容易出现财务不公开，监督不到位，农民的实际分红所得并没有与合作社的总收入同比例上涨，甚至会出现迟延分配、克扣红利等损害农民股东权益的行为。在农村土地固化分红的背后，农民的土地股利是否能够及时分配，需要实践的检验，有的合作组织农民股东的收益甚至远远低于自己对土地直接经营利益。在北京夏各庄镇龙家务村进行的土地股份制改革实践中，合作社直接在章程中规定了对农民先不分配利润。在合作组织盈余情况下，该土地股份合作社出租土地200多亩，收取租金41万元，但年底给村民的分红是每人55元，村民分得的红利占全村实际收入的2.6%，原因是村财政紧张，合作社收益投入到企业服务中去了。①

3. 农民收益与股份合作组织的利益衡量

第一，利益衡量法作为一种权利冲突的解决方法，是对冲突利益在特定环境下孰轻孰重的价值判断。衡量利益首先应该确定一个明确的标准和尺度，便于衡量冲突的利益，庞德认为社会利益是利益学说的核心范畴，法律上利益衡量的标准即为社会利益，在他看来社会利益本身就可以代表个人利益。庞德所论述的社会利益外延广泛，在衡量利益体系的过程中，社会利益才是他所考虑的核心思想。法律在协调利益冲突的

---

① 董伟：《北京龙家务村：土地股份制改革是怎样变形的》，new.sohu.com/2004/06125/41/news220704102.shtml。

过程中，首先维护的是在人口上占绝对多数的群体的利益最大化。[①] 这一利益协调模式也体现了社会主义法律代表人民最高利益的原理，将公平放在首位。股份合作中，利益衡量不是以对主体增值利益的具体提升为指标，而是将农民贴现经营权的收益和股份合作组织投资后的收益作为社会利益的具体形式做对比分析。从对农民收入的利益考察方面，根据 2015 年国家经济和社会发展统计公报的数据，我国乡村人口数量为 60346 万人，占总人口比重为 43.9%，增加占人口多数的农民收入对我国经济繁荣和社会发展具有举足轻重的作用，是我国经济、政治的重心，事关社会制度安全。其次，"三农"问题关系到我国社会主义现代化建设的全局，"三农"问题的存在阻碍着社会主义市场经济体制的形成，是对党和政府改革总路线的一个考验[②]，农民收入的增加保证了公共利益的实现；任何权利的实现都以财产权为基础，农民个体权利种类少，农民主张独立行使土地利用权，实现了农民的个人利益，保障了农民个人生活条件的利益，实现农民迁徙自由。从对土地股份合作组织的利益考察方面来看，股份合作制保护合作组织自由发展的利益，平等参与交易的利益，维护合作组织财产独立性和财产安全性。通过对农民的利益与股份合作组织的利益比较，可见保障农民收入是土地股份合作盈余分配机制应当首先考虑的因素。

第二，在利益冲突协调的过程中法律改变财富分配关系的标准是尽可能少地侵害利益全体，从而消除导致冲突出现的制度缺陷。[③] 公共安全中的财产权要求对所有主体的财产收益进行平等保护，合作主体是平等的，保护农民收入和保护土地股份合作组织利益具有同等重要的位置。因为财产权是受到法律平等保护的，法律不应该对某一方面进行优先保护；然而从公共发展利益方面看，农民收入利益保护的内涵更为广泛，涵盖了社会经济、政治、文化的方方面面，而土地股份合作组织的利益显而易见仅仅体现为经济进步方面的利益；从利益体系结构方面来看，体现社会利益大多数的农民收入利益具有最大多数的内涵，而土地股份合作组织的利益则只能体现社会组织某一方面的经济利益，况且后

---

① 路艳娥：《庞德利益学说解读及其启思》，《武汉理工大学学报》2010 年第 2 期。
② 邓大才：《对于三农问题的几个重大判断》，《宁夏社会科学》2003 年第 1 期。
③ [美] 庞德：《法理学》（第三卷），廖德宇译，法律出版社 2007 年版，第 244 页。

者还能够被前者所吸收。

　　从以上两个方面的比较考察可以看出，对农民收入的保护更能体现社会利益的全貌，因此在农民收入与土地股份合作组织利益发生冲突的时候，法律应该将保障农民收益的提高放在首要的位置。将农民利益放在首位并不必然导致农民获得的利润就是最大的和均等的，因为收益分配也应该体现相对的公平，股份合作主体对合作组织提供服务的质和量是有差异的，贡献的生产要素多少也不同，因此会产生效益性收入差距。

　　（二）"固定保底收益+盈余分红"分配制度的可行性分析

　　1. 以"社员惠顾"为视角的理论解释

　　合作社的盈余分配原则主要包括按惠顾返还分配盈余原则，资本报酬有限原则，解决好盈余返还和投资报酬的比例对我国新型的股份制合作社更为重要。我国的农民专业合作社法规定了按交易量（额）返还不得低于可分配盈余的60%，是否适用于股份合作制企业？江苏、浙江等省的农民专业合作社条例将土地股份合作社纳入其中。因此，我们尝试从社员惠顾的角度分析"固定收益+浮动盈余分红"的分配制度。

　　在实践中，土地股份合作社采用自营或委托经营的方式，委托经营中土地股份合作社将入股土地再投资入股，这时土地股份合作中除了土地承包经营股还存在现金、实物或其他方式的股份，但仍然要遵循"社员惠顾"的思路，对利润分配方式予以解释。家庭承包的土地承包经营权入股性质属于债权性流转而非物权性流转，在前面的章节中已经有详细的论述。农民以承包地的经营权或预期收益权作价出资，保留了他们物权性的土地承包经营权，支配的是债权性土地经营权，即土地股份合作组织支配的是土地承包经营权的使用价值，获得了土地的租金和二次分红。在这一入股定性的前提下，将土地承包经营权入股中的租赁属性视为对土地股份合作的惠顾形式，从而可在理论上解释农民股东所获得的固定收入或者说保底收益，就是相当于基于租赁关系中出租人的身份或者惠顾关系中惠顾者的身份获得的租金或惠顾的对价。"浮动分红"即为惠顾返还，"浮动分红"的比例当然也按照土地承包经营权出资额的比例来确定。因此，从惠顾的角度来解释"固定收益+浮动分红"的利益分配机制是可行的。

2. 比例标准的实践

江苏省的土地股份合作社直接规定了60%的分配比例，承包地经营权出资额计入合作社的经营成本，剩余利润才进行股份分红。这里在理论中存在这样一个疑问，如果土地出资额占股份合作社出资总额少于60%，若仍将土地入股中的租赁属性视为一种惠顾，土地租赁的惠顾返还就会少于60%，违反农民专业合作社法的规定。在实践中存在这样的盈利分红案例，如重庆市涪陵区清风村的土地股份合作社的收益分成两个部分，900斤稻谷的固定收入，每年两成利润的分红。① 这里直接指出土地股份合作社将盈余的两成分配给农民，可见在保底收入的基础上，分配比例可以做适当调整。此外，鉴于资本平等保护的原则，为切实保护合作社其他类型的股东权益，土地股份合作社在保证土地承包经营权优先受偿的情况下，剩余部分的利润分配中承包经营权出资额就不再参与分配，具体的分红标准可以在实践中进一步调整。

(三)"固定保底收益+盈余分红"分配制度中应注意的问题

1. 基于固定收益形成的租金债权优先受偿的法律根据

土地股份合作社破产清算时租金债权享有优先受偿权的法定依据。按照我国民法债的平等性原则，不论债权成立的时间先后，各债权皆具有平等的效力而并存，非法定的事由不存在债权优先的发生。即对基于金钱债权的债务人的责任财产为执行时，于拍卖债务人的责任财产所得的价款不能完全清偿债务人的应该偿还的债务总额时，应按债权比例分配。② 债权必须有法律依据或者享有担保物权，才能够优先受偿。在土地股份合作中，固定收益使土地承包经营权的租金债权优先于其他股东的收益权，若土地股份合作社因固定收益而形成的是农民股东的惠顾债权，则该债权能够优先受偿，但事实上惠顾债权的优先受偿在农民专业合作社法是存在法律依据的。关于破产财产分配中的受偿顺序，农民专业合作社法明确提出了惠顾债权要优先其他债权予以清偿。从这一法条可以推论出，农民的租金债权和惠顾债权一样，可视为农民社员与合作

---

① 王小乔：《沉睡的资本开始醒来 重庆土地试验：从农地入股到农村土地交易所》，《南方周末》2008年9月3日。
② 陈华彬：《债法总论》，中国法制出版社2012年版，第22页。

社交易后的债权,在合作社破产时,有优先受偿的权利。

　　土地股份合作社非破产清算时农民的租金债权应该如何处理。有学者对纳米比亚合作社法相关法条进行了借鉴,该法条指出社员在合作社的存款不管是社员惠顾返还的保留所形成的借款债权,还是社员惠顾后未结清的惠顾债权在非破产清算中都享有优先受偿权。① 我国的土地股份合作社惠顾债权的优先受偿原则是否可以扩大解释,从而在非破产清算中予以适用,这就要回到土地股份合作分配固定保底收益的初衷上来加以说明。固定保底收益制度的设立就是为了保障农民的基本收入,防范农民经营的风险,不管土地股份合作组织运营在哪一阶段,仍应该一切以保障农民的基本收入和土地入股者的收益为宗旨。农业的规模经营有一定的限度,这一限度的存在从另一个方面体现了农民分散经营存在的合理性,两者并不是必然相互替代的关系,利益相关者对利益分配和分配的预期及调控能力,决定了所谓适当的农村规模经营的尺度其实处于各利益相关者间十分清晰的动态调整过程中。② 因此,我们可以借鉴使用国外的立法例,扩大农民租金债权优先受偿权的使用条件,解决"固定收益"形成的优先效力在《农民专业合作社法》及其配套文件中找不到法律依据的困扰。

　　同时对租金债权优先受偿应该进行一定的制度限制。在破产债权人会议中,应该限制或排除农地入股者的表决权;此外,为保障合作社其他债权人利益和股份合作组织的持续发展,合作社请求农地入股者交付其他财产承担责任的债权应当与农地入股者基于固定保底收入所享有的租金债权予以抵消。在非破产清算程序中,农地入股者虽然可以参与债权人会议,但应限制甚至排除其会议的表决权,这是优先受偿权的对价。

　　2. 土地合作组织章程对盈余分配的规定

　　土地股份合作组织章程对盈余分配机制的规定应立足于固定保底收益的确定和盈余分红具体结构这两个方面。首先,合作社章程应该对保底收益的基数进行基本的规定,这一基数既要满足农民的基本生活,又

---

① 高海、储德银:《破产合作社惠顾债权法律问题探讨》,《经济问题》2008 年第 3 期。
② 樊平、宓小雄、吴建瓴、齐慧颖:《农地政策与农民权益》,社会科学文献出版社 2012 年版,第 84 页。

不能增加土地股份合作组织的财务负担，产生所谓的"高福利"，因为固定的保底收益与土地股份合作组织的经营绩效是没有任何关联的，在保底收益中要考虑平衡两者的利益。假设土地股份合作组织没有收益或者收益不足以支付入股者的固定收益，股份合作社可能举借外债，这无疑增加了土地股份合作组织的费用，因此，对保底收益的基数进行基本规定很有必要。同时，保底基数确定之后并非不能更改，在确需修改的情况下，主要是经济形势的变化或者物价调整等经济因素的影响，通过合法启动合作组织章程的方式进行调整。其次，在盈余分红的具体结构上，股份是影响盈余分红的重要因素，按股分红应该占有多大的比例，在农民专业合作社法60%的基本规定前提下，是否允许实践中资本入股者更大比例的收益分红？因此应该进一步明确农民股东收入与合作组织收益之间的正向浮动关系，促进农民股东或社员参与合作组织的经营和管理，通过良性互动机制，推动双方的互助式发展。实践中按股分红的比例有超越40%的情况，这也是合作组织自治的体现，并不能一概予以否定。

3. 盈余分配保障制度

土地股份合作组织要想提高农民的报酬率，增加农民股东的收益，必须克服传统专业合作社"政社不分，内部人控制"的制度缺陷。农民股东盈余分配请求权的实现前提就是盈余分配决定权的正当行使。盈余分配方案是合作组织章程应该规定的内容，权利的行使需要严格的监督，在股份合作组织内部机构中，盈余分配方案是在股东大会上通过的，因此股东大会实质上应该承担其审核作用，审核盈余分配方案的制定程序，监督方案的执行效果。

建立"三权"分置的产权机制。土地权益是农民最大的财产权，盈余分配权利的实现体现了对农民土地收益权的尊重，在土地产权"三权"分置的前提下应该体现股权的平等性，土地使用权股和作为集体所有的集体土地所有权股之间的界限不能混淆，在股份合作社中应该区分两种土地股份的份额，两种土地股份持有者的权利和义务。在土地承包经营权的保护中，应该在合作组织章程中明确构建农民股东的权利，包括对利润分配方案等重大事项的表决权，对关系股东权能变更事项的监督权，当土地股份合作组织不分配利润时农民股东有提请分配利润的权利，利润分配有失公允时能够得到一定的救济。

建立非农民股东担保责任制度。将农民收益的获得放在首位，在土地股份合作利益分配过程中就可能会面临这样的冲突，出现土地股份合作组织在运营阶段并没有可资分配的利润，甚至缺乏资金无力支付农民股东保底收益。若股份合作社在章程中已经约定了解决方案，农民股东遵循该分配方案执行；若并无章程的规定或者股东协商后未达成一致的分配建议，股份合作社运营将会处在无力支付保底收益和农民股东承担过大风险启动退股的两难境地。因此，建议除集体股之外的非农民股东对保底收益未予支付情况下负有担保责任。担保责任条款应该在股份合作社章程中作为特别重要事项对全体股东公示，因为外来募集股的这一垫付同时也增加了其出资的风险，鉴于股份合作社外来股个人或组织人数少，实践中对非农民股东担保责任应该谨慎地加以运用，若在全体股东大会上农民股东一致同意合作组织可延缓支付保底收益，则无须启动担保责任的承担。

第四节　土地股份合作组织终止时的土地处置和债权人利益保护

在土地股份合作组织因为解散或者破产而终止经营时，对土地股份的处理需要考量两方面的利益，即入股农民的利益和债权人的利益。入股农民的利益侧重于保护对土地承包经营权的处置，问题的焦点在于作为入股财产的承包经营权是否必然要返还给农户？债权人是否不能请求股份合作社将承包经营权作为责任财产？这是围绕土地承包经营权处置为中心的考量，关系到土地股东的利益、债权人的利益及股份合作社的商业信用。而对债权人利益保护制度的构建则应区分合作社破产和解散两种不同的情况，实现入股农民惠顾债权和其他债权人债权同等保护的法律宗旨。

一　股份合作组织终止时的土地处置

学理上一般认为在土地股份合作组织破产或者解散的情况发生时，农民股东入股的土地不能清偿土地股份合作社的债务，股份合作社应当将入股土地返还给原承包户。实践中有的土地股份合作社并未在合作社章程中对入股土地能够清偿债务做出明确的规定，有的土地股份合作社在章程中明确规定不允许入股的土地承包经营权用于清偿债务。该规定是否具有法律理性？土地股份合作社章程对股份合作社解散时的入股土地的处置不能超越法律规定做出解释。这一规定限制了合作社这一经济主体财产权的稳定，不利于其作为市场经济主体公信力的构建。江苏省在内的多个省市都将土地股份合作社视为农民专业合作社的一种特殊形式，因此要分析股份合作社解散时的土地处置问题，还是应该从土地股份合作社的法人财产权入手进行研究。

我国在学理上从未终止对合作社法人类型归属的讨论，朱晓娟博士曾以合作社的主体性为题撰写博士论文，但不管是企业法人说、中间法人说还是合作社法人说，均不否认合作社作为市场主体的经济属性和社会属性。法人财产权理论认为，法人作为独立的经济主体，对外以其全部财产承担法律责任，法人的财产是法人的债权人获得清偿的界限，股东承担责任的范围仅限于入股的财产。所以，入股后，承包经营权权利人变成了土地股权持有者，合作社享有土地使用权，如此推理，股份合作社的土地使用权应该能够用来承担合作社的债务，当然此时的土地使用权理应受到土地承包合同关于期限的限制，所以合作社解散时土地问题的处置应首先考虑承包经营权的剩余期限，入股农民股东的意愿以及股份合作社其他的资产。

（一）承包经营权的剩余期限

第一，入股合同中入股的承包经营权期限届满的情况下，股份合作社解散时入股合同因履行期限届满而自然终止，合同终止后股份合作社理应返还入股农户的承包地经营权。在这种情况下，无须再考虑土地承包经营权处理的问题，土地股份合作社必须以合作社其他形式的资产对合作社的债务承担责任。

第二，若土地股份合作社解散时土地承包经营权的入股期限尚未届满，未届满期限内的土地使用权可否清偿合作社债务？此时，承包地经营权是否应该如同法律规定的那样一概退还给入股农户呢？关于此问题有的学者以股份合作社其他资产是否足以清偿债务做出了区别对待。若入股农户此时不想再继续加入土地股份合作组织，且合作社其他资产能够清偿债务,则农户应享有退社自由权,收回自己入股的农地;如果其他资产不足以清偿合作社债务,农户在理论上应负担合作社的债务清偿。[①] 笔者赞同这一观点,同时这一观点并未超出法律的解释,根据《农村土地承包经营权流转管理办法》中的规定"股份合作组织解散时入股土地应退回承包户"的法条文义解释,法律只是规定了应当退回承包户,但没有做强制性的规定,对何时退回也没有进一步的详细解释,因此为地方性立法和实践留下了空间。

(二)入股农民股东意愿

其他资产足以清偿股份合作社债务时,农户承包地经营权的收回未侵犯任何债权人的利益,当然也可以在尊重农户意愿的基础上,由合作社与农户约定对土地承包经营权的处置,可以由原承包户作价收回,也可以由合作社统一转让。此时土地股份合作社承担了土地流转的功能,流转的期限受到剩余入股期限的限制,最终期限届满,承包地经营权仍应返还给原土地入股的农户。同时,这种做法符合法律的规定,实践的做法并未对法条做扩大的解释。但是出现相反的情形,股份合作社资产严重不足,又应当如何操作?根据合作社法人财产权理论要求,土地承包经营权不承担债务清偿责任则会损害股份合作社债权人利益,承担了清偿责任,通论又认为农民面临失地风险。有没有一个折中的做法,平衡双方的利益呢?此时应当尊重入股合同双方的意愿,按照股份合作社章程的规定或按照合作社和农户约定,可以由原承包农户购买剩余入股期限内的承包地经营权,此时农民土地承包经营权已经作为一种担保责任,农民用等额货币或者财产置换其用以出资的土地承包经营权,也可以由入股农户授权股份合作社统一转让或者流转土地使用权变现后用以偿债。当然,无论此时的土地承包经营权流转到何处,最终的土地占有者都应当遵守集体与农户之间关于剩余入股期限的规定,农民并未丧失承包权。

(三)承包经营权的置换

农户用等额货币或者其他财产置换入股期限内的承包地经营权涉及的法律问题。第一,承包经营权的重新评估。农户自己出资变相赎回承

[①] 参见尹雪英、陈利根《农地股份合作社解散时土地处置问题研究》,《西北农林科技大学学报》2014年第9期。

包经营权，实质上是赋予农民股东在股份合作组织破产或解散时的购买权。当然，这里剩余期限土地承包经营权的作价主体不应当为农户、土地股份合作社，应当由特定的第三方专业评估机构来独立承担以平衡各方利益。再次评估入股土地的价值，是因为土地入股后，合作组织一般会投入人力物力再次规划便于其进行规模经营，此时的土地不是零碎的生产要素，价值增值不言而喻，因此不能参照入股之初的价格应当重新评估。可见，承包经营权的作价评估并非只是作为合作组织收益分配的依据，在合作社解散但不限于解散时合作组织资产数额的判定方面尤为重要，这也就避免了合作社资产因为财产置换而减少，维护了股份合作组织法人财产的稳定性。第二，资金来源问题。入股农户优先购买权的行使需要农户具备一定的资金来源，除了上文所提到的授权股份合作社统一流转使用权变现外，还有没有更为健全的保障制度？有学者提倡为农民设立入股保险①，这不失为一种更为彻底的防止农民失地的保障措施。土地股份合作组织作为投保人，当合作组织破产解散时，入股农民就可以从特定的保险机构处取得相应的赔偿金，该赔偿金可以使入股农民获得优先购买权。该制度实施的前提条件是当地经济条件允许，"土地承包经营权入股保险"除了特定保险公司承担之外，也可以与商业性的保险公司合作，甚至在政府给予一定补贴的情况下，委托一些商业保险公司代理此类业务。此类保险是否属于强制购买的范围，应该区别对待。若政府不强制土地股份合作组织购买，很多土地股份合作组织很难都参保，特别是土地股份合作组织在组建初期经营经费相对缺乏的情况下，因此为了进一步维护入股农民的利益，可考虑由地方政府强制土地股份合作组织购买该保险，保险费相当于土地承包经营权的回购价格，地区政府可以通过其他方式拓展保险费用来源渠道，以补贴的方式分担土地股份合作组织的运营成本。

二 股份合作组织终止时的债权人利益保护

土地股份合作社作为经济主体应当兼顾交易中各利益相关者的合法权益，承担一定的社会责任。2008年金融危机后，不以营利为目的的

---

① 吴义茂：《农地入股中农民股东与债权人的利益冲突与平衡》，《华中农业大学学报》2013年第6期。

合作制企业表现良好,不仅在一定范围内稳定了社会经济秩序,而且还成为一种能够抵御危机、担当社会责任的典型企业形态。[①] 合作社的债权人在市场交易中是理性的"经济人",应当尽可能地规避交易中的预期风险,保证市场交易安全。因此,合作社的经营目标不仅要增加农民股东的利益,也应兼顾土地股份合作中其他主体的利益,这是由合作的主旨决定的,进一步扩大解释,在特定的情形下,甚至会影响到部分地区公共利益安全。因为在股份合作企业破产时,农户股东与破产债权人之间的利益冲突已经突破了私人利益之间的冲突,甚至可以看成是公共利益之间的冲突。破产清算时,保护农民股东的利益,优先保护的政策目标不能置法律于不顾。我国农地入股的合作社中,享有惠顾债权之农民社员基于将入股双重属性中的租赁性视为社员与合作社之间的一种特殊惠顾,农地入股的惠顾债权表现为入股农地的固定保底收益。股份合作社立法中债权人利益保护制度也有必要进行完善,以避免出现牺牲其利益去实现农民股东利益,造成新的不公平。

(一) 股份合作社破产时债权人利益保护

《农民专业合作社法》在第四十八条赋予了农民惠顾债权在破产过程中的优先受偿性。这一优先受偿性与债权人的优先受偿可能发生冲突。在债权人申报债权时,农民股东的惠顾债权与有财产担保的债权人地位相当。对债权人和解协议和破产分配方案有表决权的主体为有财产担保又未放弃优先受偿权的债权人,法律并没有限制有优先受偿权的债权人的表决权,也没有限制对债权人决议有利害关系的相应债权人的表决权。

在债权人决议中表决权的行使具有重大的决定意义,我国并没有明确的法律规定对表决权进行限制,如果农民既享有惠顾债权又在债权人会议中享有广泛的表决权,则无可避免地会使农民与其他债权人之间产生利益冲突。农民股东也有可能在债权人会议中形成更有利于自己的决议,损害其他债权人利益,当然此类决议产生的前提是参加债权人会议的农民债权人的人数占有表决权债权人人数的一半,同时无财产担保的债权总额中,农民债权人所拥有的债权额也应当占一半以上。

[①] Johnston Birchall and Lou Hammond Ketilson. Resilience of the Cooperation Business Model in Times of Crisis, 载 http://www.ilo.org/empent/Whatwedo/Publications/lang--en/docName-WCMC-108416/index.htm。

为了协调在破产中各债权人之间的利益冲突，可进行以下法律规定：第一，对入股的农民股东惠顾债权优先受偿的总数额进行限制。此限制主要的目的是平衡农民债权人与其他债权人的利益，避免惠顾债权因为法律的漏洞而排斥其他债权人的利益。第二，借鉴国外破产法的立法经验，修改债权人会议表决权行使的限制条款。限制特别利害关系者在债权人会议中某些决议的表决权的行使。若惠顾债权不能行使表决权的债权占破产企业债权的绝大多数，则修改立法对债权总额的限制，将惠顾债权"占无财产担保债权总额过半数"的法律修改为"占无优先受偿权的债权总额的半数之上"。第三，要从根本上增强合作社清偿债务的能力，增强股份合作社可持续发展能力，而不是一味地依赖政府的财政补贴和金融支持。

(二) 股份合作社解散时债权人利益保护

合作社可基于解散而终止，《农民专业合作社法》规定了合作社的解散事由和解散程序，但鲜有制度保障合作社债权人的利益。

社员退社自由对债权人利益损害的立法修订。入社自愿和退社自由是传统合作社的基本原则之一，但是农民股东退社自由的行使不能损害合作组织债权人的利益，更不能明知合作社将破产而恶意退出，以减少自己的损失。关于社员恶意退出合作社的问题，《德国工商业与经济合作社法》第七十五条的法律规定值得我国借鉴。该法为了避免社员在合作社解散前恶意退社，设置了6个月的期限，即明确规定了合作社解散前6个月的退社行为无效，从而保证了合作社责任财产的稳定性。实质上是要求社员对其退社后6个月内解散之合作社的债权人承担其相当于未退社之同等的清偿债务的责任。

若破产财产分配时找不到土地股份合作社债权人的情况下，此时债权人未申报债权且并无过错，国外有两种不同的立法例。一种是以《安提瓜和巴布达合作社法》为代表的立法例，指出在一定的期限内（一般为2年或3年）以暂存的形式保证债权人的债权以现金的方式得到清偿，如果2年或3年之后债权人并未出现或并未申报债权，则合作社的社员可以分得该现金。一种是以《加拿大合作社法》为代表的立法例，将应分配而未分配的破产财产转换为现金交给特定的组织，如破产企业财产管理人，此时就不限于未找到的债权人，而是包括合作社的社员以及其他股东。同时，规定以上权利要求者任何时候都可以要求财产管理人支付其应得的数额。相比第一种立法例对合作社解散后权利人提请分配的时间为 2 年或者 3 年的规定，第二种立法例并不利于促使权利人行使权利，破坏了债权债务关系的稳定，也违背了关于诉讼时效的规定。相比较而言，第一种立法例能够平衡债权人的利益，同时也兼顾了合作社社员的利益，我国应该借鉴。

（三）诉讼的继受及其他相关债权的实现

为了避免股份合作社以不正当的程序逃避债务，试图解散合作社，为了保护合作社债权人的利益，国外合作社立法均规定在合作社业已解散时，权利要求者仍旧可以提起相关的诉讼，通过强制执行相关者（包括社员或者股东）已经分得的破产财产履行合作社解散前的债务。此时的诉讼不仅包括解散前已经开始的诉讼，还包括解散后 2 年内针对合作社重新提起的其他诉讼，同时这里的诉讼包括但不限于民事诉讼、刑事诉讼、行政诉讼。此外，在权利要求者或债权人提请的诉讼中，法院应该指定专门的审判者。在这些诉讼中，如果出现需要增加合作社社员或股东为被告的诉讼请求时，法院应该满足他们的请求，尽可能地保证诉讼所涉及的债权在合作社解散之后也能实现。我国可以借鉴这一立法例更全面充分地保护合作社债权人的利益。

第五节　土地股份合作配套制度

土地股份合作制度的实施需要相关配套制度来促进与保障，这些制度包括与土地股份合作开展直接相关的制度如财政金融支持制度、土地承包经营权确权确股登记制度，也包括促进土地股份合作组织发展的农民社会保障制度，以及政府协调扶持制度等。

一　完善财政金融支持制度

（一）完善土地承包经营权抵押制度

虽然《民法通则》《担保法》《农村土地承包法》均禁止土地承包经营权的抵押，但是政策一直在试图消除农村土地使用权金融化的障碍。首先是金融监管部门的制度创新，2009 年中国银行和银监会联合发文指出，有条件的地方可以探索开办土地承包经营权抵押贷款业务。① 2014年"中央一号文件"也指出允许土地经营权的抵押融资，土地承包经营权的抵押已经得到政策突破，立法应该回应政策，允许在农民的土地承包经营权上设定抵押，不能以土地承包经营权具有的社会保障功能否定其融资权。抵押并不会改变土地所有权的性质，也不是实物抵押，因此土地承包经营权适合作为资金融通的信用工具。例如武汉市进行土地经营权的抵押融资改革，还出台了抵押贷款操作指引，在抵押融资中，由产权交易所对土地流转出具标准规范的鉴证书，该鉴证书作为经营权担保的法律凭证，改善融资无抵押物的窘境。同时，条件允许的地方可以发行土地抵押债券，以土地未来预期收益作为抵押品。其次，在土地股份合作制度的建立过程中，应当设立土地股份合作制基金或政府出资的担保公司，以避免农民失地，基金来源可以是银行的贷款，也可以是地方政府的部分财政拨款，设立土地使用权入股风险基金，风险基金由地方财政、土地股份合作组织、入股农民交纳。山东东平孟庄村联润土地股份合作社缺乏建立合作社的启动资金，但因为是移民村，政府建立了移民资金，所以农民将分散的移民资金整合为合作社启动资金，解决了土地股份合作社在建立初期的融资难题。当然为了保护入股农民的合法权益，当土地使用权入股风险基金达到一定额度，农民与合作组织可不再缴纳。在股份合作基金建立中，地方政府也应当出资，出资额度由入股的农地规模来确定。最后，限制土地经营权抵押年限和比例。土地股份合作社可以用农民的土地承包经营权作为融资抵押，但所涉及的土地面积应低于合作社土地面积的1/3，且抵押最高也不应超过三年，这一规定的初衷同样是防止农民失地。

(二) 建立土地银行

土地银行不同于其他商业银行，专注于土地存贷业务，与国外的土地银行不同，我国的土地银行不是纯粹的土地融资机构。德国在世界上率先建立了土地抵押信用合作社，美国和日本也有类似的银行或者合作

---

① 中国人民银行、中国银行业监督管理委员会：《关于进一步加强信贷结构调整促进国民经济平稳较快发展的指导意见》。

社,[①] 目的就是为了解决农户的资金短缺问题。我国农村金融发展滞后,农民手中能够作为抵押物的财产本来就十分有限,土地承包经营权作为农民资产中最为重要的物权之一,若能够允许其进行抵押,则就盘活了其僵化的财产,解决了农民贷款难题。实践中,各地建立的土地融资的探索有称为土地信用合作社、土地存贷合作社,也有称为土地信托中心,这里统称为土地银行。土地银行中涉及政府部门、土地银行、农户与贷地者四方法律关系,土地银行与农户之间是农地融资的业务关系,贷地者和土地银行之间也是农地融资业务关系,政府部门对其他三方的法律关系是监管与被监管的关系。农户将土地使用权存入土地银行后,用地单位支付给存地农民部分费用,这些费用包括青苗与补偿费、土地补偿费与安置补助费。之后,随着土地增值效益的存在,农民还应获得部分土地储蓄的利息,利息的高低由土地银行与农户双方协商决定。基于农民在知识和信息方面所处的弱势地位,政府应当为利息设定标准,同时应当对抵押人设限,防止农民失地,一是规定抵押人的资格,如土地承包经营权抵押人应当有稳定的非农收入来源;二是抵押农地的范围不包括对土地承包经营权作为生活资料的农地,应当是土地承包经营权人通过转让等其他方式取得的农地;三是抵押期限受到土地承包经营权人土地承包期限的限制;四是土地经营权受让人不能改变土地用途,债权人实现债权的方式是拍卖、变卖土地经营权,农户并没有丧失土地承包权,政府应该允许农民对于其抵押的土地享有优先承租权和优先回购权。

(三) 建立土地股份合作组织与资金互助合作社共同发展的机制

资金互助社作为农村合作金融的一种形式,具有防范风险的独特优势。在信息优势上,农村资金互助社建立在一定的熟人社会组织之间,是以行政村或乡镇为地缘建立起来的合作金融的一种形式。社员因为信任组建合作社,合作社对社员的财产状况、信用信息、贷款情况甚至还款能力都十分清楚,可以避免传统金融组织信息不对称的问题;在风险控制上,互助社抵押方式也非常灵活,各种非正式的抵押方式比如土地

[①] 施晓琳:《论以土地承包经营权抵押为特征的金融制度》,《南京农业大学学报》(社会科学版) 2002 年第 3 期。

使用权抵押、宅基地抵押等受到合作社的认可。贷款程序简单，风险管理的方式比起传统的金融机构更为灵活，因此土地股份合作组织与资金互助社可以以生产性经营为纽带，共同存在与发展，农民既可以两者都参与，也可以根据自身的需求参与一种合作组织。农村资金互助合作社为土地股份合作组织提供贷款，资金互助社获得了更多利息和服务费用，而土地股份合作组织可以利用贷款扩大生产经营的规模，提高销售等收入。因此，鉴于农村资金互助社与土地股份合作组织服务对象都是当地的农民，在市场竞争中处于弱势地位，两种组织可以更深入地合作，另行建立机构对两者进行有效监督，为土地股份合作组织的运行和入股农民的权益保护提供更为持久稳定的支持。此外，政府应加大对资金互助社的监管，改变银监会全面从严的监管策略，建立合作社与政府机构资金链接机制，将互助合作社与多个土地股份合作组织联合，避免过度集中运用资金所带来的生产经营风险，从而避免土地股份合作组织和入股农户的资金受损。

二　完善土地承包经营权确权确股登记法律制度

土地确权是一项重大的工程，土地确权确定的是土地的面积、四至和用途，赋予农民承包地入股处置权能的基础是确权确股工作的顺利开展。农民享有土地承包经营权权证，承包土地的地块和面积是确定的，享有的土地承包经营权股也是明晰的，所以土地承包经营权确权确股更进一步明确了土地产权关系，是土地入股的基础和前提。

对于已经进行土地股份合作制的地区，土地的面积和用途较之之前农民入股时发生了翻天覆地的变化。有些农民的承包地已经转化为非农的建设用地，部分农民入股之前并没有拿到正式的土地承包合同和证书，有的农民拿到了土地承包经营权证书，但是证书对土地空间、四至的记载并不完整，有的农民的土地承包合同并不是由农民与股份合作组织签订，而是由村集体代为办理。合作组织不同的配股方式也决定了将股权与对应的土地承包经营权进行一一对应并不容易，土地的确权面临着极大的不确定性和复杂性。对于尚未进行土地股份合作制度地区，土地的确权对农民来讲意味着在稳定土地承包经营权政策不变前提下的重新分地。因此，土地承包经营权的确权登记制度直接关系到股份合作制的顺利进行，土地承包经营权的确权确地登记工作也应区分以上两种不同的情形来开展，实施中央提出的灵活的政策指示，可以确权确地，也可以确权确股不确地，目的都是为了防止确权确地造成土地再次零碎化。

股份合作制下的土地确权确股制度应当首先考虑的是已经入股农户的股权确定，着眼于股权退出机制和农民对股份合作经济的监督作用，维护的是建立在经营权基础上的股权制度构建。如果农户在股权确定的基础上，希望收回自己的股权和自由支配土地，则股份合作经济组织应当允许其自由退出，并且置换出原有的承包土地，也可以通过调地的方式满足农民股东的需求。也就是说确股是农户的自愿，不能为了避免操作困难而违背农户的意愿。对于尚未加入土地股份合作组织的农户和愿意继续选择股份合作经营的农户则应该严格地实行确权确地到户，确保农户对土地处置权的实现。鉴于股份合作经济组织可能面临终止的情形，确权后的土地流转应当受到一定的限制，避免对土地经营格局造成巨大的冲击。

承包地的确权制度与登记制度是连接在一起的，土地承包合同和土地承包经营权证书是土地确权最重要的文书，关系到农村土地的权属争议，影响土地承包经营权的物权化管理和物权的公示公信原则，直接导致土地流转不规范行为。我们从中央的政策文件以及土地管理法可以看出，土地承包经营权合同以及权属证书一直受到关注，当前我国土地的占有制度具有特定的历史背景，是在家庭联产承包责任制时代制定的。土地承包经营权制度建立之初，国家政策就要求作为村集体的发包方与农户之间应当签订土地承包经营合同。第二轮土地承包经营实行之后，中央也要求相关部门颁发土地承包经营权合同及证书，这在1998年的《土地管理法》中也有体现。对土地确权登记直接做出具体规定的是国土资源部、财政部、农业部联合发布的《关于农村集体土地确权登记发证的若干意见》。2013年中央直接要求在2017年之前完成土地承包经营权确权登记颁证工作。中央反复强调制度确立的重要性，但确权登记工作仍然面临诸多问题，发展缓慢，确权主体、确权对象、确权目标、确权重心及确权方法出现错位。在登记制度构建中应该进一步建立地籍信息，完善土地使用权登记程序，条件成熟的地区可以建立相关的地籍信息系统，在系统中完善农民的土地登记及地籍相关信息，也可以加入具体地宗的权属调查信息。针对实践中存在的土地承包经营权证与对应土地不相符、登记管理人员短缺、农民登记意识淡薄等问题，地方政府可采取以下方式完善相关法律制度：首先，完善登记效力。改变土地承包经营权设立登记的二元性，无论土地承包经营权是家庭承包还是由其他流转方式的承包均采用设立登记生效主义。登记生效主义目的是保护土地承包经营权人交易的安全，促进土地的高效流转，现有法律的登记对抗主义会出现基于合同而取得农地承包经营权却因为未履行登记手续不能对抗第三人的情形，同时农民也会及时申请、变更与注销自己的承包经营权，有了权利凭证，土地入股变得更为规范。其次，要明确农民集体成员的认定标准。这一认定标准包括成员权资格的认定以及成员权资格的退出。土地承包是与户籍制度结合在一起的，村集体中一些特殊群体的成员权制度始终得不到解决，如出嫁女、新增人口的土地承包问题，因此集体成员权的界定成为实践难题。可以考虑制定集体成员权的界定办法，或在土地股份合作制实践中，将土地股权与土地股份合作组织的成员权制度的建立结合在一起，农民自愿决定土地股份的转让与成员权的退出机制。最后，条件成熟的时候，制定《集体土地登记法》解决产权不实的难题。地方政府增加确权登记工作人员的设置，加大财政补贴，在登记颁证经费分级负担的政策下，地方政府只有先行拨付登记费用，才能提高地方土地承包经营权的登记率。此外，建立登记权利救济制度，我们可以借鉴台湾地区的做法，建立土地登记专庭。我国台湾地区土地法第六十一条规定，办理土地总登记期间，司法机关应设专庭受理土地权利诉讼案件。[①] 必要的时候也可以建立土地确权登记咨询专家委员会，通过咨询建议的方式解决登记中遇到的疑难问题，如果登记机关在登记过程中出现登记失误则应当更正登记信息，并赔偿承包经营权人和因信赖失误的登记信息的受让人的损失。

三 完善农民社会保障制度

土地承包经营权对农民有最低社会保障功能的历史作用，但随着农

[①] 刘锐：《解决土地权属争议的原则步骤与方案》，《中国土地》2016年第5期。

村劳动力向城市第二、三产业的流动，这一基于农民与土地身份关系而建立的社会保障制度反而减少了农民购买商业保险的积极性，也使政府忽视了农民对社会保障权的制度需求。土地股份合作的顺利实施依赖于政府建立相应的社会保障制度，在当前农村居民与城市居民享有同等的社会保障不具有现实性的情况下，政府应当从农村土地制度层面打破二元社会结构，建立相应的社会保障体系，保障农民安心地离土离乡，进城务工。

土地股份合作制是土地社会保障功能得以实现的保证。该制度部分程度上解决了农民社会保障资金短缺的难题，农民土地入股享受到了土地股金分红，若此时农民失业或者因为其他原因丧失劳动能力，农民仍然有稳定的收入来源，获得最基本的生活保障。对于继续在土地股份合作企业工作的农民其身份和城镇职工一样，作为雇佣工人应该交纳相应的保险金，企业和农民双方按照统账相结合的方式交纳，参照城镇社会保险体制设立保险费的上缴比例，保险费用上缴年限以及其他各种保险金。对于农村中其他特殊的团体，村集体用集体土地的股份收入和利润建立专项保障基金，解决农村中这些孤老病残者的社会保障问题，政府只需要拨付专项基金，对入股后仍达不到基本生活水平的农民进行救济，这就减轻了政府财政压力。对于入股后不再从事农业生产进城务工人员的社会保障问题，当前进城务工的农民享受不到相应的社会保障，一方面是体制上的原因，城乡二元户籍制度下社会保障也明显不同，另一方面是立法上的原因，我国至今没有颁布社会保障法，将进城务工人员的农村居民包括在内，立法覆盖范围狭窄，农民也无法参保。此外，社会保险制度在保险费率制定、城乡社保制度衔接、制度设计等方面对进城务工的农民并不利。因此，我们应该在统筹城乡就业的基础上，给进城务工人员建立工伤保险，大病医疗和社会救助制度免除农民的后顾之忧。此外，在土地增值收益中，国家和集体组织也获得了相应的补偿金，因此有必要也有能力为这些暂时失去土地的农民提供相应的保障制度，最终实现城乡居民在社会保障上的平等权。

由于土地经营的周期长、盈利低，不确定风险很大，土地股份合作制也可以将经营风险进一步分摊，建立土地经营风险保障机制，将入股的土地投保农业保险，组建农业协会等发挥合作组织抵抗风险的优势。土地流转的方式不同其收益可能存在较大的差异，政府的职能就是将农民即将获得的补偿金直接充实到农民的个人账户，建立农民最低生活保障制度，这既保障了土地经营规模又保障了农民的社保资金。但这种土地换社保的做法，理论上存在较大的争议，该政策被中央叫停以后，地方政府出台了相应的政策，力求从土地城市化改变为人口城市化，加快推进城市化的进程。河北、广东、陕西、重庆等地均出台了相关的政策，改革比较彻底的为成都市。该市2010年出台的《关于全域成都城乡统一户籍实现居民自由迁徙的意见》中将农民社保的享受与土地权利分离开来，肯定了农民进城后的社保权与土地财产权不存在互换的问题，因为土地换社保否定了承包地的财产功能，农民进城务工为城市就业者理应享有社保，政府应该承担基本养老金的支付责任。在这种情况下，土地经营风险保障机制的建立就更为重要，政府应合理界定土地股份合作组织、政府、村集体和农民个人在风险保障机制中的基本责任，统筹考虑农民的缴费比例，参照城市社会保障制度，适度进行调整，与未来城乡一致的社会保险制度进行过渡衔接。

四 构建政府协调制度

在土地股份合作制度构建中，政府还能在以下几个方面促进合作顺利进行，建立土地产权交易市场、鼓励建立示范土地股份合作组织及其他扶持工作。

(一) 规范地方土地产权交易市场

在土地确权的基础上，未来建立城乡统一的土地交易市场，增加农民的财产性收入是土地制度改革的目标之一。农村土地产权交易市场必须具备完善的交易平台和交易制度，建立土地产权流转交易体系，产权交易市场越成熟，土地产权交易就越频繁。2008年成都土地产权交易所挂牌建立全国首家土地流转交易平台之后，全国各地产权交易制度逐步完善，土地使用权的流转更加顺畅。在山东东平县的土地股份合作制改革中，当地政府建立了农村综合产权交易所，产权交易所的职能除了土地产权交易信息的发布、交易的组织等基本的服务之外，还主动促使产权交易的达成，提供产权经纪、委托管理、产权融资等相关配套服务。① 这种做法，按照市场机制进行产权的培植与组合，以土地持有产权为中心建立了农村区域市场，同时将土地产权交易信息、土地金融信息在产权交易所得到了融合，这种将产业部门、金融部门和政府部门联合起来的机制应当在实践中大力推进。一方面这些部门通过土地产权交易市场，了解到具体的土地股份合作社在实践中面临的融资或产业联合的困境，另一方面土地股份合作社也通过该市场了解相关的产业部门的依托需求、金融部门的融资政策以及政府部门的要求等，使合作社获得相应的社会资本，有利于盘活土地资源促进土地流转。

(二) 示范规范引导职能的发挥

在土地股份合作社创办之初期，政府的职能主要是鼓励农民的创新实践，土地股份合作社发展成熟之后，基层政府可以对示范社的做法进行规制和调研，在更大范围内发挥示范引导作用，但要禁止"拉郎配"的强制入社。并且示范引导的方式是进行规范，促进合作社建立产业依托机制，鼓励合作社按照现代企业制度建立运行机制，建立现代财务制度。政府服务的重点从内部的干预到外部的规范，着重提升土地股份合作组织的效益和内部民主管理，特别是对"内股外租"型的土地股份合作社，加强对农民土地股权的保护，避免合作企业对农民土地股权的侵害。在土地股份合作社与龙头企业合作的模式中，政府不仅应当有对龙头企业的系列扶持和优惠政策，更应当用法律手段平衡土地股份合作社、龙头企业和土地股持有者的关系。因为农民股东此时处于相对分散和弱势的地位，因此政府以土地股权的保护为行政调控目标，协调土地股份合作社与龙头企业经营目标，避免农民利益的受损。同时，将专业技术股权与农民土地股权结合，为土地股份合作社长远发展提供技术支撑。

(三) 政府扶持其他相关制度

土地的适度规模经营具有很强的地区性、动态性、层次性，社会资本很难参与农村基础设施的投入，因此我国应当借鉴国外的做法，加大对农业基础设施的投入和建设，实现政策向立法的过渡，例如日本《农

---

① 徐勇主编，邓大才等著：《土地股份合作与集体经济有效实现形式》，中国社会科学出版社2015年版，第222页。

业投资法》《农业信贷法》就直接通过法规保证农业的投入和农业配套设施改革。适当的条件下，我国也可以探讨制定统一的适度规模经营法规，对适度规模经营的形式、政府与各主管部门的职责，用地保护政策，各参与人的权利和义务等进行规制。同时，政府在土地股份合作制度中，应该处理好规模经营中度的把握，考虑农村的自然条件、土地流转后收益改善状况、农产品市场的构建、资源的配置等客观条件，不能急于冒进。

结　语

　　当前家庭承包责任制度存在的社会基础发生重大变化，农村土地撂荒现象严重，农地细碎化又导致适度规模经营困难。土地股份合作制度在保留农民地权均等的基础上，将土地经营权从土地承包经营权中分离出来，将资本、技术、生产设备等生产要素引入农业发展，是以土地股份合作社为平台的一种农地产权制度，是一种新的农业经营体制，破解了农业产业化发展困境，解决了农业投资难题。土地股份合作流转模式受到党和政府的高度关切，在土地"三权"分置的基础上，土地股份合作成为学界热议的课题，但是从法律视角进行的研究成果并不丰富。

　　制度的分析应该从最基本的权利关系入手。在土地股份合作制度中，集体土地所有权、农户承包权、股份合作组织经营权实现了分离，体现了一定程度的土地管理信托关系，土地股份合作组织享有独立的财产权，作为入股基础的承包经营权的物权化体现得更加深入和彻底。股份合作制继承了家庭承包制"两权"分离的基本思想内核，进一步扩展为"三权"分离，继承了家庭承包制的分配机制，引入了股份制的分配机制。没有改变地权均等的原则，在继承"统分结合"双层经营内核的基础上增强了集体经济组织的服务功能。因此，土地股份合作制度是对家庭承包经营制的完善和发展。此外，土地股份合作与其他土地流转方式相比也有其独特的制度优势，比土地转包、土地转让、反租倒包等制度更为规范，更有效率，入股农户承担的风险更小，农户还能自由退出股份合作组织。与股田制相比，土地股份合作能够化解评估难题和入股农户失地的风险，缓解了农地期限的有限性与合作社经营期限长久性之间的矛盾。虽然土地股份合作制度存在一定的制度局限，但是其能够内化土地外部利润，具有显著的制度价值。在城镇化建设中，土地股份合作能成为城镇化建设的载体，为其提供相应的产业支撑，两者在配套制度上相互为用。当前，土地国有化和私有化都是对土地所有权制度的根本变革，都不能解决我国农村土地制度所面临的困境，均不具有现实可操作性。土地股份合作制度这种"渐进式"改革路径降低了土地改革的成本，从贯彻所有权本位转移到对土地财产的利用上，更加充分地显示了土地承包经营权的用益物权性质，防止了土地私有化倾向，还拓展了集体经济实现模式的空间。

我国农村土地股份合作制具有典型的路径依赖特征，初级社的土地股份合作以农民的土地所有权入股，分配方式上以固定报酬为主，土地和劳动按比例分红，在组织属性上遵循了合作制的主要原则，农民享有土地所有权和收益权，享有退出股份合作社的权利。高级社土地股份合作入股中，农民土地所有权转让给集体，利益分配为按劳分配，组织属性上违背了合作社主要原则，体现了制度变迁的强制性。我国的土地股份合作制度在地方发展出多种模式，但是通过对其比较考察，得出社区全员型土地股份合作严重背离了传统合作制基本原则，土地作价和集体资产作价标准不一，集体股存废尚有争议，难以解决股权社区封闭性和福利性带来的矛盾，与原有的村集体组织职能分工不清。而农民自主流转型土地股份合作制度虽然受到法律制度的限制，也存在入股性质界定模糊，入股的基础权利权能不完整，股权流转受限的法律缺陷，但其尊重了农民入股的自由意愿，制度缺陷能通过法律的修改予以消解。我国土地股份合作制度与20世纪八九十年代所进行的乡镇企业改制背景下的股份合作制度不同，后者并没有全部保留集体经济的属性，土地股份合作中不能以股份合作企业的法人财产权代替土地的集体所有权，同时应避免形成新的圈地运动，避免农民失去土地，因此实践中应倡导建立农民自主流转型土地股份合作模式。

土地股份合作制度在立法上供给不足，立法滞后于实践，法律法规之间相互矛盾，政策法律也未体现区域差异，因此，我们应该研究土地股份合作法律制度的完善。在制度构建中应该尊重农民意愿和主体地位，关注农民发展权，保持土地股份合作组织自治，坚持因地制宜地推行土地股份合作过程，将统一立法与尊重地方规范相互结合。土地股权制度构建中，应以马克思地价理论为基础，综合考量影响土地承包经营权入股作价中的各种影响因素，包括自然因素、经济发展水平、农业基础设施、人口构成因素，以及土地流转后用途和供需状况等。在比较成本法、市场法和收益法三种评估方法的基础上，提出入股量化宜采用土地收益法，在评估主体上我国应该培育新型的评估机构，注重在出资制度中予以公示。在优先股设置中，将土地承包经营权股设置为优先股可能在利益分配、表决权行使和出资比例限制上存有矛盾。因此，可将集体股和外来募集股设置为优先股，优先股的类别为利润分配股、累计参加优先股。在表决权的行使上，应该列举出集体股和外来募集股表决权行使的具体情形，同时两者作为优先股在合作社终止时与土地承包经营权股承担的责任不同。农民土地股权受让人可以是本集体的农户，也可以是非农户。在转让顺序方面，本集体组织成员享有优先购买权，但不能排斥外来股的加入，内部社员不应必然享有优先购买权。土地股份合作收益分配制度的理论基础是剩余索取权和地权转股权理论，农民收入和土地股份合作组织利益是影响盈余分配机制的因素，通过利益衡量法得出前者的保护更能体现社会利益的全貌。固定保底收益形成的租金债权具有优先受偿的法律依据，合作社章程应该对保底收益的基数进行基本规定，同时确定好盈余分红中按股分红的比例。通过内部治理的完善，"三权"分置的产权制度以及非农民股东担保责任的建立，保证农民的盈余分配请求权。

　　土地股份合作组织终止时的土地处置，应该区分承包经营权的剩余期限做不同的处理，同时尊重入股农民股东的意愿，建立承包经营权的置换机制。同时，股份合作社破产时，应该对入股的农民股东惠顾债权优先受偿的总数额进行限制，同时借鉴国外破产法的立法经验，修改债权人会议表决权行使的限制条款，限制特别利害关系者在债权人会议中某些决议的表决权的行使。股份合作社结算时，农民股东的退社自由的行使不能损害合作组织债权人的利益，更不能恶意退社，对债权人未申报的债权，应该借鉴国外的立法例，将债权置换为现金暂存或者交与企业财产管理人，若2年或3年后债权人未出现或未申报债权，则可由合作社的社员分得此部分现金。政府应该完善土地承包经营权抵押制度，建立土地银行，搭建股份合作组织与资金互助合作社共同发展的机制，为股份合作社的发展提供财政资金支持，同时建立土地承包经营权确权确股登记法律制度，全面推进农民社会保障制度，规范地方土地产权交易市场，发挥示范规范引导职能等配套制度，全面推进股份合作制的运行。

　　土地股份合作制度的完善涉及土地经济学、管理学、政治学等多学科领域，学术界从这些角度积累了一定的研究成果，为本书的研究提供了丰富的素材。本书以马克思主义产权理论为指导，分析土地股份合作的制度内涵和制度价值，在考察制度的历史演进中，比较实践中土地入股的主要代表模式，倡导建立农民自主流转型的土地股份合作模式。因为承包经营权入股实践涉及的参与主体广泛，主体之间的利益冲突协调成为制度规制的重点，因此本书从法律角度进行的规范研究只是一个初步的尝试。鉴于作者本人理论修养的局限，本书尚有不少地方的论述需要继续进行深入斟酌。研究也存有诸多不足之处：一是对股份合作组织所享有的土地经营权的属性研究不够深入，在法权定性上有待深入研究，在功能定位上需要从"三权"分置的总体架构中，研究土地权利之间的界限与法律之间的可规制性；二是对土地股份合作模式的研究，应该结合当地土地流转现状和经济发展水平，应该对股份合作模式进行长时间的跟踪调查，从而能够明确制度变革的效果，法制化的途径就更具有针对性；三是土地股份合作法律制度构建中，缺乏对股份分红结构标准制订的具体考量；四是土地股份合作保障制度的研究并没有体系化。这些研究中的不足都是本书需要继续完善的地方。

参考文献

一 中文文献

（一）著作类

《马克思恩格斯全集》（第1卷），人民出版社1972年版。
《马克思恩格斯全集》（第3卷），人民出版社1995年版。
《马克思恩格斯全集》（第25卷），人民出版社1972年版。
《马克思恩格斯全集》（第46卷）（上），人民出版社1979年版。
《马克思恩格斯选集》（第2卷），人民出版社1972年版。
《马克思恩格斯选集》（第3卷），人民出版社2008年版。
《马克思恩格斯选集》（第4卷），人民出版社1995年版。
《马克思恩格斯选集》（第19卷），人民出版社1963年版。
《马克思恩格斯选集》（第26卷），人民出版社1972年版。
马克思：《资本论》（第1卷），人民出版社1994年版。
马克思：《资本论》（第3卷），人民出版社1975年版。
《列宁全集》（第5卷），人民出版社1986年版。
《列宁全集》（第33卷），人民出版社1960年版。
《列宁全集》（第34卷），人民出版社1985年版。
《毛泽东文集》（第6卷），人民出版社1999年版。
《邓小平文选》（第1卷），人民出版社1994年版。
《邓小平文选》（第3卷），人民出版社1993年版。
《江泽民文选》（第3卷），人民出版社2006年版。
邵彦敏：《农村土地制度：马克思主义的解释与运用》，吉林大学出版社 2012 年版。

林岗、张宇:《马克思主义与制度分析》,经济科学出版社 2001 年版。

孙承叔:《打开东方社会秘密的钥匙》,东方出版中心 2000 年版。

洪名勇:《马克思土地产权制度理论研究》,人民出版社 2011 年版。

高元禄:《中国农村土地产权问题研究》,经济科学出版社 2009 年版。

詹王镇:《马克思主义土地产权理论及其在中国的实践研究》,合肥工业大学出版社 2015 年版。

石莹、赵昊鲁:《马克思主义土地理论与中国农村土地制度变迁》,经济科学出版社 2007 年版。

黄道霞、余展、王西玉:《建国以来农业合作史料汇编》,中共党史出版社 1992 年版。

中共中央文献研究室编:《建国以来重要文献选编》(第八册),中央文献出版社 1993 年版。

国家农委办公厅编:《农业集体化重要文件汇编》,中国党史出版社 1981 年版。

史敬棠:《中国农业合作化运动史料》(下册),三联书店 1959 年版。

高化民:《农业合作化运动始末》,中国青年出版社 1999 年版。

杜润生:《中国农村制度变迁》,四川人民出版社 2002 年版。

[日] 长野郎:《中国土地制度的研究》,北京中国政法大学出版社 2004 年版。

刘正山:《大国地权:中国五千年土地制度变革史》,华中科技大学出版社 2014 年版。

马炳全:《论社会主义地租与地价》,中国农业科技出版社 1991 年版。

早见雄次朗、拉旦:《农业发展:国际前提》,商务印书馆 1993 年版。

舒尔茨:《改造传统农业》,商务印书馆 1987 年版。

[荷] 何·皮特:《谁是中国土地的拥有者——制度变迁、产权和

社会冲突》，社会科学文献出版社 2014 年版。

基思·布拉勒利、艾伦·盖布尔：《职工股份所有制》（中译本），四川省社科院出版社 1989 年版。

甘藏春：《农村集体土地股份合作制理论与实践》，中国大地出版社 2000 年版。

解安：《农村土地股份合作制》，吉林人民出版社 2001 年版。

巴择尔：《产权的经济学分析》，上海三联书店、上海人民出版社 1997 年版。

郭继：《土地承包经营权流转制度研究——基于法律社会学的进路》，中国法制出版社 2012 年版。

高海：《土地承包经营权入股合作社法律制度研究》，法律出版社 2014 年版。

吴越等：《农村集体土地流转与农民土地权益保障的制度选择》，法律出版社 2012 年版。

张笑寒：《农村土地股份合作制的制度解析与实证研究》，上海人民出版社 2010 年版。

徐勇：《东平崛起：土地股份合作中的现代集体经济成长》，中国社会科学出版社 2015 年版。

吴义茂：《土地承包经营权入股有限责任公司法律问题研究》，法律出版社 2012 年版。

史卫民：《农村发展与农民土地权益法律保障研究》，中国社会科学出版社 2015 年版。

刘云生：《中国古代契约思想史》，法律出版社 2012 年版。

蔡昉：《中国农村改革与变迁：30 年历程和经验分析》，上海人民出版社 2008 年版。

李昌平：《大气候：李昌平直言"三农"》，陕西人民出版社 2009 年版。

徐汉明、徐晶：《马恩"丹麦模式"中国化之路 农民土地持有权制度》，社会科学文献出版社 2012 年版。

《杜润生文集》，山西经济出版社 1998 年版。

周诚：《土地经济学原理》，商务印书馆 2003 年版。

参考文献

韩松：《集体所有制、集体所有权及其实现的企业形式》，法律出版社 2009 年版。

孟勤国：《中国农村土地流转问题研究》，法律出版社 2009 年版。

[法] 泰雷、森勒尔：《法国财产法》，罗结珍译，法律出版社 2008 年版。

柳经纬：《商法》（上册），厦门大学出版社 2002 年版。

王金堂：《土地承包经营权制度的困局与解破》，法律出版社 2013 年版。

于霄：《中国农村土地信托法律问题研究》，上海人民出版社 2015 年版。

王利明：《物权法》，中国人民大学出版社 2015 年版。

最高人民法院物权法研究小组：《中华人民共和国物权法条文理解与适用》，人民法院出版社 2007 年版。

苏永钦：《民事立法与公私法的接轨》，北京大学出版社 2005 年版。

郭铁民、林善浪：《中国股份合作经济问题探索》，福建人民出版社 1999 年版。

王卫国：《中国土地权利研究》，中国政法大学出版社 1997 年版。

葛洪义：《法理学》，中国政法大学出版社 1999 年版。

[美] E.博登海默：《法理学：法律哲学与法律方法》，邓正来译，中国政法大学出版社 1999 年版。

管爱国、符纯华：《现代世界合作社经济》，中国农业出版社 2000 年版。

陈健：《中国土地使用权制度》，机械工业出版社 2003 年版。

苏力：《法治及其本土资源》，中国政法大学出版社 1996 年版。

石少侠：《公司法学》，中国政法大学出版社 2012 年版。

梁慧星：《法学学位论文写作方法》，法律出版社 2006 年版。

孟勤国：《物权二元结构论——中国物权制度的理论重构》，人民法院出版社 2002 年版。

刘福海、朱启臻：《中国农村土地制度研究》，中国农业大学出版社 2006 年版。

陈小君：《农村土地问题立法研究》，经济科学出版社 2012 年版。

张五常：《经济解释》，商务印刷出版社2000年版。

于宗先、王金利：《台湾土地问题——社会问题的根源》，台湾联经出版事业股份有限公司2003年版。

王景新：《中国农村土地制度的世纪变革》，中国经济出版社2001年版。

张曙光、刘守英：《中国制度变迁的案例研究（土地卷）》，中国财政经济出版社2011年版。

薄一波：《若干重大决策与事件的回顾》（上卷），中共中央党校出版社1991年版。

漆多俊：《经济法论丛》（第一卷），中国方正出版社1999年版。

许艳芳：《企业收益分配研究——从剩余索取权的角度出发》，中国财政经济出版社2004年版。

[德] 奥托·迈耶：《德国行政法》，商务印刷出版社2002年版。

陈华彬：《债法总论》，中国法制出版社2012年版。

樊平、宓小雄、吴建瓴、齐慧颖：《农地政策与农民权益》，社会科学出版社2012年版。

蔡定剑：《宪法精解》，法律出版社2006年版。

陈小君：《农村土地法律制度研究——田野调查解读》，中国政法大学出版社2004年版。

[瑞典] 缪尔达尔：《世界贫困的挑战：世纪反贫困大纲》，北京经济学院出版社1991年版。

曹务坤：《农村土地承包经营法律研究》，知识产权出版社2011年版。

揭阳、鲁勇睿：《土地承包经营权之权利束与权利结构研究》，法律出版社2011年版。

孙淑云：《成员权视角下的农地产权制度探索研究》，法律出版社2013年版。

韩学平、刘兆军：《土地适度规模经营的法律保障问题研究》，中国农业出版社2013年版。

管洪彦：《农民集体成员权研究》，中国政法大学出版社2013年版。

吴礼宁、韩兴华、高建军：《新型城镇化与农民权利保障》，法律出版社 2015 年版。

赵震江：《法律社会学》，北京大学出版社 1998 年版。

(二) 硕博论文

杨桂云：《规范与完善农村土地股份合作制流转模式研究》，中南大学，2011 年。

杨择郡：《农村土地股份合作参与主体行为研究》，华中科技大学，2013 年。

孙彬彬：《农户参与分享土地市场化收益的机制研究——论农地股份合作的可行性》，复旦大学，2013 年。

门炜：《社区为基础的农村土地股份合作研究》，中国农业大学，2012 年。

肖瑞：《土地股份合作社内部治理机制研究》，西南大学，2015 年。

赵德健：《乡村治理视角下土地股份合作的崛起与影响》，华中师范大学，2015 年。

许颖慧：《家庭联产承包责任制与股份合作制比较研究》，武汉工程大学，2011 年。

贾雪：《中国农村土地股份合作制度相关法律问题研究》，复旦大学，2014 年。

卢学锋：《新农村建设中农村土地股份合作制研究》，江苏大学，2007 年。

宋伟：《城乡统筹视域中的农地使用权入股法律制度研究》，重庆：西南财经大学，2008 年。

傅夏仙：《股份合作制：理论、实践及其适宜领域》，浙江大学，2000 年。

苏晓敏：《广东农村土地股份合作制的效率与公平研究》，首都师范大学，2013 年。

苏昀：《广东农村土地股份合作制研究》，暨南大学，2011 年。

王继平：《农村股份合作制法律问题研究》，华东政法大学，2007 年。

刘蓓：《农村土地股份合作制研究》，西南政法大学，2010 年。

樊小红：《农户参加土地股份合作制的影响因素研究》，四川农业大学，2009年。

苏小艳：《农户参与土地股份合作制意愿的影响因素研究》，华中农业大学，2013年。

高雪瑾：《苏南地区土地股份合作制的实践：兴起、发展与绩效研究》，南京农业大学，2011年。

(三) 期刊、报纸等

徐更生、武一：《国外股份合作社产生的背景及其特点》，《世界经济》2000年第7期。

徐更生：《西方的股份合作社及其性质》，《中国供销合作经济》1989年第6期。

冯开文：《国外合作社经验纵横论》，《中国合作经济》2005年第8期。

陈文明：《农村土地股份合作经营探微》，《国土经济》1994年第1期。

傅晨：《农地股份合作制的制度创新》，《经济学家》1996年第5期。

姜爱林、陈海秋：《农村土地股份合作制基本理论研究述评》，《华南农业大学学报》2007年第2期。

杜静：《江苏省农地股份合作社发展模式简析》，《江苏农村经济》2011年第4期。

陈会广、钱忠好：《土地股份合作制中农民土地财产的剩余权与退出权研究》，《中国土地科学》2011年第7期。

王玉霞、朱艳：《制度变迁视角下的家庭承包经营和农村土地股份合作制度研究》，《云南财经大学学报》2009年第1期。

岳意定、刘莉君：《基于网络层次分析法的农村土地流转经济绩效评价》，《中国农村经济》2010年第8期。

温世扬、张永兵：《土地承包经营权入股农民专业合作社法律问题探析》，《甘肃政法学院学报》2014年第3期。

唐浩、曾福生：《农村土地股份合作制产生原因解析》，《中国土地科学》2008年第10期。

金丽馥：《新时期农村土地股份合作制探析》，《当代经济研究》

2009 年第 1 期。

白雪娇:《有机聚合和均衡聚合:集体经济有效实现形式的要素分析》,《山东社会科学》2014 年第 12 期。

胡振红:《量与质:不同实现形式下农村集体经济发展中的要素构成分析——以山东东平土地股份合作社为例》,《山东社会科学》2014 年第 12 期。

张茜:《农村集体经济实现形式的现代转型——以山东省东平县土地股份合作社为例》,《东岳论丛》2015 年第 3 期。

陈小君:《我国农村土地法律制度变革的思路与框架——十八届三中全会〈决定〉相关内容解读》,《法学研究》2014 年第 4 期。

徐朴、王启有:《农村土地股份合作社的实践与探索》,《四川行政学院学报》2008 年第 3 期。

陈学法:《农民市民化的路径选择:放土不放权》,《毛泽东邓小平理论研究》2014 年第 11 期。

孙宪忠:《中国农民"带地入城"的理论思考和实践调查》,《苏州大学学报》2014 年第 3 期。

高海:《农地入股合作社的嬗变及其启示》,《华北电力大学学报》2013 年第 2 期。

郑公述:《南海实行土地股份合作制的实践和思考》,《科学社会主义》1994 年第 5 期。

王权典、陈利根:《土地股份合作的法经济学分析与实践规制检讨》,《农村经济》2013 年第 2 期。

王小映:《土地股份合作制的经济学分析》,《中国农村观察》2003 年第 6 期。

王建华:《苏州市农村土地股份制的实践与思考》,《农村经营管理》2005 年第 8 期。

陈建荣:《苏州农村土地股份合作社的实践与思考》,《上海农村经济》2014 年第 2 期。

张文慧:《土地股份合作社的若干法律问题》,《2008 年中国土地制度改革国际研讨会论文集》2008 年。

陈天元、张成强:《苏浙两省农地股份合作制实践模式的比较研究》，《浙江农业学报》2015 年第 3 期。

谢金峰：《土地股份合作社中集体土地权利实现的障碍及其对策研究》，《经济法论坛》2012 年第 1 期。

申惠文：《农地三权分离改革的法学反思与批判》，《河北法学》2015 年第 4 期。

潘俊：《新型农地产权权能构造——基于农村土地所有权、承包权和经营权的权利体系》，《求实》2015 年第 3 期。

叶兴庆：《集体所有制下农用地的产权重构》，《毛泽东邓小平理论研究》2015 年第 2 期。

高圣平：《新型农业经营体系下农地产权结构的法律逻辑》，《法学研究》2014 年第 4 期。

丁文：《论土地承包权与土地承包经营权的分离》，《中国法学》2015 年第 3 期。

解安、周英：《土地股份合作制股权设置与实现研究》，《河北学刊》2016 年第 4 期。

杨红朝：《土地承包经营权入股农民专业合作社法律问题探讨》，《河北法学》2011 年第 6 期。

谢金峰：《土地股份合作社中集体土地权利实现的障碍及其对策研究》，《经济法论坛》2012 年第 1 期。

温世扬、张永兵：《土地承包经营权入股农民专业合作社法律问题探析》，《甘肃政法学院学报》2014 年第 3 期。

朱艳：《我国农村土地股份合作社的制度分析》，《江西农业学报》2009 年第 1 期。

解安：《新"两权分离"论》，《中国社会科学院研究生学报》2005 年第 1 期。

杨珊：《土地股份合作社中农民土地利益实现的法律探讨》，《西南民族大学学报》2011 年第 11 期。

高海：《农地入股中设置优先股的法律透析》，《现代法学》2012 年第 5 期。

任大鹏：《农民专业合作社法律修订的几个问题》，《中国农民合作社》2014 年第 4 期。

胡建：《我国农地股份合作制法律问题探讨》，《长江论坛》2009 年第 4 期。

高海、欧阳仁根：《农地入股合作社利益分配的法律解析》，《重庆社会科学》2011 年第 1 期。

倪美丹、张亿钧、刘从九：《探析土地股份合作社"固定收益+浮动分红"利益分配机制》，《长沙大学学报》2011 年第 6 期。

尹雪英、陈利根：《农地股份合作社解散时土地处置问题研究》，《西北农林科技大学学报》2014 年第 9 期。

米新丽、姚梦：《农村土地承包经营权出资法律问题研究》，《法学杂志》2010 年第 12 期。

陈慧芝：《基于财政金融支持的农村土地股份合作制流转途径分析》，《财经问题研究》2014 年第 5 期。

肖瑞：《农村土地股份合作制模式发凡及其协同推进》，《改革》2013 年第 9 期。

洪名勇：《论马克思的土地产权理论》，《经济学家》1998 年第 1 期。

鲁汉：《马克思的绝对地租理论与现实》，《内蒙古大学学报》（人文社会科学版）2001 年第 6 期。

熊光源：《论邓小平农村改革思想及其时代意义》，《党的文献》2004 年第 2 期。

崔光胜：《马克思土地所有权理论与土地管理体制改革》，《探求》1999 年第 3 期。

韩国顺：《马克思土地产权理论对中国农村土地所有制改革的启示》，《河南社会科学》2010 年第 9 期。

邵彦敏：《马克思土地产权理论的逻辑内涵及当代价值》，《马克思主义与现实》2006 年第 3 期。

杨沛英：《马克思级差地租理论与当前中国的土地流转》，《陕西师范学报》（哲学社会科学版）2007 年第 4 期。

梁琦：《关于增加农民收入的分析——基于马克思地租理论的思考》，《南京社会科学》2005 年第 2 期。

张立国：《中国农地产权制度的演进及其选择——兼论马克思土地

股份制思想对农地产权模式选择的借鉴意义》,《湖北社会科学》2005年第9期。

王天义:《土地股份合作制是中国农村土地产权制度改革的选择》,《中国特色社会主义研究》2004年第5期。

解安:《农村土地股份合作制:市场化进程中的制度创新》,《甘肃社会研究》2002年第2期。

刘雪梅:《土地承包经营权确股的"南海模式"研究》,《国家行政学院学报》2016年第4期。

张能坤:《农民专业合作社与土地股份合作社的异同分析》,《农村经济》2014年第9期。

孔祥俊:《股份合作企业的法律机制》,《法学研究》1994年第1期。

刘云生:《三权分离框架下农村土地经营权的法权定性与功能定位》,《中国不动产法研究》2015年第2期。

庞亮、韩学平:《构建我国农村土地信托制度的法律思考》,《科学社会主义》2012年第5期。

林善浪:《股份合作制:农村土地制度的创新》,《当代经济研究》1998年第4期。

刘明正、吴一平:《关于土地股份合作制若干问题的探讨》,《调研世界》1998年第9期。

王玉夏、朱艳:《制度变迁视角下的家庭承包经营和农村土地股份合作制度》,《云南财经大学学报》2009年第1期。

潘俊:《农村土地"三权分置":权利内容与风险防范》,《中州学刊》2014年第11期。

潘俊:《新型农地产权权能构造——基于农地土地所有权、承包权和经营权的权利体系》,《求实》2015年第3期。

蒋励:《股份合作制:农村土地制度改革的最优选择》,《农业经济问题》1994年第12期。

蔡立东、江楠:《承包权与经营权分置的法构造》,《法学研究》2015年第3期。

岳意定、刘莉君:《基于网络层次分析法的农村土地流转经济绩效评价》,《中国农村经济》2010 年第 8 期。

杜朝晖:《我国农村土地流转制度改革》,《当代经济研究》2010 年第 2 期。

王权典、陈纬君:《农地经营权流转形式之立法检讨》,《甘肃政法学院学报》2010 年第 1 期。

胡玉鸿:《法律主体概念及其特征》,《法学研究》2008 年第 3 期。

吴越、吴义茂:《农地赋权及其土地承包经营权入股范式》,《改革》2011 年第 2 期。

任江:《农村土地承包经营权入股疑难问题刍议》,《重庆工商大学学报》2008 年第 1 期。

田土城:《农村集体土地股份制改革的法律考量》,《社会科学辑刊》2015 年第 1 期。

朱广新:《土地承包权与经营权分离的政策意蕴与法制完善》,《法学》2015 年第 11 期。

罗丹等:《不同农村土地非农化模式的利益分配机制比较研究》,《管理世界》2004 年第 9 期。

房慧玲:《广东农村土地股份合作制研究》,《中国农村经济》1999 年第 3 期。

侯作前:《土地股份合作制与农民权益保障》,《法治研究》2007 年第 11 期。

钱忠好:《农地股份合作制产权特征分析及政策启示》,《农业经济》1999 年第 11 期。

蒋省三、刘守英:《南海土地股份合作制在探索中完善》,《中国经济时报》2003 年 5 月 16 日。

张文宇:《从"两权分离"到"三权分离"》,《新农村商报》2014 年 1 月 5 日。

吴红缨:《重庆农地改革调整:不搞土地入股,发展农业合作社》,《21 世纪经济报道》2008 年 8 月 20 日。

田远近、刘先春:《集中土地规模经营社员入股分红拿钱 嘉会街土地流转进发勃勃生机》,《桂林日报》2009 年 7 月 11 日。

文贯中:《日本经验、经济规律和土地制度》,《经济观察报》

2008年7月7日。

唐胜:《贵阳市所有行政村建起集体经济组织》,《贵阳日报》2014年12月21日。

陆晓华:《新建社区股份合作社取消"集体股"》,《苏州日报》2015年4月8日。

董伟:《北京龙家务村:土地股份制改革是怎样变形的》,new.sohu.com/2004/06/25/41/news220704102.shtml。

王小乔:《沉睡的资本开始醒来 重庆土地试验:从农地入股到农村土地交易所》,《南方周末》2008年9月3日。

肖瑞:《农村土地股份合作模式发凡及其协同推进》,《改革》2013年第9期。

上海农村土地流转研究课题组:《上海农村集体土地股份合作制模式的研究》,《上海综合经济》2001年第7期。

张红宇:《中国农村土地产权政策:持续创新——对农地使用权制度变革的重新评判》,《管理世界》1998年第6期。

丁军:《俄罗斯土地所有制的变迁与农业经济发展》,《当代思潮》2002年第3期。

武力:《农业合作化过程中合作社经济效益剖析》,《中国经济史研究》1992年第4期。

陈天元、张成强:《苏浙两省农地股份合作制实践模式的比较研究》,《浙江农业学报》2015年第3期。

陈建荣:《苏州农村土地股份合作社的实践与思考》,《上海农村经济》2014年第2期。

恒台县农村改革试验区办公室:《"股田制"试验与探索》,《山东省农业管理干部学院学报》1999年第1期。

钱忠好、曲福田:《农地股份合作制的制度经济解析》,《管理世界》2006年第8期。

张喜才、刘合光:《土地股份合作社的经济效率与激励政策分析》,《农村经营管理》2010年第4期。

史金善:《社区型土地股份合作制:回顾与展望》,《中国农村经济》2000年第1期。

冯善书:《广东"土地入股"遭遇退股流》,《中国改革》2008年第8期。

马跃进:《论农村股份合作企业的股权结构》,《中国法学》1997年第3期。

朱守银、张照新:《南海市农村土地股份合作制改革试验研究》,《中国农村经济》2002年第6期。

孔祥俊:《股份合作企业的法律机制》,《法学研究》1994年第1期。

彭真明、陆剑:《"股田制"公司的商法思考》,《中国不动法研究》2011年第00期。

马新彦、李国强:《土地承包经营权流转的物权法思考》,《法商研究》2005年第5期。

杜润生:《谈股份合作制》,《上海农村经济》1994年第5期。

王海卉、张倩:《论英国的圈地运动与今日中国的土地整治》,《规划师》2013年第12期。

黄少安:《"圈地运动"的历史进步性及其经济学解释》,《当代财经》2010年第12期。

汪洋:《土地承包经营权继承问题研究》,《清华法学》2014年第4期。

施从美:《当代中国文件治理变迁与现代国家成长——以建国以来中央颁发的土地文件为分析视角》,《江苏社会科学》2010年第1期。

丁泽霁:《关于农业规模经营的几个理论问题》,《中国农村经济》1990年第2期。

郑有贵:《中央1号文件鼓励实行股份合作顺应了发展的要求》,《中国农民合作社》2013年第3期。

黄文艺:《信息不充分条件下的立法策略——从信息约束角度对全国人大常委会立法政策的解读》,《中国法学》2009年第3期。

刘俊:《土地承包经营权性质探讨》,《现代法学》2007年第2期。

汪习根:《发展权法理探析》,《法学研究》1999年第4期。

刘萍、付梅臣:《收益还原法评估农用地价格有关问题探讨》,《农业系统科学与综合研究》2007年第2期。

吴义茂:《农地入股中农民股东与债权人的利益冲突与平衡》,《华中农业大学学报》（社会科学版）2013年第6期。

高山平：《土地股权化》，《安徽农业科学》2005年第5期。

初培胜、刘学军：《发展土地股份合作社 开辟农民致富新道路》，《中国农民合作社》2013年第5期。

中央党校经济学调研组：《土地合作社：一种新的农地经营模式——徐庄土地合作社的调查与思考》，《理论前沿》2009年第2期。

路艳娥：《庞德利益学说解读及其启思》，《武汉理工大学学报》2010年第2期。

邓大才：《对于三农问题的几个重大判断》，《宁夏社会科学》2003年第1期。

高海、储德银：《破产合作社惠顾债权法律问题探讨》，《经济问题》2008年第3期。

张毅等：《农地的"三权分置"及改革问题：政策轨迹、文本分析与产权重构》，《中国软科学》2016年第1期。

施晓琳：《论以土地承包经营权抵押为特征的金融制度》，《南京农业大学学报》（社会科学版）2002年第3期。

刘锐：《解决土地权属争议的原则步骤与方案》，《中国土地》2016年第5期。

二 外文文献

Johnston Birchall and Lou Hammond Ketilson. Resilience of the Cooperation Business Model in Times of Crisis, http：//www.ilo.org/empent/Whatwedo/Publications/lang—en/docName-WCMC-108416/index.htm.

Guo guang Wu. "Documentary politics：hypotheses, process and case studies", The decision process in Deng's China, edited by Carol. Hamrin and Suisheng Zhao, M.E.Sharpe, inc., 1995, pages.26.

Yair Levi. "Beyond traditional Models：Multi-Stakeholder Cooperatives and their Differential Roles", Journal of Rural Cooperation, 1998.

Jenny Clegg. "China's rural shareholding cooperatives as a form of multistockholding cooperation". Journal of Rural Cooperation, 1996.

Mcpherson, M.F, Land Fragmentation：a Selected Literature Review,

Development Discussion Paper, Harvard Institute for International Development, Harvaed University, 1892, pp. 4-8.

Guo Li, Scott Rozelleb, Loren Brandt, Tenure, Land Right, and Farmer Investment Incentives in China, Agricultural Economics, 19 (1) 1998, pp. 63-71.

Guanzhong James Wen, The Land Tenure System and its Saving and Investment Mechanism: The Case of Modern China, Asian Economic Journal, Volume 9, Issue 3, November 1995, pp. 233-260.

Zhu Keliang, Roy Prosterman, Ye Jianping, Li Ping, Jeffrey Riedinger, Ouyang Yiwen, The Rural Land Question in China: Analysis and Recommendations Based on a a Seventeen-province Survey, New York University Journal of International Law&Politics, Summer 2006, pages. 716.

R. K. Udo, Disintergration of New Cleared Settlement in Eastern Nigeria, Geographical Review, 55 (1965), pp. 53-57.

The Inernational Coo-perative Alliance Statement on the Co-operative Identity, 1995.

Yao, Yang, land Tenune Choice in Chinese Villages: The Rational versus the Political Model, Land Ecnomics, 80 (4), 2004: pp. 477-489.

Liu Shouying, Michael R Carter, Yao Yang. 1998. Dimensions and Diversity of Property Rights in Rural China: Dilemmas on the Road to Further Reform [J]. World Development, Vol. 26 (10): 1789-1806.

Gershon. Feder. The benefits of land registration and titling: Economic and social perspective [J]. Land Use Policy, 1998, Vol. 15 (1): 25-43.

Jensen. MC. and Meckling. W. H. Rights and Production Functions: An Application to Labor manag-ed firms and Co-determination [J]. Journalof Business, 1979 (52): 469-506.

Andrew J. Plantinga, and Douglas J. Miller. Agricultural Land Values and the Value of Rights to Future Land Development [J]. Land Economics, 2001, 77 (1): 56-67.

后　记

本书在博士论文的基础上修改完成，由深圳职业技术学院学术著作出版基金资助出版，因此未对其大范围改动。为纪念那段难忘的求学生涯，以下致谢未作修改。

当论文终于敲下最后一个字符时，我竟然没有预想中的轻松，反而有些忐忑，在心里不停地反问自己论文达到了自己的要求吗？华师求学的十年时光就以这篇不成熟的论文终结了吗？读博几年的时光是如此短暂，开题前的彷徨仿佛还在昨天，阅读文献的日日夜夜一遍遍在我脑中呈现。几年来我多次辗转于武汉和深圳两地，努力兼顾学习和工作，收获了太多太多，萦绕心间的除了感恩还是感恩。

首先感谢我的导师彭真明教授。彭老师是我硕士和博士的导师，能够忝列其门下，是我的荣幸。硕士毕业后未能潜心研究学问始终是我心中最痛，然导师未嫌学生不才鼓励我通过读博深造，继续学习专业知识，因此特别感恩老师。多年来他治学严谨、淡泊名利、坦然工作和生活的态度始终影响着我，令我受益终身。读博过程是一场心理大考验，没有彭老师的指导这篇论文不可能完稿。在漫长的论文写作过程中，出现过多次的彷徨和沮丧，彭老师经常鼓励我静下心来思索，指导我进行文献的梳理，帮助我确定研究的方向，调整论文的结构安排，正是因为其不厌其烦地指导和耐心地鼓励，我才能坚持将论文写完。同时也感谢师母迟老师的关心和鼓励，让我的求学之路更加顺利。

感谢林剑教授、叶泽雄教授、刘从德教授、陈业宏教授等老师的点拨。林剑教授将深奥的知识讲解得透彻易懂，经常毫无保留地向我们传授治学心得，拓展了我的研究视野，对我毕业论文的完成影响颇深。叶泽雄教授课堂幽默，对社会热点问题的研究让我受益匪浅。刘从德教授和陈业宏教授开题时对论文研究思路和研究方法提出了很多宝贵的意见，使论文研究过程更加顺利、研究目标更加明确。

攻读博士学位期间，华中师范大学法学院副院长常健教授、中南财经政法大学陆剑博士、华中科技大学腾锐博士、武汉大学杨信博士在资料收集、论文研究侧重点确定、论文结构安排等方面给予了诸多建议，谢谢你们。在武汉读博期间，华中科技大学汤春华老师和文华学院副院长陈思中老师给予我许多生活上的关照，在此表示真挚的感激。

感谢同一师门兄弟姐妹及同学的关心和鼓励。汪鑫蓉博士、周子凡博士、殷鑫博士、谢琴博士经常鼓励我坚持学习和思考，她们努力学习、乐观向上的精神激励我精进学业。与周叶婷博士、周婷博士、何梦茹博士共同学习、相互鼓励、携手毕业的岁月将成为我今后工作和生活宝贵的财富。感谢我的同学肖蓓博士、曹文娟博士、刘晓庆博士、王勤博士、邹贞博士，你们是我求学不同阶段的同学，但在我读博期间给予我及时的关心和鼓励，让我求学道路不再孤单，感恩在我求学的不同阶段遇见你们。

感谢深圳职业技术学院的领导和同事在我读博期间的支持和帮助。领导为了让我顺利完成学业，多次协调和沟通工作安排，排除各种困难帮助我争取到脱产读书的机会。同事们分摊了我的多项工作任务，创造了温馨、和谐的工作氛围，正是你们的帮助、理解，我才能腾出时间安心地撰写论文，感恩与你们共事。

最后我要感谢我所有的亲人，正是有他们无私的爱和帮助我才能有机会获得最高学位。感谢我的父亲王启元和母亲靖明幺，他们始终默默承担一切，奉献自己，不给子女任何压力，还经常鼓励我坚定自己的信念，是我一直以来坚定前行的动力。感谢我的公公和婆婆，他们虽然身体不好，但在我读书期间毫无怨言地分担家务，照顾孙女。特别要感谢我的先生万红金，携手相伴十年来，他始终以宽大的胸怀，积极乐观的心态面对工作和生活，始终尊重我的选择，无言支持我的决定。在我考博、读博的几年中，尽管他自身也经历职业和身份的转换，但仍然独自承受繁重的工作强度和事业压力，承担全部的家庭责任，孝敬双方父母，抚育女儿，减轻我学习的压力，有他无微不至的关心和爱，我读书才能毫无后顾之忧。女儿万子清年幼活泼、聪明懂事，给我带来了无尽的欢乐。因为撰写博士论文，我常常未能陪伴左右，错过她成长中很多关键时刻，缺席幼儿园组织的多次亲子活动，心里甚是愧疚。随着我博士读书生涯的结束，她现已满6岁踏入小学大门。祝福今后她健康快乐，用心感受生活，自由选择人生路！在这里我特别将论文献给我的先生和我的女儿。

鉴于本书是在我2016年博士论文基础上修改完成的，没有对新修订的《民法典》以及相关土地立法进行深入探讨，这也是本书的遗憾，只待以后再进行研究。博士论文只是我学术生涯的起点，今后唯愿坚信自己的选择，继续进行学习和研究以报答爱我的人和我爱的人。

王　瑜

2019年3月于深圳南山悠然天地